HEYNE BIOGRAPHIEN

Zum Autor

Dr. sc. pol. Alfons Nobel, 1895 in Fulda geboren, studierte in Berlin und Kiel, wurde eingezogen und nahm an beiden Weltkriegen teil. Nach einer schweren Verwundung arbeitete er als Journalist und Schriftsteller. 1960 wurde ihm das Große Bundes-Verdienstkreuz verliehen. Alfons Nobel starb 1972 in Köln.

Alfons Nobel

CHARLOTTE VON STEIN

Goethes unerfüllte Passion

Wilhelm Heyne Verlag
München

HEYNE BIOGRAPHIE
Nr. 12/127

Printed in Germany 1985
Umschlagfoto: Archiv für Kunst und Geschichte, Berlin
Bildnachweis: Archiv für Kunst und Geschichte, Berlin (9)
Bildarchiv Preußischer Kulturbesitz, Berlin (6)
Zeittafel und Bibliographie: Dr. Hubert Fritz
Umschlaggestaltung: Atelier Ingrid Schütz, München
Bildteil: RMO, München
Satz: VerlagsSatz Kort, München
Druck und Bindung: Presse-Druck Augsburg

ISBN 3-453-55128-1

Inhalt

Vorwort

Frau von Stein, Goethes geliebteste Freundin und erbitterte Feindin, ist über Gebühr gepriesen, aber auch über Gebühr getadelt worden. Freilich bot sie zu beidem Anlaß. Man findet viel Tadelnswertes an der Frau, die ihren Dichter mit Launen gequält, die Erfüllung seiner Wünsche versagt, ihn weder freigegeben noch auch erhört hat, und die dann, als er ihr schließlich entglitt, ihn mit Haß verfolgte und seine neue Gefährtin verunglimpfte. Man findet jedoch auch viel Anziehendes an der Frau, die einen Goethe zu fesseln vermochte und die er verehrte, ja mit der größten Leidenschaft liebte.

Es gibt zwei größere Bücher über Charlotte von Stein. 1874 hat ihr der berühmte Goethe-Forscher Düntzer zwei Bände gewidmet und 1910 hat Bode ein recht umfangreiches Buch über sie geschrieben. Bode hat von Düntzers Büchern gesagt, es sei eine Zuchthausstrafe, sie zu lesen. Was Düntzer über Bodes Buch gesagt hätte, bleibt ein Geheimnis. Doch gebietet die Gerechtigkeit, beider Männer in Dankbarkeit zu gedenken. Schließlich sind alle Bücher dieser Art zeitbedingt und zeitgebunden. Mit aller Wahrscheinlichkeit kann angenommen werden, daß dies auch von dem vorliegenden Buch gilt.

Der Leser wird bemerken, daß der Verfasser weder für die ›Seelenfreundin‹ des großen Dichters schwärmt noch auch ihre Haßliebe in schwärzeren Farben als die der Wirklichkeit schildert. Der Verfasser hat sich dagegen bemüht, die merkwürdige und interessante Frau dem Leser so zu zeigen, daß er sich selbst ein Urteil bilden und daß er sie vor allem verstehen kann.

Vielleicht ragte Frau von Stein nicht über den Durchschnitt der damaligen Hofdamen der deutschen Fürstenhöfe heraus. Aber als sie Goethes Augen trafen, da gab ihre Seele wie ein Kristallspiegel den ganzen Glanz zurück, den Goethes Wesen auf sie strahlte. So leuchtet sie in unerhörtem Glanz in diesem Jahrzehnt der Liebe – um wieder in den Durchschnitt zu tauchen, da des Dichters Blick sich wendet.

Der Verfasser hat die Gestalt ihrer Gegenspielerin, der Christiane von Goethe, dazu benutzt, das Charakterbild der Charlotte von Stein schärfer herauszuarbeiten. Man kann sich keine größeren Gegensätze denken. Aber erst in beiden Frauen spiegelt sich der ganze Mensch Goethe. So hat also dieses Buch beide Frauen zum Gegenstand und damit den entscheidenen Inhalt des liebenden und fühlenden Lebens unseres größten Dichters.

Liebe

I

»Die Baronesse von Stein aus Weimar hat überaus große schwarze Augen von der höchsten Schönheit. Ihre Stimme ist sanft und bedrückt. Ihre Wangen sind sehr rot, ihre Haare ganz schwarz. Ihr Körper mager; ihr ganzes Wesen elegant.«

So schrieb der Hofarzt des Königs von Hannover, Dr. Johann Georg Zimmermann, am 25. November 1774 an seinen Freund Lavater. Zimmermann hatte die Baronesse von Stein in Bad Pyrmont kennengelernt. Es war nicht die einzige Dame der Gesellschaft, die der Hofarzt des Königs von Hannover seinem Freunde Lavater beschrieb. Lavater, der Begründer einer berühmten Physiognomik, ließ sich aus aller Welt Scherenschnitte schikken, um aus den Silhouetten den Charakter zu deuten. Auch das Profil der Baronesse von Stein befand sich in seiner großen Sammlung. Dr. Zimmermann hatte es besorgt.

Die Baronesse von Stein, Gattin des Weimarschen Hofstallmeisters und Kammerherrn Josias von Stein, konnte sich übrigens etwas darauf zugute tun, von dem berühmten Arzt bevorzugt zu werden. Könige suchten den ärztlichen Beistand des prominenten Mannes, Philosophen und Dichter seinen Umgang. Und die schönsten Frauen umschwärmten den eleganten und reichen, geistvollen und empfindsamen Mann. Aber Dr. Zimmermann fühlte sich zu der dreißigjährigen Baronesse besonders hingezogen. Es ist die Zeit Rousseaus und Werthers: Seelenfreundschaften wurden gepflegt, innige Briefwechsel entstanden; man vertraute einander die Gefühle und

Empfindungen an. Auch zwischen Dr. Zimmermann und Frau von Stein ging ein solcher Briefwechsel hin und her. Man unterhielt sich über die neuesten literarischen Erscheinungen. Goethes ›Werther‹ war das Tagesgespräch. Das Thema: Selbstmord aus unglücklicher Liebe hatte das deutsche, ja das europäische Publikum ebenso aufgewühlt, wie die hinreißende Sprache die gebildete Welt entzückte. Zwar gibt es Moralisten, die dagegen sind. Sie lehnen das merkwürdige Buch rundweg ab und würden, hätten sie die Macht, dem Frankfurter Schriftsteller am liebsten wegen Verderbnis der Jugend den Prozeß machen, wie einst die Athener dem Sokrates.

Frau von Stein war sehr moralisch erzogen, ihre Mutter Kalvinistin, und sie hatte Gewissensbisse bei dem literarischen Genuß. Diese Gewissensbisse teilte sie Dr. Zimmermann mit. Doch Dr. Zimmermann erwiderte fast schroff: »Diejenigen, welche Ihnen, verehrte Freundin, gesagt haben, das Werk sei gefährlich, haben davon nichts verstanden.« Und in berauschenden Worten schilderte der große Arzt seinen Eindruck von dem Buch: man finde das, was man selbst tausendmal empfunden und gefühlt habe, auf eine unendlich wahre, unendlich natürliche Art wiedergegeben. Alle Saiten seiner Seele habe das Buch erbeben lassen, und als er den ersten Teil gelesen hatte, konnte er erst nach vierzehn Tagen Ruhe den Mut fassen, den zweiten Teil zu lesen, den er dann wie den ersten verschlungen habe. Die Baronesse schrieb zurück, und man korrespondierte über den Verfasser dieses aufwühlenden Romans. Sie möchte alles von ihm wissen. Der Hofarzt kennt die Berühmtheiten, er muß auch Goethe kennen. Er soll erzählen, wie er sei, wie er ausschaue, was er denke, wie er sich gebe. Und Dr. Zimmermann antwortet: »Sie wollen, daß ich Ihnen von Goethe rede? Sie möchten ihn sehen? Ich werde Ihnen bald von ihm erzählen. Aber, arme Freundin, Sie bedenken es nicht! Sie wünschen ihn zu sehen, und Sie wissen nicht, in welchem Maße dieser liebenswürdige und bezaubernde Mensch Ihnen gefährlich werden könnte.«

Zimmermann hatte den Ehrgeiz, alle hervorragenden Menschen seiner Zeit persönlich zu kennen. So suchte er schon lange dem berühmtesten Autor der jungen Generation zu begegnen. Auf einer Reise gab sich in Straßburg die Gelegenheit. Von Goethe eingeladen, blieb Zimmermann noch einige Zeit in Frankfurt Goethes Gast. Die gemeinsame Bekanntschaft mit Lavater und das Interesse für dessen Physiognomik vereinte sie. Unter den Schattenrissen, die Zimmermann Goethe zeigte, befand sich das Bild der Frau von Stein. Goethe versuchte seine physiognomische Begabung an diesem Bild. »Es wäre ein herrliches Schauspiel, zu sehen, wie die Welt sich in dieser Seele spiegelt. Sie sieht die Welt, wie sie ist, und doch durch das Medium der Liebe. So ist auch Sanftheit der allgemeine Eindruck.« Allerdings versucht er sich gleichermaßen auch an anderen Gesichtern. Eine Frau von Branconi, die schöne und geistvolle Geliebte des Braunschweiger Erbprinzen, reizte ihn zu einem Vergleich mit Frau von Stein. Er verglich beider Schattenrisse und stellte die Charakteristiken nebeneinander: Die Baronesse von Stein bekam das Prädikat ›Naivität und Güte‹; die Italienerin das Prädikat ›Witz‹. Frau von Stein ›siegt mit Netzen‹, die Frau von Branconi ›siegt mit Pfeilen‹. Das alles mutet eher wie eine Spielerei an, als daß man es ernst nehmen möchte. Doch Zimmermann berichtete eifrig der Frau von Stein, welch großen Eindruck ihr Schattenriß auf den Dichter des ›Werther‹ gemacht habe, obwohl er sich hütet, das ›siegt mit Netzen‹ zu zitieren. Aber er rühmt sich, dem Dichter viel von der Weimarer Baronesse erzählt und damit eine solche Wirkung erzielt zu haben, daß es Goethe drei schlaflose Nächte gekostet!

Zimmermann, der galante Briefschreiber einer galanten Zeit, wird übertrieben haben. Drei schlaflose Nächte um eine Frau, die Goethe nicht gesehen, nicht gesprochen hat! Aber Zimmermann erwies sich auch hier als ein Prophet, denn das Original des Schattenrisses wird Goethe noch mehr als drei schlaflose Nächte kosten.

II

Charlottens Vater und Großvater hatten ursprünglich in Eisenachschen Diensten gestanden. Als dann Eisenach mit Weimar 1741 vereinigt wurde (unter dem Herzog Ernst August), kam der damals 30jährige Johann Wilhelm Christian von Schardt, Charlottens Vater, in Weimarsche Dienste, während der Großvater sich pensionieren ließ. Der junge Schardt, bis dahin Kammerjunker, wurde zum ›Reichsmarschall‹ befördert mit einem Gehalt von 600 Talern. Er blieb noch ein Jahr in Eisenach wohnen, zog dann nach Weimar, war aber in seiner Eigenschaft als Reisemarschall fast immer unterwegs. Da der Herzog Ernst August sich weigerte, die vollen Unkosten zu ersetzen, und darum der Hofbeamte wohl oder übel den größten Teil selbst zahlen mußte, blieb für die Familie nicht viel übrig. Die Familie des Reisemarschalls bestand damals aus seiner 19jährigen Frau Konkordia und zwei Mädchen. Die zweite war Charlotte. Frau Konkordia von Schardt stammte aus einem schottischen Geschlechte, den Irvings of Drum, das aber schon lange in Deutschland lebte, vielleicht daß einer der Vorfahren in deutschen Militärdiensten gestanden und dann in Deutschland geblieben war. Von Konkordias Vater wissen wir nur, daß er vermögend gewesen sein muß. Seine Tochter bekam eine ansehnliche Mitgift, die bald aufgezehrt sein sollte.

Charlotte von Schardt fand sich also in äußerlich glänzende, in Wirklichkeit aber ärmliche Verhältnisse hineingeboren. Die neue Erdenbürgerin, die der Himmel 1742 auf den Weihnachtstisch des Weimar-Eisenachschen Reisemarschalls legte, als zweites Kind einer später sehr kinderreichen Ehe, hatte keine heiteren Eltern. Äußerliche Repräsentation bei materiellen Entbehrungen war das Schicksal so vieler vornehmer Familien und Hofkreise jener Zeit. Und so sollte es in Charlottens Leben auch weitergehen. Immer wird Charlotte gezwungen sein, über ihre Verhältnisse zu leben, im Materiellen wie im Seelischen.

Charlotte war ein Jahr alt, als ihre Eltern nach Weimar zogen. Der Umzog soll mehrere hundert Taler gekostet haben, die Herrn von Schardt ebensowenig ersetzt wurden wie seine übrigen Reisespesen. Er war jetzt nicht nur Reisemarschall, sondern rückte in die Stellung eines Hofmarschalls, freilich ohne diesen Titel vorerst zu erhalten. Ihm oblag die Erziehung des kleinen Erbprinzen Konstantin. Die Erziehung war schwer, denn Konstantin war ein schwieriger Charakter, und sein Vater verdarb durch Härte und Laune, was zu verderben war. Der jähzornige Fürst lud dann seinem Hausmarschall die Verantwortung für den Mißerfolg auf: »Hiernechst habe icher vernommen, daß mein Sohn zwar prav wachsen soll, welches Mich erfreut; Allein ich habe auch leider! gehört, daß er nicht alle Zeit gar fleißig wäre, und die Zeit und Stunden, welche er zu lernen und serieusen Sachen zubringen sollte, mit spielen, trommehn und Kindereyen vertreibe.« Es fehlte nicht viel und die Jugendtragödie Friedrichs des Großen hätte sich wiederholt. Herr von Schardt sah sich zwischen zwei gefährlichen Feuern: auf der einen Seite war der scheltende, immer unzufriedene Herzog, und auf der anderen der mutwillige Knabe, sein künftiger Souverän, woran Schardt natürlich auch denken mochte. Sicherlich war es recht unangenehm, einen Brief wie diesen vom Vater zu erhalten: »Monsieur mon ami! Mich wundert recht sehr, daß Mein Erb Printz, nach seiner kindlichen Schuldigkeit und nach dem von Mir gegebenem Befehle, gar nicht schreibet, da es ihm doch obläge, alle 8 Tage solches zu verrichten. Der Herr Hauß Marschall wird also hiermit befehligt, dahin mit zu sehen, daß sowohl Mein Sohn fleißig lerne und die Zeit nicht mit unnützen Dingen verschwende, sondern auch alle 8 Tage ein Schreiben an mich ablasse, und sollte er noch nicht so fähig, selbsten zu schreiben (der Prinz war 8 Jahr 9 Monate alt), so kann ihm die Hand dazu geführt werden, damit er sich nach und nach darinnen perfectionnire. Bei der information des Assessoris Bartholomäi werden Sie besonders Acht haben, daß er keine Jesuitischen Maximen dem Erb Printzen beibringe, maßen ich widrigenfalls eine Aenderung mit ihm treffen werde, und hat er allschon einen Schinken bei mir im Saltz.«

Immerhin wand sich Herr von Schardt so gut durch die Klippen seines schwierigen Amtes, daß der gnädige Landesherr ihn schließlich doch zum Hofmarschall ernannte und sein Gehalt um 200 Taler auf 800 erhöhte. Aber Schardt hatte immer Unglück: jetzt, wo seine große Laufbahn zu beginnen schien, starb der Herzog, und die verworrenen Verhältnisse während der Minderjährigkeit des Erbprinzen brachten den Hofmarschall an den Rand des materiellen Ruins. Charlotte war fünf Jahre alt, als die Sorgenzeit ihrer Eltern begann. Sie wird die Tatsachen nicht erkannt und die Ursachen nicht gesehen haben: doch die freudlose, sorgenerfüllte Atmosphäre des Elternhauses umgab ihr Kindsein mit Angst und Strenge.

Es wurde von dem Vormund des unmündigen Prinzen ein anderer Hofmarschall bestellt: Zwar blieb Charlottens Vater vorerst in seinem Amte; ja seine Bezüge stiegen sogar beträchtlich (auf 1800 Taler jährlich) – aber die Kehrseite der Medaille sah trübe aus. Herr von Schardt mußte dem jugendlichen Prinzen nach Gotha folgen und hier einen zweiten Haushalt einrichten, dessen Kosten ganz ihm zur Last fielen. Sieben Jahre blieb dieser Zustand, und diese sieben nur scheinbar fetten Jahre ruinierten den Hofbeamten.

Der äußere Glanz seiner Stellung verführte überdies Herrn von Schardt zu einer Repräsentation, die wohl seiner Stellung, aber nicht seinen Bezügen entsprach. Er wurde zum Kunstsammler; er häufte die teuersten Bilder und Kupferstiche auf und stürzte sich in Schulden, die zu bezahlen er nie hoffen konnte. Eines Tages kamen die Gläubiger, und es war sehr peinlich, als über Hab und Gut des herzoglichen Hausmarschalls der Konkurs verhängt wurde. Nun wäre alles aus gewesen, Karriere und Rang, ja selbst die Ehre, auf die man so viel hielt, wäre endgültig vernichtet worden, wenn nicht Frau von Schardt, Charlottens Mutter, ihre gesamte Mitgift geopfert und ihrem Gatten zur Verfügung gestellt hätte. Notdürftig blieb also der äußere Schein einer glänzenden Stellung erhalten. Aber nun waren Charlottens Eltern verarmt. Herr von Schardt scheint ein seltenes Geschick gehabt zu haben, sich Feinde und Neider zu machen. Der neue Hofmarschall verstand es jedenfalls, auf Schardts Kosten in seine eigenen Taschen zu arbeiten. Als die Erziehung des Erbprinzen beendet war, erhielt von Schardt einen Ehrensold von 275 Talern, während der neue Marschall, der mit der Erziehung gar nichts zu tun und vor allem keine Auslagen gehabt hatte, einen solchen von 20000 Talern erhielt!

Herzog Konstantin, Schardts Zögling, trat 1755 seine Regierung an, ein Jahr vor dem Siebenjährigen Krieg, der ganz Deutschland und ganz besonders das Herzogtum Weimar aufs schwerste heimsuchte. Charlottens Vater zog jetzt wieder nach Weimar; Charlotte war 13 Jahre alt. Die Vermögensverhältnisse ihrer Eltern wurden, wenn möglich, noch schlechter. Schardt ließ sich ausnützen und mußte froh sein, am Hofe leben zu dürfen. Die Dienstwohnung wurde ihm entzogen, er sah sich gezwungen, mit seinen geringen Mitteln das Haus, in dem er, bzw. seine Familie bisher gewohnt hatte, zu kaufen und zu versteuern. Das war sehr hart, denn in den kommenden Kriegszeiten kamen für die Hausbesitzer auch noch die Einquartierung und die Kontributionszahlungen dazu.

Doch Schardts Unglück sollte sich noch vermehren. Der junge Herzog starb plötzlich 1758, seine 18jährige Gattin Anna Amalia (eine Nichte Friedrichs des Großen) wurde Regentin und Vormund des erst halbjährigen Erbprinzen Karl August. Anna Amalia mochte Herrn von Schardt nicht leiden, wir wissen nicht warum. Sie schrieb an ihren Vater, den Braunschweiger Herzog, der zeitweilig ihre Geschäfte zu besorgen hatte: »Es ist wahr, daß der Hofmarschall von Schardt, nachdem er seiner Fraun ansehnliches Vermögen zugesezet, mit seiner zahlreichen Familie in schlechten Umständen sich befinde, und ich will ihm gern gönnen, wenn er soviel an Gehalt behält, daß er sich standesmäsig hinbringen kann. Aber es ist auch wahr, daß er kein Wirth ist, daß er einen großen Teil des zugesezeten Vermögens auf unnöthige Kleinigkeiten verwendet, daß er bei der Gothaischen Vormundschaft einen Aufwand gemacht, den er gar wohl großtentheils entrathen können, und daß er sich also selbst in die schlechten Umstände gesezet.«

Nun war alles aus. Herr von Schardt wurde mit 47 Jahren pensioniert und seine Laufbahn war zu Ende. Er schikanierte fortan seine Familie und ließ Bittschrift auf Bittschrift an die Herzogin-Regentin los. Der Erfolg war gering. Er empfing gelegentlich ein Gnadengeschenk von 1000 Talern und den Titel Exzellenz; aber sein Amt erhielt er nie wieder.

So war Charlottens Kindheit an Freuden nicht reich. Immer lastete auf dem Gemüt der Eltern die Sorge um das standesgemäße Auftreten, um die standesgemäße Versorgung der Söhne und Töchter. Darum war es als ein rechter Glücksfall angesehen worden, daß die Herzogin von Weimar Charlotte von Schardt schon mit 18 Jahren zur Hofdame machte. Aber auch das wurde, zunächst wenigstens, keine frohe Zeit für das junge Mädchen. Es waren die Jahre des Siebenjährigen Krieges. Nach der Schlacht von Roßbach flutete das fliehende Reichsheer durch Weimar; es kam zur Plünderung, und die Einwohner der kleinen Residenz des Herzogs Konstantin von Sachsen-Weimar erfuhren alle Schrecken des Krieges. Die erst 19jährige Fürstin Anna Amalia hatte nach dem Tode ihres Gatten mit Zustimmung des Kaisers die Regentschaft für den kleinen Karl August übernommen. Die Nichte Friedrichs des Großen hat sich in diesem schweren Beruf glänzend bewährt; und in Anbetracht der kriegerischen Zeitumstände, der schwierigen Finanzlage, der schwachen wirtschaftlichen Kräfte des kleinen Herzogtums ist diese Leistung erstaunlich genug. Sie wurde mit Recht bewundert. Mehr als irgendeiner anderen Persönlichkeit ist ihr der Rang Weimars im deutschen Geistesleben zu danken. Siebzehn Jahre hindurch, von 1759 bis 1775, regierte sie mit großer Umsicht ihr Land. Ihrem Sohne, dem unmündigen Herzog Karl August, ließ sie die beste Erziehung angedeihen; sie berief 1772 als Lehrer den berühmten Wieland; es war der Beginn der musischen Epoche Weimars.

Anna Amalia hatte in ihrer zweijährigen Ehe 1757 einen Sohn geboren, den späteren Herzog Karl August, Goethes Landesherrn; und kurz nach dem Tode ihres Gatten gab sie noch einem Knaben das Leben, dem Prinzen Konstantin, nach seinem eben verstorbenen Vater genannt.

Die Stellung als herzogliche Hofdame bot Charlotte von Schardt ausgezeichnete Chancen, eine standesgemäße Heirat zu machen. Von ihren Eltern dazu aufs lebhafteste ermuntert, nutzte Charlotte sie auch aus. Als ein passender Freier auftrat, gab es kein langes Zögern und Schwanken. Er wurde erhört und geheiratet, Charlotte war zweiundzwanzig Jahre alt, der Bräutigam sieben Jahre älter.

Es war wirklich eine ausgezeichnete Partie. Gottlob Ernst Josias Friedrich von Stein war der einzige Erbe eines ansehnlichen Rittergutes, Kochberg bei Rudolstadt. Sein Vater war kaiserlicher Gesandter beim Reichstage in Regensburg gewesen. Der junge Freiherr wurde als Erbe derer von Stein vom herzoglichen Hof gefördert, zum Hofjunker, zum Kammerjunker und schließlich zum Hofstallmeister ernannt. Er war ein stattlicher Mann, einer der schönsten am Weimarer Hofe: groß und breitschultrig, machte er eine ebensogute Figur auf dem Pferde wie als Schauspieler auf der kleinen Bühne des Liebhabertheaters.

Die Vermögensverhältnisse des jungen Paares waren nicht schlecht, der Stallmeister bekam 2000 Taler Jahresgehalt und hatte außerdem sein Gut Kochberg. Man war sehr angesehen, gehörte zum Hofe und nahm sogar an der herzoglichen Tafel teil.

III

Die junge Frau gab sogleich ihre Stellung als Hofdame auf, um sich ganz ihrer Pflicht als Gattin zu widmen. Sie verkehrte freilich weiter am Hofe und nahm an seinen Geschicken teil: Ihr Gatte gehörte, anders als ihr pensionierter Vater, zu den Vertrauten sowohl der Herzogin als auch des Erbprinzen. Wir wissen vom Leben und Treiben dieses ›vor-Goetheschen Weimar‹ nur wenig, eigentlich nur, daß es ganz und gar im Zeichen der Erwartung stand, der Erwartung des Regierungsantrittes Karl Augusts. Schon gab es Spannungen zwischen dem Kreis um die Herzogin-Mutter und den Freunden des Prinzen. Aber die Klugheit Anna Amalias wußte alle Schärfen und Krisen zu vermeiden. Christoph Martin Wieland und der Erzieher des Prinzen, ein Graf Görz, halfen ihr mit Takt und Energie.

Für Charlotte von Stein waren diese elf Jahre zwischen ihrer Heirat und dem Regierungsantritt Karl Augusts (und damit der Ankunft Goethes) die mühseligsten ihres Lebens. Zwar war die Ehe äußerlich glänzend, die geldlichen Verhältnisse gut; aber nichts deutet auf eheliches Glück. Charlotte hat später auf diese ersten Ehejahre immer als auf etwas Schweres und Schmerzhaftes zurückgesehen, und es gibt, soweit wir sehen, keine glückliche Erinnerung, die sie von jener Zeit in ihr übriges Leben mitgenommen und später aufgefrischt hätte. Daran mögen auch die unaufhörlichen Kindbetten schuld gewesen sein: siebenmal wurde Charlotte von Stein in diesen elf Jahren Mutter. Als sie 1764 heiratete, war sie zweiundzwanzig Jahre alt; sie gabar ihr erstes Kind, einen Knaben, im Jahre 1765; er wurde auf den Namen Karl getauft und war vom Schicksal ausersehen, den Namen derer von Stein fortzupflanzen. Im folgenden Jahr kam ein Mädchen, das bald nach der Geburt starb. Es folgte 1767 ein Knabe, Ernst, der ein Alter von nur neunzehn Jahren erreichte. 1769 und 1770 gab Charlotte wiederum Mädchen das Leben, die im Säuglingsalter starben. 1772 wurde Fritz von Stein, Goethes Zögling, geboren. Zum letzten Male wurde Charlotte im Jahre 1774 Mutter, ein Jahr bevor Goethe in Weimar erschien; das Kind, abermals ein Mädchen, starb unmittelbar nach der Geburt.

Charlotte von Stein war nun dreiunddreißig Jahre alt, sie hatte sieben Geburten durchgemacht, und ihre Gesundheit hatte gelitten. Vier kleine Kindersärge waren aus ihrem Haus herausgetragen worden, es war ihr nicht zu verdenken, wenn sie sich schwermütig und unzufrieden mit ihrem Schicksal zeigte. »Mir war dieses Geschäft auf eine schwere Art auferlegt«, so äußerte sie sich Jahrzehnte später über ihre Mutterschaften. »Von Tränen ermüdet schlief ich ein und schleppte mich wieder beim Erwachen einen Tag, und schwer lag der Gedanke auf mir, warum die Natur ihr halbes Geschlecht zu dieser Pein bestimmt habe. Man sollte den Weibern deswegen viele andere Vorzüge des Lebens lassen, aber auch darin hat man uns verkürzt, und man glaubt nicht, wie zu so viel tausend kleinen Geschäften des Lebens, die wir besorgen müssen, mehr Geisteskraft muß aufgewendet werden, die uns für nichts angerechnet wird, als die eines Genies, das Ehre und Ruhm einerntet.«

Und was gab es, was die junge Frau für diese Mühseligkeiten entschädigte? Ihr Eheleben jedenfalls nicht. Das gesellschaftlich-geistige Leben? In Weimar zwischen 1765 und 1775 war es nicht sehr lebhaft. Ab und zu kam eine Schauspielertruppe und spielte ein Stück von Goldoni, Molière oder Lessing. Zwischen Weihnachten und Fastnacht fanden die steifen höfischen Redouten statt, aber noch wurden auf ihnen nicht Stücke aufgeführt wie in späteren Jahren die geistvollen und anmutigen Maskenspiele Goethes. Von geistig bedeutenden Männern lebten nur Wieland und Musäus in Weimar. So blieben die Badereisen nach Pyrmont, wo die Frau des Weimarer Oberstallmeisters mit der großen Welt in Verbindung kam und wo sie auch jenen Dr. Zimmermann kennenlernte, der zuerst ihre Neugierde auf Goethe weckte.

Anna Amalia legte die Regentschaft im September 1775 nieder – der Erbprinz Karl August wurde mit achtzehn Jahren volljährig und Herzog. Eine seiner ersten Regierungshandlungen war die Berufung Goethes nach Weimar. Frau von Stein war ebenso gespannt auf die Bekanntschaft mit Goethe wie ganz Weimar. Sie erwartete nur den Dichter, den berühmten Autor des ›Werther‹, des ›Götz‹, des ›Clavigo‹.

IV

Goethe zählte sechsundzwanzig Jahre, als er am 7. November 1775 in Weimar anlangte. Wir wissen nicht, wann Frau von Stein ihm zuerst begegnet ist. Wir wissen nur, daß der erste Eindruck nicht sehr gut war. Sie schien entsetzt über das freie Auftreten des jungen Dichters, seine Unbekümmertheit um die höfischen Sitten, seinen Einfluß auf den Herzog.

Der neue Weimarer Bürger schien ihr wenig bürgerlich, noch weniger höfisch, sondern ein schrecklicher Naturbursche zu sein. Vielleicht ärgerte sie sich auch über die Begeisterung der Weimarer Damenwelt für den Dichter des ›Werther‹, der in der Wertherkleidung einherstolzierte, als gehörte ihm nicht nur Weimar, sondern die ganze Welt.

Wieland, der Damenliebling, hat diese Goetheschwärmerei in Verse gekleidet:

> Auf einmal stand in unserer Mitte
> ein Zauberer – – –
> Ein schöner Hexenmeister es war
> Mit einem schwarzen Augenpaar,
> Zaubernden Augen voll Götterblicken,
> Gleich mächtig zu segnen und zu entzücken.
> So trat er unter uns, herrlich und hehr,
> Ein echter Geisterkönig daher.
> Und niemand fragte: wer ist denn der?
> Wir fühlten beim ersten Blick:
> Er war er.

Wir fühlten's mit allen unseren Sinnen
Durch alle unsere Adern rinnen.
So hat sich nie in Gottes Welt
Ein Menschensohn uns dargestellt,
Der alle Güte und Gewalt
Der Menschheit so in sich vereinigt,
So feines Gold, ganz innerer Gehalt,
Von fremden Schlacken so ganz gereinigt,
Der unzerdrückt von ihrer Last
So mächtig alle Naturen faßt,
So fest in jedes Wesen sich gräbt
Und doch so innig im Ganzen lebt.

Charlotte aber schrieb an ihren Seelenfreund Zimmermann, daß Goethe zwar den größten Eindruck auf die Weimarer Gesellschaft gemacht habe, daß aber der Herzog mit ihm und anderen Genieburschen ein tolles Leben beginne. Zimmermann beruhigt sie: »Ach, wenn Sie gesehen hätten, wie dieser große Mann seinem Vater und seiner Mutter gegenüber der beste und liebenswürdigste Sohn ist, so würde es Ihnen schwer halten, um ihn nicht nur durch das Medium der Liebe zu sehen. Tadeln wir die großen Männer nicht! Fehlte dem, was sie getan haben, nur ein Zug, so würde zugleich alles Große fehlen, was wir an ihnen bewundern.«

Aber die Kritik wirkt doch, denn wenig später rät der gleiche Dr. Zimmermann dem nach Weimar berufenen Generalsuperintendenten und Dichter Herder dringend ab, dem Rufe Folge zu leisten, und zitiert aus einem Brief der Frau von Stein: »Goethe verursacht hier einen großen Umsturz; wenn er auch wieder Ordnung machen kann, um so besser für sein Genie! Sicherlich ist seine Meinung gut, aber zu große Jugend und zu geringe Erfahrung – doch warten wir das Ende ab! All unser Glück ist von uns gewichen; unser Hof ist nicht mehr, was er war. Ein Herr, der mit sich selber und mit aller Welt unzufrieden ist, der täglich sein Leben und sein bißchen Gesundheit aufs Spiel setzt, um diese letztere zu stärken – sein Bruder noch haltloser – eine bekümmerte Mutter – eine unzufriedene Gattin!«

Die unzufriedene Gattin ist die junge Herzogin, die Herzog Karl August bei seiner Thronbesteigung geheiratet hat, die Darmstädter Prinzessin Luise. Frau von Stein hatte sogleich mit ihr die allerengste Freundschaft geschlossen, und so wußte sie bald, daß die Ehe des Herzogs unglücklich zu werden drohte. Die junge Herzogin fühlte sich nicht wohl in Weimar; ihr Gatte war ihr zu derb, sie haßte das robuste Auftreten, wie es in den Kreisen um den Herzog Mode wurde. Sie war an Etikette gewöhnt, zog verhaltene Lebensführung vor; sie selbst vermochte nicht recht aus sich herauszugehen und empfand die Wertherstimmung als peinlich. In diesen Dingen begegnete sie sich mit der Frau von Stein. – Was freilich die bekümmerte Mutter anbetraf, von der Frau von Stein ebenfalls zu berichten wußte, so irrte sie. Die Herzogin-Mutter Anna Amalia nahm sogar an dem ausgelassenen Treiben ihres Sohnes und seiner Freunde, soweit es ging, freudigen Anteil, und das Verhältnis zu ihrer ernsten und schweigsamen Schwiegertochter war längst nicht so herzlich wie das zu ihrem Sohn.

Frau von Stein liebte es, für wirklich oder angeblich unterdrückte oder unverstandene Frauen Partei zu ergreifen. So hatte sie in Pyrmont auch die Bekanntschaft der Erbprinzessin von Braunschweig gemacht, die sich von ihrem Gatten mit der italienischen Schönheit Branconi (›siegt mit Pfeilen‹) betrogen glaubte, und aus der Bekanntschaft war die engste Freundschaft geworden. Ebenso stand sie sogleich auf der Seite der jungen Herzogin und nahm Partei gegen den ausgelassenen Herzog und seinen Freund Goethe.

Um Frau von Stein in dieser Haltung zu verstehen, muß man das mütterliche Erbteil bedenken. Konkordia von Schardt, geborene Irving of Drum, hatte ein strenges und ernstes Leben geführt. Ihr Gatte war kleinlich und nüchtern; bei Hof machte er keine große Laufbahn, fühlte sich zurückgesetzt und kritisierte zu Hause herum. Sie selbst hatte ein beträchtliches Vermögen in die Ehe gebracht; es mußte angegriffen und verbraucht werden, da die Einkünfte zu klein waren. Elf Kinder hatte sie zur Welt gebracht, nur fünf waren am Leben geblieben. Aber es waren nicht nur die häuslichen Sorgen, die Charlottens Mutter menschenscheu und in sich gekehrt machten. Sie war äußerst fromm; man hat ein merkwürdiges Schriftstück von ihr gefunden, in dem sie in Form einer feierlichen Urkunde sich Gott unterwirft. Aber ihr Gott war nicht der gütige, der liebe Gott, sondern der, »der Du auf Sinai Deine Schrecken verbreitest«. Ihm übergab sie sich in dieser Urkunde: »So sei denn diese Handschrift, die ich unter dem Angesicht des Allmächtigen, mit gebeugtem Knie, zerknirschtem Geist ausstelle, ein feierliches Zeichen.« Von dieser bigotten Mutter hatte Charlotte von Stein vieles mitbekommen: zwar nicht eigentlich strenge Religiosität, aber doch die Lebensangst, vor allem die Fähigkeit, sich selbst zu quälen und alles schwer und streng und ernst zu nehmen. Eine an Freuden nicht eben reiche Kindheit, eine von Zeremoniell eingefaßte Jugend, eine Vernunftehe mit einem nicht zu ihr passenden Mann hatten bei Charlotte das alles noch verstärkt. Vornehmes Auftreten, Beachtung der vorgeschriebenen Formen des höfischen Lebens, die Moral ihres Lebenskreises, das gab ihr Halt und ihrem Leben Inhalt.

Und nun trat in ihren Kreis der von Genie und Lebenswillen strotzende Jüngling Goethe. Er hatte die Worte Egmonts sich selbst in den Mund gelegt, die Worte von den Sonnenpferden der Zeit, die mit des Schicksals leichtem Wagen durchgehen. Ihm gefiel dieses gefährliche Rasen an Abgründen vorbei, vom Sturze unaufhörlich bedroht, ihm gefiel es, gefährlich zu leben, ungebunden und ungewissen Zielen entgegen. Goethes Sonnenpferde der Zeit bedrohten aber zugleich die Ordnung und Existenz des Lebenskreises dieser Weimarer Gesellschaft, in dem die Hofstallmeisterin zu leben gewohnt und gewillt war.

Der Weimarer Kreis war zu klein, als daß man nicht unaufhörlich in die engste Berührung kam. Frau von Stein, von der Herzogin-Mutter geschätzt, von der jungen Herzogin geliebt, gehörte ganz und gar zum Hof und damit zum engsten Lebenskreis des Herzogs, dessen vertrautester und liebster Freund wiederum der Dichter war. Wie mag der erste Eindruck gewesen sein, den Frau von Stein auf Goethe machte? Sie war von zierlicher Gestalt, verstand sich geschmackvoll zu kleiden (meist trug sie Weiß), geistvoll zu unterhalten und die Männer in ihren Bann zu ziehen. Zwei Freunde Goethes, die Grafen Stolberg, die Weimar unmittelbar nach Goethes Ankunft besuchten, schrieben entzückt von dem ›lieblichen Weiblein‹, von der ›schönen Stein‹ oder gar von der ›schönäugigen, lieben, sanften Stein‹. Und dies war wohl auch Goethes erster Eindruck.

Der kleine Hof hatte einen Kranz eleganter und anziehender Frauen. Die Herzogin-Mutter, wenig älter als Frau von Stein, war der vornehmste und geistvollste Mittelpunkt; weniger trat die erst 18jährige, meist traurige Herzogin Luise hervor. Nicht schön, sondern verwachsen, aber ungemein geistvoll und lebendig war die 19jährige Hofdame der Herzogin-Mutter, das Fräulein Luise von Göchhausen – ihr verdanken wir die einzige Abschrift des ›Urfaust‹ –, mit der Goethe sich ein Leben lang aufs beste verstehen wird. Er hat sie auch einmal gezeichnet, wie die kleine Person mit phantastisch hohem Haaraufbau am Schreibtisch sitzt und mit einem Gänsekiel schreibt. Eine andere Hofdame Anna Amalias war die reizende und kokette Amalia Kotzebue, die jüngste der Hofdamen, übrigens die Schwester des gleichnamigen Dichters. Zu den Hofdamen der jungen Herzogin Luise gehörte die schöne Marianne von Wöllwarth, die bald darauf den jungen Oberforstmeister von Wedel heiratete. Sie war mit Frau von Stein befreundet. Auch eine Schwägerin der Frau von Stein, Fräulein von Stein, gehörte zu diesem Kreis der Hofdamen. Geschätzt und umschwärmt wurde die Frau des zweiten Hofstallmeisters (Stein war inzwischen Oberhofstallmeister geworden), Emilie von Werthern, eine geborene Münchhausen. Sie war in England erzogen und hatte vor kurzem den um vieles älteren Baron von Werthern geheiratet. Die Ehe wurde unglücklich, und zehn Jahre später gab es einen großen Skandal: sie ging mit einem Liebhaber nach Afrika durch, nachdem sie vorher eine richtige Münchhauseniade, ein Scheinbegräbnis von sich mit Hilfe einer Puppe, veranstaltet hatte! Mitunter hielt sich auch die ebenso schöne wie gebildete, damals 37jährige Schwester des nachmalig so berühmten preußischen Ministers vom Stein, eine Gräfin Jeanette Luise von Werther, am Weimarer Hofe auf. Sie diente einer der schönsten Figuren des ›Wilhelm Meister‹ zum Vorbild, der ›Gräfin‹.

Die Hofmeisterin der Herzogin Luise war eine Gräfin Gianini, eine auf Etikette äußerst bedachte, sonst aber umgängliche Dame, deren gewaltige Nase insgeheim viel Spott hervorrief.

Aus diesem anmutigen Kreise ragte Charlotte von Stein, wie alle Besucher Weimars berichten, durch geistige Bildung, Anmut der Erscheinung und Reife der Lebensanschauung hervor. Mit der Herzogin-Mutter, Anna Amalia, beherrschte sie geistig und gesellschaftlich den höfischen Kreis der kleinen Residenz, zumal da sie die einzige Vertraute der jungen Herzogin wurde. Es war ein sehr jugendlicher Kreis. Selbst die Herzogin-Mutter zählte erst fünfunddreißig Jahre, als Goethe nach Weimar kam, ihr Sohn und ihre Schwiegertochter erst achtzehn; auch die Kavaliere des Hofes waren ausnehmend jung. Charlottens Gatte, der Oberhofstallmeister, gehörte mit seinen vierzig Jahren schon zur älteren Generation. Hauptmann von Knebel, der Erzieher des Prinzen Konstantin, Goethes besonderer Freund, war einunddreißig Jahre, der Prinz selbst siebzehn. Und die Kammerherren waren ebenfalls jung: der lustige Herr von Einsiedel fünfundzwanzig, Baron von Seckendorff einunddreißig. Ein anderer der maßgebenden Herren, der Geheimsekretär und Finanzrat des Herzogs, Friedrich Justin Bertuch, war kaum achtundzwanzig Jahre. Und Goethe sechsundzwanzig!

So war Charlotte von Stein in diesem Kreis eine der Ältesten. Desto wundersamer und wunderlicher mochte ihr das wilde, gewaltsam geniale Treiben der Jungen erscheinen. Goethe machte alle Tollheiten mit. Es war Frau von Stein nicht zu verdenken, wenn sie auch ihn in diese Reihe verworrener junger Hitzköpfe einordnete, die das stille und friedliche Weimar unsicher machten.

Genau umgekehrt sah sich das alles von Goethe aus an. Er war dieses Treiben, das man für genial hielt, gewöhnt. Dagegen erlebte er zum ersten Mal den Gegenpol: die vornehme Ruhe und selbstsichere Gelassenheit der Aristokratin, die reife und selbstbewußte Frau. Dieser Gegenpol zog ihn an.

Es gab sofort einen großen Klatsch über das tolle Treiben des Herzogs und seiner jungen Kumpane. Die Kunde durchlief ganz Deutschland, gelangte nach Hamburg zum alten Klopstock, der sich hinsetzte und seinem jungen Kollegen Goethe folgenden Brief schrieb:

»Lassen Sie mich nicht damit anfangen, daß ich es glaubwürdig weiß: denn ohne Glaubwürdigkeit würde ich ja schweigen. Denken Sie auch nicht, daß ich, wenn es auf Ihr Tun und Lassen ankommt, einreden werde; auch nicht, daß ich Sie deswegen, weil Sie vielleicht in diesem oder jenem andere Grundsätze haben als ich, strenge beurteile. Aber Grundsätze, Ihre und meine beiseite, was wird denn der Erfolg sein, wenn es fortwährt? Der Herzog wird, wenn er sich ferner bis zum Krankwerden betrinkt, anstatt wie er sagt, seinen Körper dadurch zu stärken, erliegen und nicht lange leben. Es haben sich wohl starkgeborene Jünglinge, und das ist denn doch der Herzog gewiß nicht, auf diese Art frühe hingeopfert. Die Deutschen haben sich bisher mit Recht über ihre Fürsten beschwert, daß diese mit ihren Gelehrten nichts zu schaffen haben wollten. Sie nehmen jetzo den Herzog von Weimar mit Vergnügen aus. Aber was werden andere Fürsten, wenn Sie in dem alten Tone fortfahren, nicht zu ihrer Rechtfertigung anzuführen haben? Wenn es nun wird geschehen, was ich fühle, daß es geschehen wird! Die Herzogin wird vielleicht ihren Schmerz jetzo noch niederhalten können; denn sie denkt männlich. Aber dieser Schmerz wird Gram werden, und läßt sich der auch etwa niederhalten? Louisens Gram, Goethe! Nein, rühmen Sie sich nur nicht, daß Sie sie lieben, wie ich! Es kommt auf Sie an, ob Sie dem Herzog diesen Brief zeigen wollen oder nicht. Ich für mich habe nichts dawider; im Gegenteil; denn da ist er gewiß noch nicht, wo man die Wahrheit, die ein treuer Freund sagt, nicht hören will.«

Goethes Antwort, der der Herzog zustimmte, lautete schroff und kurz: »Verschonen Sie uns ins Künftige mit solchen Briefen, lieber Klopstock!«

In anderen deutschen Städten wurde erzählt, der Herzog und Goethe hätten eine gemeinsame Mätresse. In Berlin konnte man folgendes gedruckt lesen: »Goethe und sein Busenfreund, der Herzog, führten das ausschweifendste Leben von der Welt; wir würden auch wohl nichts mehr von ihm zu hoffen haben, weil er sich den ganzen Tag in Branntwein besöffe.«

Und in Zürich verbreitete ein Schriftsteller, der 77jährige Johann Jakob Bodmer, sogar allen Ernstes: »Sie sollen einer ehrbaren Frau die Kleider über den Kopf gebunden haben.«

So schlimm war es nicht. Es war zwar ein recht ausgelassenes Treiben; aber das Schlimmste daran war, daß so gar nichts mehr auf Etikette und Form gegeben wurde. Einer der Kammerherren, Hildebrand von Einsiedel, schildert das Treiben in Knittelversen:

Nun denk man sich den Fürstensohn,
Der so vergißt Geburt und Thron
Und lebt mit solchen lockern Gesellen,
Die dem lieben Gott die Zeit abprellen,
Die tun, als wärn sie Seinesgleichen,
Ihm nicht einmal den Fuchsschwanz streichen!
Die des Bruders Respekt so ganz verkennen,
Tout court ihn ›Bruder Herz‹ nur nennen.
Glauben, es wohne da Menschenverstand,
Wo man all Etikette verbannt:

Die Etikette! Es dürfte bei weitem der schlimmste Vorwurf gewesen sein, den der goethefeindliche Teil des Weimarer Hofes gegen das Treiben des Herzogs und seiner Freunde zu erheben hatte. Da trugen sie nun alle die Werthertracht, das heißt, sie kleideten sich nicht mehr im französischen Rokokogeschmack mit Jabots und Schnallenschuhen, weißen Strümpfen und gestickten Röcken, sondern nach englischer Sitte: einem einfarbigen, blauen Frack mit blanken Messingknöpfen, dazu eine ledergelbe Weste, ebensolche Hosen und hohe Stiefel mit braunen Stulpen. Diese Tracht hatte Goethe seinem Werther zugedacht, und so bestimmte der Held des Moderomans die Herrenmode, wie er die Mode, sich auszudrücken und seinen Gefühlen freien Lauf zu lassen, bestimmt hatte. Goethe selbst trug sich so, ebenso der Herzog, und nun mußte Frau von Stein sogar ihrem Gatten, der alles mitmachte, wenn es gerade Mode war, solche Kleider besorgen. Und in dieser etikettewidrigen Kleidung, bedeckt mit gewaltigen weißen oder grauen runden Hüten, von denen gelbe Bänder flatterten, ritten sie durch Weimars stille Gassen und brausten über das Land, ein Ärgernis den Bürgern, ein Schrecken den Bauern, in deren Dörfer sie mit lautem Gesang und Geschrei einfielen.

Aber die jungen Mädchen und koketten Frauen waren entzückt, die jungen Hofdamen nicht minder als die schmucken und lebenslustigen Bauernmädchen, welchen die Junker ihre Gunst schenkten. Denn wenn auch die übertreibenden Nachrichten, die Klopstock wiedergab, aus der Luft gegriffen waren und keine Orgien gefeiert wurden, so herrschte doch erotisch ein sehr freier Ton, und man trug wenig Bedenken, Liebeleien und Flirts anzufangen und abzuwechseln, wie es beliebte. Die Herren machten, wenn sie von ihren tagelangen Parforcejagden durch das Thüringische oder von ihren ländlichen Festen zurückkamen, in Weimar gar kein Hehl daraus, sondern rühmten sich wohl noch lachend ihrer ›Mäuschen‹, ihrer ›Misel und der ganzen Miselei‹, was in dem

Jargon des Freundeskreises Flirt bedeutete. (Philologen haben sich den Kopf darüber zerbrochen, ob das Wort Misel für Mädchen von Goethe aus dem Elsaß importiert worden sei, ob es vielleicht von Demoiselle abgeleitet wurde oder ob es ein thüringischer Dialektausdruck für Mieze oder Kätzchen gewesen.)

Es war nicht anzunehmen, daß Frau von Stein dieser ›Miselei‹ auch nur ein Gran Geschmack abgewinnen konnte. Sie konnte auch nicht einfach darüber lachen wie die Herzogin-Mutter, die es für eine vorübergehende Erscheinung hielt und die Streiche ihres herzoglichen Sohnes und seiner lauten Freunde eben nur als Studentenstreiche nahm. Frau von Stein war sich vielmehr mit der ernsten, herben Herzogin Luise darin einig, daß das alles äußerst geschmacklos sei und zu nichts Gutem führen werde. Es mag sein, daß sie auch unter der Vorstellung litt, zu alt für das jugendliche, überschäumende Treiben zu sein. Als sie noch jung war wie die anderen Hofdamen, da war in Weimar alles anders gewesen. Die Herzogin-Mutter hatte einen bescheidenen Hof geführt, kleine Picknicks waren die einzigen Aussschweifungen. Und vorher, in den Mädchenjahren Charlottens, hatten der Siebenjährige Krieg und seine Folgen jede Lebenslust verdorben. War es nicht vielleicht auch das unausgesprochene, kaum eingestandene Bedauern über ihre Jahre, das sie so unduldsam machte gegenüber der Lebenslust der Jugend? Jedenfalls schrieb sie jenen bitterbösen Brief an Dr. Zimmermann, von dessen Wirkung wir schon berichteten.

Zimmermann, nicht umsonst des berühmten Knigge erbitterter Feind, der sich so gern zum Mentor und zur Autorität der Zeitgenossen aufwarf, Zimmermann schrieb nun auch an Goethe einen tadelnden Brief, den dieser freilich schnell und energisch zurückwies: »Ich bin fest entschlossen, Nichts zu hören, was man von mir sagt, noch was man mir raten kann. Wies ausgeht, daran ist auch nichts gelegen: der Pöbel sieht auf den Ausgang...«

Frau von Stein aber ließ sogleich ihren Seelenfreund Dr. Zimmermann wissen, wie wenig sie einverstanden sei mit der trotzigen Antwort des Genies. In einem Schreiben vom 6. März 1776 heißt es: »Ich war den Abend im Konzert, Goethe nicht, vor einigen Stunden war er bei mir, gab mir für Sie das beigeschlossene Billet und war toll über Ihren Brief, den er mir auch vorlas, ich verteidigte Sie, gestand ihm, ich wünschte selbst, er möchte etwas von seinem wilden Wesen, darum ihn die Leute hier so schief beurteilen, ablegen, das im Grunde zwar nichts ist, als daß er jagt, scharf reitet, mit der großen Peitsche knallt, alles in Gesellschaft des Herzogs. Gewiß sind dies seine Neigungen nicht, aber eine Weile muß ers so treiben, um den Herzog zu gewinnen und dann Gutes zu stiften, so denk ich davon; er gab mir den Grund nicht an, verteidigte sich mit wunderbaren Gründen, mir bliebs, als hätte er Unrecht. Er war sehr gut gegen mich, nannte mich im Vertrauen seines Herzens Du, das verwies ich ihm mit dem sanftesten Ton von der Welt sichs nicht anzugewöhnen, weil es nun eben niemand wie ich zu verstehen weiß und er ohne dieß oft gewisse Verhältnisse aus den Augen setzt, da springt er wild auf vom Kanapee, sagt ich muß fort, läuft ein paar Mal auf und ab um seinen Stock zu suchen, find ihn nicht, rennt so zur Tür hinaus, ohne Abschied, ohne gute Nacht. Sehen Sie, lieber Zimmermann, so wars heute mit unserem Freund. Schon einige Male hatte ich bitteren Verdruß um ihn gehabt, das weiß er nicht und solls nie wissen.«

Am 8. März folgt ein Postskriptum: »Ich sollte gestern mit der Herzogin-Mutter zum Wieland gehen, weil ich aber fürchtete, Goethen da zu finden, tat ichs nicht. Ich habe erstaunlich viel auf meinem Herzen, das ich dem Unmenschen sagen muß. Es ist nicht möglich, mit seinem Betragen kommt er nicht durch die Welt; wenn unser sanfter Sittenlehrer gekreuzigt wurde, so wird dieser bittere zerhackt. Warum sein beständiges Pasquillieren, es sind ja alles Geschöpfe des großen Wesens, das duldet sie ja, und nun sein unanständiges Betragen mit pöbelhaften niedern Ausdrücken, mit Fluchen. Auf sein moralisches, sobald es aufs Handeln ankommt, wirds vielleicht kein Einfluß haben, aber er verdirbt andere: der Herzog hat sich wunderbar geändert, gestern war er bei mir, behauptete, daß alle Leute mit Anstand, mit Manieren nicht den Namen eines ehrlichen Mannes tragen könnten, wohl gab ich ihm zu, daß man in dem rauhen Wesen oft den ehrlichen Mann fände, aber doch wohl eben so oft in dem gesitteten; daher er auch niemanden mehr leiden mag, der nicht etwas ungeschliffenes an sich hat. Das ist nun alles von Goethen, von dem Menschen, der für Tausende Kopf und Herz hat, der alle Sachen so klar ohne Vorurteile sieht so bald er nur will. Der über alles kann Herr werden, was er will. Ich fühls, Goethe und ich werden niemals Freunde; auch seine Art mit unserem Geschlecht umzugehen gefällt mir nicht, er ist eigentlich was man kokett nennt, es ist nicht Achtung genug in seinem Umgang. Zerreißen Sie diesen Brief, es ist mir, als wenn ich eine Undankbarkeit gegen Goethen damit begangen hätte, aber um keine Falschheit zu begehen, will ichs ihm alles sagen, sobald ich nur Gelegenheit finde.«

»Ich fühls, Goethe und ich werden niemals Freunde!« – so verdichtete sich die Gegnerschaft immer mehr. Das literarisch interessierte Deutschland begann aufzuhorchen und in diesem seltsamen Streit der Weimarer höfischen Gesellschaft selbst Partei zu ergreifen. Denn das Auftreten Goethes hatte wirklich zwei Parteien geschaffen, wie es einer der Hofleute, Sigmund von Seckendorff, in einem Briefe schrieb: »Jetzt zerfällt das Ganze in zwei Teile, von denen jener des Herzogs der geräuschvolle, der andere der ruhige ist. In dem ersten rennt, jagt, schreit, hetzt, peitscht und galoppiert man; seltsamerweise pikiert man sich, alles dies mit Geist zu tun, und zwar wegen der Schöngeister, die dazu gehören. Es gibt keine Extravaganz, die man sich nicht erlaubt. Der zweite Teil langweilt sich größtenteils, und die Vergnügungen, die man sucht, entweichen gewöhnlich in dem Augenblicke, da man sie genießen will. Die Frauen darunter sind mittelmäßig; kaum zwei kann man hübsch nennen.«

Die zweite Partei, mit den wenigen Damen, die man hübsch nennen konnte, war die Partei der Frau von Stein und der jungen Herzogin Luise; auf ihrer Seite stand auch der grämliche Kammerpräsident Fritsch.

V

Kochberg, das Rittergut derer von Stein, eigentlich Großkochberg bei Rudolstadt, wurde im 12. Jahrhundert als sogenannte Wasserburg gebaut. Die bestehenden Gebäude sind im 16. und 17. Jahrhundert im Stile der Spätrenaissance aufgeführt, den man weder mit dem Barock noch weniger mit dem Rokoko gleichsetzen kann. Aber durch alle Jahrhunderte hat sich der Charakter der Wasserburg erhalten: Noch immer sind die alten Häuser des schloßartigen Gutes von Wassergräben umgeben, Brücken führen zu den Toren, und der turmartige, von dem kleinen Dachreiter gekrönte Hauptbau spiegelt sich in der stillen Wasserfläche des Burggrabens.

Es gehörte recht viel Land zu diesem Rittergut: die Verwaltung war verworren, denn manche Felder lagen im Altenburgischen, andere im Gothaischen, wieder andere im Rudolstädtischen. Es war kein sehr fruchtbares Land, auch die dazugehörigen Wälder galten nicht als besonders ertragreich. Außerdem war das Gut sehr abgelegen, denn man brauchte damals nicht wie heute eine Viertelstunde nach Rudolstadt, sondern anderthalb Stunden, und nach Weimar im Wagen gar sieben gute Stunden (heute wird es das Auto in einer Stunde schaffen).

Die von Stein waren alter Adel (mit der Familie des späteren preußischen Staatsmannes vom Stein hatten sie nichts zu tun, und als Frau von Steins Sohn später einmal den berühmten Staatsmann besuchte und eine Andeutung machte, wurde der Freiherr fast böse, nahm einen Stift und schrieb das ›m‹ in seinem Adelstitel mit übergroßem Buchstaben). Die von Stein stammten ihrer Ansicht nach aus der Schweiz; Glieder der Famile hätten im Mittelalter in Augsburg, Regensburg und Würzburg gelebt. Seit dem 14. Jahrhundert waren sie im Thüringischen zu finden. Im 17. und 18. Jahrhundert haben sie hohe Hofämter inne, und noch von Steins Vater hatte dem Kaiser als Gesandter auf dem Reichstag in Regensburg gedient. Die Mutter von Steins war eine geborene von Rothenhan. Beide hatten das Rittergut Kochberg erworben, und hier war Josias von Stein aufgewachsen.

Der Baron von Stein dachte nicht daran, sein väterliches Erbe selbst zu bewirtschaften; er lebte froh und unbekümmert am Hofe. Kochberg war auf je sechs Jahre verpachtet, und manchmal war es nicht leicht, einen guten Pächter zu finden. Aber auch verpachtet gehörte das Herrenhaus ganz der Famile des Gutsherrn, und als das wenig begüterte Fräulein Charlotte von Schardt den schönen Baron von Stein kennengelernt hatte, mag für sie die Aussicht auf diesen romantischen Landsitz besonders verlokkend gewesen sein. Sie genoß ihn nach Herzenslust. Sie verbrachte den schönsten Teil des Sommers in Kochberg; und auch in den anderen Jahreszeiten, wenn es ihr in Weimar zu laut oder aus einem anderen Grunde unbehaglich wurde, fuhr sie nach Kochberg.

Goethe war einen Monat in Weimar, als Frau von Stein wiederum Kochberg aufsuchte. An dem gleichen Tage begab sich der Herzog mit seinem kleinen Gefolge nach Rudolstadt; Goethe war dabei und Charlottens Gatte, Baron von Stein. Goethe richtete es so ein, daß er Zeit zu einem Besuch in Kochberg hatte. Noch heute ist ein Andenken von diesem ersten Besuch Goethes auf dem Landsitz Charlottens in Kochberg sichtbar: auf dem Schreibtisch Charlottens steht sein von ihm hingekritzelter Name: ›Goethe, den 6. Dcbr. 75‹.

Es gibt kein weiteres Zeugnis von den Begegnungen der beiden in diesen Wochen. Frau von Stein kehrte bald wieder nach Weimar zurück, ebenso Goethe und der Hof. Charlotte und Goethe trafen sich sicherlich oft bei Hofe und bei den kleinen gelegentlichen Festlichkeiten und Matineen.

Für eine solche Veranstaltung hatte Frau Charlotte etwas gedichtet, das auf Goethe Bezug hat und schon eine Art Gegenwehr gegen die Neckereien der Freundinnen gewesen zu sein scheint. Es ist ein kleines Gespräch zwischen den Damen: Eine Adelheid mag die Herzogin vorstellen, aber Gertrud ist unzweifelhaft Charlotte selbst. Also diese Gertrud ist mit ihrem neuen Verehrer geneckt worden; sie antwortet:

> Ich bin ihm zwar gut, doch, Adelheid, glaub mirs nur;
> Er ist auf aller Frauen Spur!
> Ist wirklich was man eine Kokotte nennt!
> Gewiß, ich hab ihn nicht verkennt!

Adelheid verteidigt den Gast:

> Du sollst mit deiner Lästerung schweigen,
> Sonst werd ich dir noch heut meine Ungnade zeigen!
> Hat dir gewiß was nicht recht gemacht?

Und die Freundinnen lassen nicht locker:

> Und wer hat dich zu dem Gedanken gebracht?
> Sag doch, da du keine Heilige bist,
> Warum er dir so gleichgültig ist?
> Willst gewiß dahinter was verstecken?

Gertrud:

> Nun, über das Mädchen ihr Necken!
> Für mich ist die Liebe vorbei...
> Auch schein ich ihm sehr einerlei.

Schließlich meint Adelheid:

> Heut kommt der Freund zu mir,
> Und ich laß ihn weder dir, dir noch dir!
> Will mich ganz allein an ihm laben,
> Und ihr sollt nur das Zusehn haben.

Thusnelde:

Wissen das recht gut zu verstehn!
Wird auch wohl nach keiner von uns sehn.

Kunigunde (mit einem Seufzer):

Ja, ich muß ihn wohl zedieren,
Denn meine Augen können ihn am wenigsten rühren.

Gertrud:

Er hat mir wohl so mancherlei gesagt,
daß, hätt ich es nicht reiflich überdacht,
ich wär stolz auf seinen Beifall worden.
Doch treibt ihn immer Liebe fort:
Ein neuer Gegenstand an jedem neuen Ort!
Die schönern Augen sind gleich seine Orden,
Vor die muß er manch treues Herz ermorden.
So ist er gar nicht Herr von sich,
Der arme Mensch, er dauert mich!

Thusnelde:

Wie sie nun wieder ihre Weisheit purgiert!
Ach Kind, wirst von dir selbst an der Nase geführt,
Hättst nur Billette wie unsereins!

Gertrud:

Und glaubst du denn, ich hätte keins?

Thusnelde:

Nun, so weis doch dein Portefeuille.
(Gertrud weist es.)

Adelheid:

Wahrhaftig so ein dick Paket wie ich!

Kunigunde:

Und ebensoviel als ihr schrieb er an mich!

Deutlich ist aus dieser niedlichen Szene die Anspielung auf die Liebesbillette des Dichters zu ersehen. Gertrud-Charlotte pariert die Anspielung mit der Behauptung, die anderen bekämen die gleichen Billette.

Der uns bekannte Briefwechsel (bwz. die uns erhaltene einseitige Auswahl der Goetheschen Briefe) beginnt aber erst Mitte Januar 1776, mitten in den Faschingsredouten, auf denen Maskenfreiheit herrschte. Doch der Ton der Briefe läßt eine Vertrautheit erkennen, die schon Wochen zurückreichen mußte. Goethe, der so viel Liebesgeschichten geschrieben, verschweigt uns den Beginn seiner eigenen. Nichts als das Zeichen auf dem Schreibtisch in Kochberg gibt einen, freilich recht ungewissen Anhalt. Irgend etwas Bedeutsames mag stattgehabt haben: ein Blick, ein Händedruck, eine Aussprache. Wie es auch gewesen sein mag, Goethe war entflammt. Das Feuer seiner größten Liebe war entzündet, es sollte dreizehn Jahre in reiner und unverminderter Flamme brennen und Dichtung und Leben des großen Dichters durchleuten.

Charlotte freilich blieb kalt; oder wenn auch sie etwas wie Zuneigung zu dem jungen Dichter spürte, so beherrschte sie sich vortrefflich. Wir haben als Spiegel dieser beginnenden und keimenden Liebe immer nur die Briefe Goethes; es sind kurze Billette oder, wie Goethe selbst sie nannte, ›Zettelchen‹. Und wir können nur raten, was auf der anderen Seite vorging, können nur ahnen, was an Gesprächen, an Gesten, an mündlichen Liebesbeteuerungen hin und her ging. So laut auch die Klage aus Goethes Briefen klingt, die Klage über Charlottens Kälte und abweisende Kühle, sie muß dennoch, vielleicht wider Willen, vielleicht unwissentlich den Dichter wieder ermuntert haben – wie wäre sonst der leidenschaftlich zärtliche Ton schon in den ersten Zettelchen zu erklären! »Liebste Frau« nennt er sie im zweiten Brief, und im dritten steht bereits das erste Du. »Leide, daß ich Dich so lieb habe. Du begreifst nicht, wie ich Dich lieb habe«, heißt es am 28. Januar. Und am folgenden Tag fleht er: »Sollst mich auch ein bißchen lieb haben.«

An jedem Freitag fanden die Redouten statt. Goethe und Charlotte nahmen an fast allen teil – wieviel Gelegenheit für den feurigen Dichter, in schöner Verkleidung von Gestalt und Wort immer aufs neue Charlotte seine leidenschaftliche Zuneigung zu beteuern. Und wenn sie einmal nicht kommt, so versucht er wohl, sie ein wenig eifersüchtig zu machen, indem er ihr am nächsten Morgen schreibt, daß er aus Kummer über ihre Abwesenheit den ganzen Abend geflirtet habe (›gemiselt‹ – schreibt Goethe immer noch). »Die Liebelei ist doch das probateste Palliativ in solchen Umständen. Ich log und trog bei allen hübschen Gesichtern herum und hatte den Vorteil, immer im Augenblick zu glauben, was ich sagte.«

So sehr sich Frau von Stein durch die Verehrung dieses geistvollen und feurigen, eleganten und von den Frauen verwöhnten Mannes geschmeichelt fühlen mochte, er war ihr gleicherzeit auch unbequem und lästig. Fürchtete sie nur das Gerede der Leute? Wollte sie ihre Ehe vor Unheil bewahren? Graute ihr vor der unheimlichen Gewalt seiner Leidenschaft, die drohend und prächtig wie ein Gewitter am mittäglichen Horizonte ihres Lebens aufstieg? Goethe und der Herzog trieben es immer noch schlimm. Charlotte bemüht sich zu mildern, zu ermahnen, ihren Einfluß zu benutzen, beide von den Studentenstreichen abzubringen. Schon nennt er sie in einem Brief die ›Besänftigerin‹. Und sie hat Erfolg. Mitten aus dem wilden Karnevalstreiben dieses Winters kommt Goethes Gedicht ›Wanderers Nachtlied‹: es trägt das Datum des 12. Februar 1776.

Der du von dem Himmel bist,
Alle Freud und Schmerzen stillest,
Den, der doppelt elend ist,
Doppelt mit Erquickung füllest:
Ach, ich bin des Treibens müde!
Was soll all die Qual und Lust!
Süßer Friede,
Komm, ach komm in meine Brust!

Goethes Leben beginnt unter dem Einfluß Charlottens sich zu ändern, ein neues Lebensgefühl entsteht, von dem bald andere Dichtwerke Zeugnis geben sollten.

Der Zwiespalt in Charlottens Empfinden blieb. Die Hofgesellschaft war schwieriger als je. Die Bemühung des Herzogs, seine jungen Freunde nicht nur als Kumpane nächtlicher und ländlicher Abenteuer zu traktieren, sondern ihnen auch Eingang in das amtliche Leben zu verschaffen, stieß auf den erbitterten Widerstand der alten Hofclique. Man hatte Goethe als Besucher angesehen, als zeitweiligen Gast, und Goethe selbst hatte seinen Aufenthalt am Weimarer Hof nicht anders als vorübergehend empfunden. Der Herzog wollte aber vom Scheiden nichts wissen; um Goethe an Weimar zu fesseln, tat er alles, was er konnte. Als Goethe auf einem Spazierritt durch den Ilmgrund eine Bemerkung über ein Gartenhaus machte, welches ihm gefiel, beschloß Karl August, dieses Haus an sich zu bringen und dem Freund zu schenken. Es war leicht zu bewerkstelligen, denn das Haus gehörte einem Hofbeamten, Bertuch, der es ohne Zögern dem Herzog überließ. Karl August beschenkte Goethe mit einem dauernden Domizil.

Wie erbittert die feindliche Clique war, zeigte sich schon in den ersten Monaten anläßlich der Berufung Herders zum Weimarer Stadtpfarrer, der zugleich die oberste geistliche Behörde des Herzogtums als Generalsuperintendent bildete. Der Gedanke, Herder nach Weimar zu holen, stammte von Goethe, der Herder von Straßburg her kannte und verehrte. Bei dem angesehenen Namen, den Herder im literarischen Deutschland genoß, waren auch die meisten gebildeten und literarisch interessierten Persönlichkeiten in Weimar für den Vorschlag Goethes, besonders der Herzog selbst. Auch Frau von Stein begrüßte Herders Berufung mit großer Wärme und Erwartung. Anders die Geistlichkeit. Sie war gegen die Berufung eines Landfremden; die oberste Stelle sollte einem der ihrigen zufallen, damit die Nachfolger nach ihrem Amtsalter nachrücken könnten. Das Weimarer Oberkonsistorium nahm also sogleich heftig gegen Herder Partei, bezichtigte ihn der Freigeisterei, ja des Unglaubens. Ein unschöner Kleinkrieg entstand, dessen Abwehr vom Herzog Goethe aufgebürdet wurde. In der Tat gelang es dem klugen und energischen Auftreten Goethes, der Widerstände Herr zu werden und Herders Berufung durchzusetzen.

In voller Schärfe aber entbrannte der Kampf gegen die jungen Freunde des Herzogs, als dieser seinen Ministerrat (Conseil) neu zusammenstellen und Goethe in diesen Rat berufen wollte. Der bisherige oberste Verwaltungsbeamte Weimars, Baron von Fritsch, ein Mann von 45 Jahren, gab sofort seinen Abschied, als er vom Herzog hörte, daß der 26jährige Frankfurter Dichter in den Conseil kommen sollte. Fritsch wußte sicherlich, daß er, in dessen Hand die ganze Verwaltung zusammenlief, wohl kaum zu entbehren sei.

Doch Karl August gab nicht nach. Er nahm den Abschied Fritschs nicht an, sondern bat ihn in den ehrendsten Worten, sein Amt beizubehalten und mit den Neuberufungen in den Conseil einverstanden zu sein. Als dies wiederum nichts fruchtete, schrieb der Herzog einen Brief an seinen Ersten Minister, in dem jenes schöne Lob Goethes enthalten ist:

»Wäre der Dr. Goethe ein Mann eines zweideutigen Charakters, würde ein jeder Ihren Entschluß billigen, Goethe aber ist rechtschaffen, von einem außerordentlich guten und fühlbaren Herzen. Nicht alleine ich, sondern einsichtsvolle Männer wünschen mir Glück, diesen Mann zu besitzen. Sein Kopf und Genie ist bekannt. Sie werden selbst einsehen, daß ein Mann wie dieser nicht würde die langweilige und mechanische Arbeit, in einem Landes-Collegio von unten auf zu dienen, aushalten. Einen Mann von Genie nicht an dem Ort gebrauchen, wo er seine außerordentlichen Talente gebrauchen kann, heißt dieselben mißbrauchen; ich hoffe, Sie sind von dieser Wahrheit so wie ich überzeugt.«

Aber der Baron lenkte immer noch nicht ein; es bedurfte erst eines warmherzigen Appells der Herzogin-Mutter, die Dinge in Ordnung zu bringen. Auch dieses Schreiben ist ein ehrendes Zeugnis für Goethe; außerdem zeigt es, wie sehr die eben zurückgetretene Regentin auf seiten ihres Sohnes stand, was auch der alte Klopstock sagen mochte. Die Herzogin-Mutter schrieb an Fritsch:

»Die Gründe, welche Sie anführen, haben mich tief bekümmert, sie sind eines feinen Kopfes, wie des Ihren, der die Welt kennt, nicht würdig. Sie sind eingenommen gegen Goethe, den Sie vielleicht nur aus unwahren Berichten kennen oder den Sie von einem falschen Gesichtspunkte beurteilen. Sie wissen, wie sehr mir der Ruhm meines Sohnes am Herzen liegt und wie sehr ich darauf hingearbeitet habe und noch täglich arbeite, daß er von Ehrenmännern umgeben sei. Wäre ich überzeugt, daß Goethe zu den kriecherischen Geschöpfen gehörte, denen kein anderes Interesse heilig ist als ihr eigenes und die nur aus Ehrgeiz tätig sind, so würde ich die erste sein, gegen ihn aufzutreten. Ich will Ihnen nicht von seinen Talenten, seinem Genie sprechen; ich rede nur von seiner Moral. Seine Religion ist die eines wahren und guten Christen, die ihn lehrt, seinen Nächsten zu lieben und es zu versuchen, ihn glücklich zu machen. Das ist doch der erste hauptsächlichste Wille unseres Schöpfers... Machen Sie Goethes Bekanntschaft, suchen Sie ihn erst kennenzulernen; Sie wissen, daß ich meine Leute erst gehörig prüfe, bevor ich über sie urteile, daß die Erfahrung mich in solcher Prüfung sehr geübt hat und daß ich dann ohne Vorurteil richte; glauben Sie einer Freundin, die Ihnen wahrhaft zugetan ist, sowohl aus Dankbarkeit wie aus Anhänglichkeit.«

Nach diesem Brief blieb Herrn von Fritsch kein Ausweg mehr: er gab seinen Widerstand auf, und Goethe wurde am 11. Juni 1776 Geheimrat mit einem Gehalt von 1200 Talern jährlich. Das letztere war wichtig, denn ohne Gehalt wäre es dem Dichter nicht möglich gewesen, in Weimar zu bleiben. Er lebte bis dahin aus seines Vaters

Tasche, der sowieso dagegen war, daß sein Sohn sich am Hofe eines kleinen Fürsten umhertrieb, statt, wie des alten Goethe Idee war, sich im freien Frankfurt eine achtbare bürgerliche Position zu sichern.

Goethe hat in der Folge mit Baron von Fritsch loyal zusammengearbeitet, wenn es auch Reibungen gab. Goethes Urteil über Fritsch nach vielen Jahrzehnten steht in den Gesprächen mit Kanzler von Müller: Fritsch sei immer redlich gegen ihn gewesen, obwohl sein Wesen jenem nicht zugesagt habe.

Zu den Männern, die Goethe am Hofe von Weimar kühl gegenüberstanden, gehörte auch der schon genannte Baron von Seckendorff, ein sehr angesehener, jugendlicher Aristokrat, der sich ebenfalls zum geistigen Deutschland zählen durfte. Der Kammerherr, ehemaliger sardinischer Oberstleutnant, malte, komponierte, dichtete und war ein Mann von Welt und Geist, ein geistvoller Unterhalter. Frau von Stein und andere mußten ihn als ernstlichen Konkurrenten Goethes betrachten. Und vom Standpunkt der Frau Oberhofstallmeisterin gebührte dem adligen und höfisch-höflichen von Seckendorff in vielem der Vorzug.

Doch war Seckendorff klug genug, als Goethes Stellung in Weimar entschieden war, auf seine Seite zu treten: beide wurden Freunde, und Seckendorff hat sogar Gedichte Goethes vertont.

In diesen schwierigen Zeiten konnte es Frau von Stein nur ärgerlich sein, wenn derjenige, um den sich Weimar in zwei feindliche Heerhaufen teilte, ihr fast in der Öffentlichkeit leidenschaftliche Liebeserklärungen machte. Daß der Herzog als vertrautester Freund des Dichters darum wußte, erfuhr Charlotte aus gelegentlichen, wenn auch gutmütigen Neckereien des jungen Fürsten; er wenigstens nahm keinerlei Anstoß.

Aber all das mochte Frau von Stein veranlassen, gerade in jenen Tagen, da das Gefecht um Goethe am heftigsten tobte, nämlich im April 1776, ihre Stellung zu dem jugendlichen und schwärmerischen Dichter zu distanzieren. Es wurde schon schwer genug; anscheinend war wenigstens seelisch zwischen den beiden schon so viel innige Verbindung hergestellt gewesen, daß diese Distanz Goethe aufs heftigste erschüttern mußte. Der Brief Goethes an Charlotte vom 13. April legt Zeugnis ab: »Warum soll ich dich plagen! liebstes Geschöpf! Warum mich betrügen und Dich plagen und so fort! – Wir können einander nichts sein und sind einander zu viel. Aber eben, weil ich die Sachen nur seh, wie sie sind, das macht mich rasend. Gute Nacht, Engel, und guten Morgen. Ich will Dich nicht wiedersehn. Nur – Du weißt alles. Ich hab mein Herz – es ist alles dumm, was ich sagen könnte. – Ich seh Dich eben künftig, wie man Sterne sieht! – Denk das durch!«

Und am folgenden Tag schickte ihr Goethe das große Gedicht, das genügt hätte, den Namen der Empfängerin zu einem der erlauchtesten unter Deutschlands Frauen zu machen.

Warum gabst du uns die tiefen Blicke,
unsre Zukunft ahnungsvoll zu schaun,
unsrer Liebe, unserm Erdenglücke
wähnend selig nimmer hinzutraun?

Warum gabst uns, Schicksal, die Gefühle,
uns einander in das Herz zu sehn,
um durch all die seltenen Gewühle
unser wahr Verhältnis auszuspähn?

Ach so viele Menschen kennen,
dumpf sich treibend, kaum ihr eigen Herz,
schweben zwecklos hin und her und rennen
hoffnungslos in unversehnem Schmerz.

Jauchzen wieder, wenn der schnellen Freuden
unerwart'te Morgenröte tagt.
Nur uns armen liebevollen Beiden
ist das wechselseitge Glück versagt,

uns zu lieben, ohn uns zu verstehen,
in dem andern sehen, was er nie war,
immer frisch auf Traumglück auszugehen
und zu schwanken auch in Traumgefahr.

Glücklich, den ein leerer Traum beschäftigt!
Glücklich, dem die Ahnung eitel wär!
Jede Gegenwart und jeder Blick bekräftigt
Traum und Ahnung leider uns noch mehr.

Sag, was will das Schicksal uns bereiten?
Sag, wie band es uns so rein genau?
Ach du warst in abgelebten Zeiten
meine Schwester oder meine Frau.

Kanntest jeden Zug in meinem Wesen,
spähtest, wie die reinste Nerve klingt,
konntest mich mit einem Blicke lesen,
den so schwer ein sterblich Aug durchdringt.

Tropftest Mäßigung dem heißen Blute,
richtetest den wilden irren Lauf,
und in deinen Engelsarmen ruhte
die zerstörte Brust sich wieder auf.

Hieltest zauberleicht ihn angebunden
und vergaukeltest ihm manchen Tag.
Welche Seligkeit glich jenen Wonnestunden,
da er dankbar dir zu Füßen lag.

Fühlt sein Herz an deinem Herzen schwellen,
fühlte sich in deinem Auge gut,
alle seine Sinnen sich erhellen
und beruhigen sein brausend Blut.

Und von all dem schwebt ein Erinnern
nur noch um das ungewisse Herz.
Fühlt die alte Wahrheit ewig gleich im Innern,
und der neue Zustand wird ihm Schmerz.

Und wir scheinen uns nur halb beseelet,
dämmernd ist um uns der hellste Tag.
Glücklich, daß das Schicksal, das uns quälet,
uns doch nicht verändern mag.

»Ach, du warst in abgelebten Zeiten meine Schwester oder meine Frau.« – Der Mythos von der Seelenwanderung wird aufgerufen, dem Liebenden zu helfen. In einem gleichzeitigen Briefe Goethes an Wieland steht der

Gedanke in Prosa: »Ich kann mir die Bedeutsamkeit, die Macht, die diese Frau über mich hat, anders nicht erklären als durch die Seelenwanderung. Ja, wir waren einst Mann und Weib! Nun wissen wir von uns, verhüllt, in Geisterduft. – Ich habe keinen Namen für uns – die Vergangenheit – die Zukunft – das All.«

Eine Notwendigkeit, eine Schicksalsfügung, eine Bestimmung von Ewigkeit her – welcher wahrhaft Liebende empfände seine Liebe nicht so? Und hier ist es, wie immer in Goethes Leben und Goethes Dichtung: es gelingt ihm spielend, seine persönliche Erfahrung, sein individuelles Erlebnis dichtend ins Abstrakte, Allgemeingültige zu steigern, es dichterisch zu verklären und anderen zum Trost und zur Erhebung zu hinterlassen.

Für Charlotte freilich war es mehr. Sie glaubte, wie wir aus anderen Äußerungen wissen, wirklich an die Seelenwanderung. Sie las aus den herrlichen Versen die persönliche Verehrung ihrer Anmut, ihrer Schönheit, ihres Geistes und, nicht zuletzt, ihres weiblichen Zaubers. Sie hörte die Beteuerung ihres Einflusses als Besänftigerin, als Zauberin: »tropftest Mäßigung dem heißen Blut«. Sie wußte, daß sie der Engel war, in deren Götterarmen der geniale Jüngling zu sich selbst zurückfand; sie las es, daß sie Seligkeiten zu verschenken hatte, Seligkeiten des Herzens und der Güte; daß ihr Auge ihn trösten, durchdringen, erheben, ja ihn umwandeln könne. Sie sah sich vergöttert – welche Werbung und welche Huldigung!

VI

Im Weimarer Archiv befindet sich ein vergilbtes Exemplar des »nach verbesserter und alter Zeit wohleingerichteten Sachsen-Weimarischen Calenders auf das Schaltjahr 1776«. Es ist das wertvollste Exemplar dieses alten Kalenders, denn es enthält Notizen Goethes, teils diktiert, meist aber eigenhändig eingetragen – der Beginn des später so sorgsam geführten Weimarer Tagebuches Goethes.

Unter dem Datum des 25. April 1776 befindet sich hier die erste Eintragung, welche Charlotte betrifft: »Mit der Stein, Schardt, Wieland und den Grasaffen im Garten«. Die Grasaffen sind die drei Jungen, die Kinder Charlottens: Karl, Ernst und Fritz. Den Garten, sein berühmtes Gartenhaus im Ilmgrund, hatte Goethe laut Eintragung im gleichen Kalender am 21. April in Besitz genommen und am 22. schon das erste Geschenk aus diesem Haus an seine Freundin gesandt: »Hier ein Zeichen, daß ich lebe, daß ich Sie liebe, und immer Ihr Voriger, Gegenwärtiger und Zukünftiger bin.« Diese Zeichen waren wiederum Verse: ›Hans Sachsens poetische Sendung.‹ Gar manches in diesem schönen Gedicht wandte sich wiederum an Charlotte und wollte Zeugnis seiner Liebe und seiner Beseligung in dieser Liebe sein. Draußen begann der Frühling, und auch des Dichters Welt beginnt zu sprießen und zu knospen. Die Liebe gibt ihm die Fähigkeit, alles neu zu sehen: klar und rein. Wie einen Triumph teilt er es der Freundin mit, und wie ihren Triumph mag sie es empfunden haben, diese Macht über das Genie. »So wird die Liebe nimmer alt – und wird der Dichter nimmer kalt.« Welches Frühlingsversprechen!

Aber hielt es der Frühling? Hielt es der Sommer? Immer leidenschaftlicher wirbt der Dichter um die Geliebte; sie bleibt launisch und schwierig. Der Briefwechsel läßt auch in der einseitigen Form, in der er uns erhalten ist, die unaufhörlichen Zerwürfnisse erkennen, Szenen und Auseinandersetzungen, scharfe und oft kränkende Zurückweisungen, die Goethe von Charlotte empfängt. Nichts aber kann seine Leidenschaft mildern. »Ihre Gegenwart gestern hat einen so wunderbaren Eindruck auf mich gemacht, daß ich nicht weiß, ob mirs wohl oder weh bei der Sache ist.« – »Da meine Liebe für Sie eine anhaltende Resignation ist, mags denn so hingehen.« – »Dachtest du an mich, wie ich an dich denke? Nein, ich wills nicht. Will mich in der Melancholie meines alten Schicksals weiden, nicht geliebt zu werden, wenn ich liebe.« – »Wenn das so fortgeht, beste Frau, werden wir wahrlich noch zu lebendigen Schatten. Ich halts nicht aus.« – »Ich war gestern sehr traurig und wußte nicht warum. Ich bin dem Schicksal zu viel schuldig, als daß ich klagen sollte, und doch – für meine Gefühle kann ich nichts. Adieu, ich werde nicht kommen, denn ich verstand Wort und Blick.« – »Sie haben eine Art zu peinigen, wie das Schicksal, man kann sich nicht darüber beklagen, so weh es tut. Von mir hören Sie nun weiter nichts: ich verbitte mir auch alle Nachrichten von Ihnen.« – »Doch Sie mögen sehen, wie mirs im Herzen manchmal aussieht, wie ich auch ungerecht gegen Sie werden kann.«

Dies alles sind Sätze aus Goethes Briefen an Charlotte vom Frühling und Sommer 1776. Die wirklichen Vorgänge können wir uns nicht mehr rekonstruieren. Wir sehen immer nur durch die Augen des Dichters und können nur erraten, wie es sich aus der Perspektive Charlottens ansah. Auch das erwähnte Tagebuch im Kalender sagt uns wenig. Goethe gewöhnte sich bald an, für die Personen seines Umgangs Zeichen zu machen. Es sind astrologische Zeichen: der Herzog bekommt den Schnörkel des königlichen Planeten Jupiter, die Herzogin Anna Amalia das mütterliche Mondzeichen, die schöne Gräfin von Werthern das Zeichen der Venus, Wieland ist Merkur, Herzogin Luise ein Stern – aber die Sonne, der Kreis mit dem Mittelpunkt, ist Charlotte.

Und so heißt es immer nur: »Gegessen bei ☉.« – »☉ im Garten.« – »Morgens ☉-Weg.« – »Der ☉ geschrieben.« Mitunter steht auch dort: »War sie gar lieb!« Und ein Zerwürfnis wird so angedeutet: »☉-Finsternis.«

Charlotte war damit einverstanden, von dem geistvollen Dichter und eleganten Hofmann verehrt und angebetet zu werden. Welche Frau hätte es nicht gewünscht! Sie war auch damit einverstanden, seine Vertraute zu sein. Sie ließ sich gern mit ihm bei Hofe und auf Festen, überhaupt in der Öffentlichkeit sehen. Goethes äußere Erscheinung in jenen Jahren war stattlich; zudem kleidete er sich elegant. Das schöne braune Haar im modischen

Haarbeutel, mit Spitzenkrause, im enganliegenden, auf Taille gearbeiteten, bis zu den Knien reichenden Rock und hohen Stulpenstiefeln – so beschreibt man den Dichter im Jahre 1779. Bisweilen ritt er mit ihr aus. Sie trug auch zu Pferde gern Weiß; und Goethe hatte sich nach der Mode der Zeit gelbverbrämte Reitkleider anfertigen lassen.

Charlotte wollte Goethe gerne leiten und beraten. Ihr weiblicher Ehrgeiz mußte sich ja darin gefallen, dem geistvollsten Mann Weimars, dem berühmtesten Schriftsteller Deutschlands eine Seelenfreundin zu sein. Und auch aus rein Weimarer Perspektive mochte sie wünschen, Goethe zu ihrem Verehrer zu haben: er war der beste Freund des Herzogs, damit der einflußreichste Mann im Herzogtum nach dem Fürsten. Wir wissen, wie sehr Charlotte, die Tochter des einstigen Hofmarschalls, in dem höfischen Leben aufging. Gewiß war es ihr Ehrgeiz, etwas mitzuregieren, und sie konnte es nicht besser als über den jugendlichen Geheimrat Goethe.

Aber sie verwies den stürmischen Liebhaber immer wieder in seine Schranken. Er kompromittiere sie. Er stelle sie bloß. Sie flieht vor ihm nach Kochberg, verbietet ihm, sie zu besuchen, verschließt ihm ihr Haus. Doch hütet sie sich, es zum Bruch kommen zu lassen. Ist Goethe gar zu sehr verletzt, so lenkt sie ein. Das Gedicht des 14. April nimmt sie begeistert auf: seine Schwester soll sie sein. Goethe antwortet mürrisch, denn so war es nicht gemeint: »Adieu, liebe Schwester, weils denn so sein soll. Sollst auch Ruh vor mir haben.« Und da, als dies nicht wirkt, erfindet sie ein Neues: Er soll ihr Heiliger sein. Sie teilt diese neue Taktik und ihren negativen Erfolg sogleich ihrem Seelenfreund, Dr. Zimmermann, mit: »Jetzt nenn ich ihn meinen Heiligen, und darüber ist er mir unsichtbar geworden, seit einigen Tagen verschwunden, und lebt in der Erde, fünf Meilen von hier, im Bergwerke.« (Ilmenau.)

Goethe hatte sich nämlich gar nicht begeistert gezeigt über den Vorschlag, ihr Heiliger zu heißen: »Du hast recht, mich zum Heiligen zu machen, das heißt, mich von deinem Herzen zu entfernen. Dich, so heilig du bist, kann ich nicht zur Heiligen machen, und hab nichts, als immer mich zu quälen, daß ich mich nicht quälen will. Siehst du die trefflichen Wortspiele. Gut, ich will dich nicht sehen.« Und zu diesem bitteren Brief zeichnet er eine Graburne und schreibt: »Hier auch eine Urne, wenn allenfalls einmal vom Heiligen nur Reliquien überbleiben sollten.«

So hart und abweisend sie sich oft zeigte, so lieb und anziehend konnte sie zu anderer Zeit jedoch sein. Im August 1776 schien sich Goethe von ihr lösen zu wollen und die Distanz auch innerlich herzustellen, die sie im Äußeren forderte. Aber jetzt graute ihr mit einem Male vor dem Verlust. Jedenfalls schreibt Goethe ihr nach einer Aussprache: »Engel, ich mag dir nichts weiter sagen: du hast alles, was ich getan habe, von dir loszukommen, wieder zugrunde gerichtet.« Und sie konnte wohl auch innerlich gar nicht mehr von ihm los.

In einem Brief an Dr. Zimmermann schrieb sie die bedeutungsvollen Sätze: »Ich bin durch unsern lieben Goethe ins Deutschschreiben gekommen, wie Sie sehen. Und ich danke ihm. Was wird er wohl noch aus mir machen? Denn wenn er hier ist, lebt er immer um mich herum.«

Über die Huldigung, die in dem schönen Gedicht vom 14. April lag, hatte Charlotte wohl nicht die Bitterkeit und Traurigkeit der ersten Verse übersehen: »Warum gabst du uns die tiefen Blicke, unsre Zukunft ahnungsvoll zu schaun, unsrer Liebe, unserem Erdenglücke wähnend selig nimmer hinzutraun?« Die Zukunft? Das Erdenglück der Liebenden? Nein, sie konnten auf das Erdenglück der Liebenden, immer und ganz vereint zu sein, nicht hoffen. Sie waren auch zu klug und hellsehend, sich darüber nach Art anderer Liebenden zu täuschen. Sie empfanden beide die Tragik ihrer Liebe, wenn auch in durchaus verschiedener Wirkung.

Der Dichter schließt sein Gedicht mit dem Vers: »Glücklich, daß das Schicksal, das uns quälet, uns doch nicht verändern mag.« Also, er liebte sein Schicksal, obwohl es schmerzte und wehtat, er liebte es, obwohl er es wie eine Krankheit empfand – wie einen Wahnsinn, den er nicht mehr missen konnte. Anders Charlotte. Sie wollte los, frei werden von einem Schicksal, das sie zu zerstören drohte. Sie wehrte sich verzweiflungsvoll. Aber konnte sie sich noch wehren? Hatte nicht auch sie schon den Giftbecher getrunken, den Trunk, der sie an Goethes Herz fesselte und sein Schicksal zu dem ihren machte – im guten wie im bösen, im Unglück wie im Glück? Und tragischer wird ihr Los sein: denn ihr einmal entflammtes Gefühl kann nicht mehr, wie einst das seine, in eine gewisse und wohlige Gleichgültigkeit zurücksinken, sondern es kann nur noch sich umkehren zum Haß.

Noch freilich kämpfte sie. Ende Mai 1776 drohte sie mit völligem Bruch. Wieder war ein Gerede entstanden. Goethes leidenschaftliche Antwort lautete: »Also auch das Verhältnis, das reinste, schönste, wahrste, das ich außer zu meiner Schwester je zu einem Weibe gehabt, auch das gestört! – Ich war drauf vorbereitet; ich litt nur unendlich für das Vergangene und das Zukünftige. Ich will Sie nicht sehen; Ihre Gegenwart würde mich traurig machen. Wenn ich mit Ihnen nicht leben soll, so hilft mir Ihre Liebe so wenig als die Liebe meiner Abwesenden, an der ich so reich bin. Die Gegenwart im Augenblick des Bedürfnisses entscheidet alles, lindert alles, kräftiget alles. Der Abwesende kommt mit seiner Spritze, wenn das Feuer nieder ist – – – und das alles um der Welt willen! Die Welt, die mir nichts sein kann, will auch nicht, daß du mir was sein sollst. Sie wissen nicht, was sie tun. Die Hand des Einsamverschlossenen, der die Stimme der Liebe nicht hört, drückt hart, wo sie aufliegt. Adieu, Beste.«

Aber sie kehrt zu seinem Herzen zurück. Sie spricht sich mit ihm aus, und obwohl manch bitteres Wort über ihr Verhältnis fällt, ist er erleichtert und schreibt es ihr am folgenden Tag: »Sie sind lieb, daß Sie mir alles gesagt haben! – Man soll sich alles sagen, wenn man sich liebt. – Liebster Engel, und ich habe wieder drei Worte in der Hand, Sie über alles zu beruhigen, aber auch nur Worte von mir zu Ihnen! – Ich komme heut noch! – Adieu.«

Aus jener Zeit stammt auch der Vers Goethes an die Freundin:

Leb ich doch stets um derentwillen,
um derentwillen ich nicht leben soll.

Im Juli ging Frau von Stein nach Pyrmont und traf dort wieder Dr. Zimmermann. Versuchte er, sie Goethe abspenstig zu machen? Wohl kaum. Er hatte seine eigenen Sorgen und mochte auch wohl, schon aus Eitelkeit, sich nicht die Freundschaft Goethes, des ersten deutschen Schriftstellers, verscherzen. Die Abwesenheit und die Entfernung steigerten ihre Liebe. Goethes Briefe mußten eine ganz neue und beglückende Erfahrung für sie sein, die dergleichen noch nie erlebt hatte. Die Rücksicht auf die Weimarer Gesellschaft fiel weg. Der Umgang mit anderen Männern mochte ihr die Überlegenheit des Mannes, der sie liebte, hundertmal vor Augen stellen. Was war dieser eitle und rechthaberische, sehr eingebildete Hofmedikus gegen einen Goethe! Und Goethes Briefe mit ihrer Glut, aber auch mit ihren Anspielungen auf andere Abenteuer, bewußt von dem Briefschreiber eingestreut, um Charlotte ein wenig eifersüchtig zu machen: »Gestern war ich in Apolda und habe mich in die Christel von Artern*) verliebt.« Wahrscheinlich hatte Charlotte keine Ahnung, wer die Christel war, und noch weniger konnte sie ahnen, was eine andere Christel einmal in ihrem und Goethes Leben bedeuten würde! Und dann schrieb Goethe aus Weimar von Charlottens jüngerer Schwester Luise: »Sie ist ein liebes Geschöpf,

*) Aus diesem Dorfe Artern (bei Sangerhausen) stammte väterlicherseits Goethes Familie: sein Urgroßvater, der Hufschmied Hans Goethe († 1694), war Ratsmitglied, dessen Vater, ebenfalls ein Hans Goethe († 1686), sogar Gemeindevorsteher in Artern gewesen.

wie ich eins für mich haben möchte, und dann nichts weiter geliebt! Ich bin des Herzteilens überdrüssig.« Mußte nicht aus solchen Äußerungen die Gefahr, ihn zu verlieren, sich drohend darstellen? »Wenn ich nur leben könnte, ohne zu lieben!« – Strebte der Dichter von ihr fort? So ging auch durch Charlottens Herz in der Beglükkung der Gegenwart die Angst um den Verlust, die Sorge um die Zukunft ihrer Liebe. Denn die Liebesbriefe, die sie in Pyrmont erhielt, mußten sie ja beglücken, wie sie jede empfängliche Frau beglückt hätten. »Ich wollt, du wärest hier.« – »Wenn ich dich nur wieder hätte.« – »Dachtest du an mich, wie ich an dich denke?« – »Es ist Prüfung, daß Sie weg sind.« – Und einmal schrieb der Herzog etwas unter einen Brief Goethes: »Wenn Sie in Pyrmont ist, liebe Frau, so trinke sie ja, wenn der Morgen hübsch ist, das erste Glas auf Göthens und meine Gesundheit!«

Alles das verfehlte seine Wirkung auf Charlotte nicht. Bei ihrer Rückkehr war Goethe nicht in Weimar, sondern in Ilmenau. Kurzentschlossen eilte sie dorthin, ihn wiederzusehen. Es ist eine der anmutigsten Szenen und eine der wenigen, die wir in dieser bittersüßen Liebesgeschichte uns ganz plastisch vorstellen können. Sie hatte sich sorgfältig gekleidet: rosa Schuhe, ein weißes Taftkleid, um den Kopf einen rosa Schleier gebunden, aber so, daß aus ihrem schönen braunen Haar eine dunkelrote Rose herausschaute. Sie hatte sich ein zahmes Vögelchen mitgenommen und trug es auf der Hand, als sie unvermutet in die Stube des Gasthofes trat, in der sich Goethe aufhielt.

Die Freude des Wiedersehenes war so groß, daß Goethe es sogar an Herder nach Weimar schrieb: »Den Engel, die Stein, hab ich wieder! Einen ganzen Tag ist mein Auge nicht aus dem ihrigen gekommen, und mein Herz ist aufgetaut.«

Sie machten gemeinsame Ausflüge, und Goethe zeigte ihr die Hermannsteiner Höhle. Als sie fort war, meißelte Goethe zum Andenken an jene Liebesstunde ein großes S in die Felswände der Höhle. (Nach 30 Jahren sah er dieses

S wieder, und was alles hatte sich in der Zwischenzeit verändert!) In jenen Tagen aber – Charlotte war schon abgereist – entstand das verliebte Gedicht:

Ach, wie bist du mir,
wie bin ich dir geblieben!
Nein, an der Wahrheit
Verzweifle ich nicht mehr.
Ach, wenn du da bist,
Fühl ich, ich soll dich nicht lieben.
Ach, wenn du fern bist,
Fühl ich, ich lieb dich so sehr!

So blieb auch aus dieser Liebesstunde eine traurige Erinnerung im Herzen Goethes zurück. Hatte Charlotte wiederum, nach der ersten Freude des Wiedersehens, sich gegen ihr eigenes Gefühl gewehrt und den Liebenden aufs neue zurückgestoßen? Und abermals versuchte der Dichter, sie über die Reinheit seiner Gefühle zu beruhigen: »Dein Verhältnis zu mir ist so heilig, sonderbar, daß ich erst recht bei dieser Gelegenheit fühlte: es kann nicht mit Worten ausgedrückt werden, Menschen könnens nicht sehen.«

Der kommende Herbst ist voller Annäherungen und Entfernungen; Charlotte weiß nicht, was sie will, weiß auch nicht, was sie soll. Alle Skalen der Liebesschmerzen werden durchlaufen. Sie stößt Goethe zurück, zweifelt an der Echtheit seiner Liebe. Voll Nachdruck antwortet er: »Hängen Sie dem Unglauben nicht so nach! Mein Herz ist nicht so unzuverlässig, als Sie denken.« Aber schließlich scheint sich Charlotte von Stein in das Schicksal ihrer Liebe zu ergeben. Goethe hatte ihr den schönen Brief geschrieben, in dem er sie mit der Madonna verglich: »Sie kommen mir eine Zeit her vor wie Madonna, die gen Himmel fährt: vergebens, daß ein Rückbleibender seine Arme nach ihr ausstreckt; vergebens, daß sein scheidender, tränenvoller Blick den ihrigen noch einmal niederwünscht. Sie ist nur in den Glanz versunken, der sie umgibt, nur voll Sehnsucht nach der Krone, die ihr überm Haupt schwebt.« Und auf der Rückseite dieses Briefes stehen einige der wenigen Zeilen, die von Charlottens schriftlichen Äußerungen über ihre Liebe zu Goethe erhalten sind. Es sind Verse (übrigens schlechte Verse wie alle Verse Frau von Steins). Sie lauten:

> Obs Unrecht ist, was ich empfinde,
> Und ob ich büßen muß die mir so liebe Sünde,
> Will mein Gewissen mir nicht sagen:
> Vernicht es Himmel du! wenn michs je könnt anklagen.

»Die mir so liebe Sünde« – schon die Formulierung zeigt, daß der Zweifel überwunden ist und daß sie es gar nicht mehr als Sünde ansieht oder daß sie doch diese Sünde auf jeden Fall zu begehen entschlossen ist. Denn schon rät ihr Gewissen nicht mehr ab. Der Groll gegen das Schicksal ist fast blasphemisch; wenn es den ewigen Mächten – so ist doch wohl der Sinn der letzten Zeile – nicht gefällt, dann mögen sie selbst die Leidenschaft vernichten; sie, Charlotte, ist nicht mehr imstande, die Leidenschaft zu besiegen, denn sie kann nicht mehr auf das so schmerzlich süße Gefühl verzichten. Mit diesen Versen, welche Charlotte im Oktober 1776 schrieb (kaum ein Jahr nach der ersten Begegnung), beginnt die wechselseitige Liebesgeschichte dieser beiden Menschen. Der große Dialog ihrer Liebe beginnt, denn bisher war es nur der Monolog Goethes.

VII

1777 schrieb Goethe an Charlotte: »Ich habe Sie sehr lieb. Das habe ich schon so oft gesagt, und mich dünkt, das ist eins von den wenigen Dingen, die man ohne neue Wendung immer wieder neu zu sagen glaubt.« Und sieben Jahre später schreibt er: »Wenn ich mir auch vornehme, dich nicht mit meiner monotonen Leidenschaft zu unterhalten, so fließt es mir wider Willen aus der Feder.« Die große monotone Leidenschaft; der monotone Gesang der

Liebe! Wie wiederholt er sich in diesen schönsten Liebesbriefen der Welt! »Ich möchte dich nur immer von meiner Liebe unterhalten!« Und dann die ängstliche Bitte: »Werde es nur nicht müde zu hören, daß mir deine Abwesenheit unerträglich ist.« Oder: »Mein Herz rastet nicht, dich zu lieben. Werde nicht müd, immer dasselbe zu hören.« Und: »Ich fange wieder einen Brief an, und was habe ich dir zu sagen, als daß es mir immer schmerzlicher wird, von dir entfernt zu sein.«

Es sind Worte und Sätze aus den Briefen des Fünfunddreißigjährigen; sie sind aus dem Jahre 1784: die Liebe war damals schon neun Jahre alt und hatte noch vier Jahre zu leben. Es ist erschütternd, in all diesen Briefen, fast in jedem einzelnen, die Angst vor dem Ende zu finden, die Furcht vor dem Verlust. Sprach die gleiche Angst auch aus den Briefen Charlottens? Manchmal sind Andeutungen in Goethes Briefen, die es vermuten lassen. Und hatte die alternde Frau nicht mehr Ursache, es zu fürchten, als der immer noch jugendliche Dichter? Rilke nannte das Glück den voreiligen Vorteil eines nahen Verlustes. Wenn wir die Briefe Goethes an Frau von Stein durchblättern, so stoßen wir immer wieder auf Stellen: »Das Glück des Lebens liegt dunkel auf mir.« – »Es ist doch in der Welt immer Abschiednehmen.« – »Ich habe keine Sorge, als dich zu verlieren.« – »Ich hab in einer Nacht recht bitterlich geweint, da ich mir vorstellte, daß ich dich verlieren könnte. Gegen alles, was mir wahrscheinlich begegnen könnte, hab ich ein Gleichgewicht in mir selbst, gegen das einzige nicht.« – »Wie wundersam, wenn des Menschen ganzes schweres Glück an so einem einzigen Faden hängt.« – »Daß Ihre Liebe bei mir bleibe und die Liebe der Götter!« – »Schreibe mir nur recht viel! Ohne dich ist mir eine Lücke in meinen Tagen, die ich noch nicht ausfüllen lerne.« – Und zwei Jahre später: »Ich kann nicht weinen, und weiß nicht wohin.« – Und noch aus Italien: »Laß uns keinen anderen Gedanken haben, als unser Leben miteinander zu endigen.« – Und: »Nichts in der Welt kann mir ersetzen, was ich an dir, was ich an meinen Verhältnissen dort verlöre.«

Und immer, immer wieder die leidenschaftlichen Bitten um Gegenliebe, um Verständnis, um ein gutes Wort, ein paar gute Gedanken, einige freundliche und liebe Zeilen. »Hab mich ein bissel lieb!« – klingt's rührend im ersten Jahr der Liebe. Oder: »Sagen Sie mir ein Wort!« Und auch noch nach neun Jahren: »Ich bedarf gar sehr eines guten Wortes von meiner Lotte, daß sie mich recht lieb hat, daß sie gerne mit mir ist und mein bleibt. Liebe mich!« – Und immer wieder kehrt dies »Liebe mich!« wieder. – »Liebe mich! sage mirs und mache mich in dir glücklich!« – »Ich ruhe auf Ihrer Hand.« – »Behalten Sie mich lieb auch durch die Eiskruste; vielleicht wirds mit mir wie mit gefrorenem Wein.« So nimmt er Gleichnisse aus allem möglichen; und hier wird die Legende, gefrorener Wein gewinne an Gehalt, herangezogen. Und doch sind diese Gleichnisse in dem Briefwechsel Ausnahmen. Der Liebende zieht die einfachen Beteuerungen vor, auch auf die Gefahr, monoton zu werden, obwohl er sich dieser Seite sehr gut bewußt ist. So schreibt er einmal: »Lavatern hab ich immer ausgelacht, daß er auf seinen Reisen jede Viertelstunde an die Seinigen schrieb und Zettelchen erhielt, worauf eigentlich nichts stand, als daß sie sich wie vor vier Wochen noch immer herzlich liebten. Und nun könnte man auch lachen.«

Um die Liebe zu beteuern und ihr Ausdruck zu schaffen, überhäuft der Liebende die Geliebte unaufhörlich mit Geschenken. Mit wenigen Ausnahmen (wie der große Schlitten, den sie nicht nimmt, und der schöne Schreibtisch, der in Kochberg ist) sind es lauter Kleinigkeiten: Blumen und Früchte zumeist. »Ich möchte Ihnen jede Stunde was zu geben haben!« – »Verzeihen Sie, daß ich schon wieder allerlei Zeug schicke. Sie sehen daraus, daß ich von der älteren Kirche bin, da man sich den Göttern ohne Gabe nicht zu nähern traute.« – Aber auch die Gaben werden monoton: »Wenn ich nur etwas anderes hätte, Ihnen zu schicken, als Blumen und immer dieselben Blumen. Es ist wie mit der Liebe: die ist auch monoton.«

Aber es ist die grandiose Monotonie des Sturmwinds, der über die Ebene der Seele braust; es ist wie die gleichmäßig brausende Monotonie der ewigen Brandung an den Felsen des Ozeans. Ununterbrochen rauscht und braust dieses Liebeswerben und Liebesbeteuern durch die zwölf Jahre der Liebe zwischen dem Dichter und seiner Geliebten.

»O du Gute, daß Liebe und Sehnsucht sich immer vermehren soll. Ich habe dich unsäglich lieb, und möchte nicht von dir weichen, dich überall wiederfinden!« – »Ich liebe dich über alle Worte.« – »Ich bin ganz und gar dein, nichts scheidet mich von dir.« – »Ich habe dich ganz in meinem Herzen.« – »Was ich dir auch schreibe, will die Feder immer nur sagen: Ich liebe! Ich liebe!« – »Du mein einziges, eingeborenes und angewöhntes Glück!« So wiederholen sich die Liebesbeteuerungen in diesen Briefen unaufhörlich. Aber der Dichter, der sprachgewaltigste aller Deutschen, weiß immer eine neue Schattierung, einen neuen Ton zu finden. So monoton die Leidenschaft als solche ist – der Ausdruck wechselt und schillert in tausend Nuancen. Selbst die Anrede wechselt. Tausend Namen gibt der Liebende seiner Geliebten: Geliebte Frau, liebste Frau, beste Frau – so heißt es in den ersten Briefen. Dann ruft er sie stürmischer und voller Leidenschaft: Engel, Engel des Himmels, liebstes Geschöpf. Zurückgestoßen hält er sich resigniert an »liebe Schwester«, freilich nicht lange – dann ist sie wieder sein liebster Engel, seine Beste, seine Liebste. Nach Jahresfrist erscheint das zärtliche Kosewort »Gold« unaufhörlich in den Briefen. Aber erst nach fünf Jahren nennt er sie beim Vornamen, Lotte, liebste, beste Lotte, oder: meine Lotte. Und immer mannigfaltiger werden die Anrufungen: Geliebteste, Unentbehrliche, Liebste, Zärtlichste, zärtlichst Geliebte, Einzige, liebste Seele, Meinigste, Allerliebste. In dem letzten Brief, den Charlotte vor

Goethes Abreise nach Italien erhielt, heißt es: »Du süßes Herz!«

Wie gern wüßten wir, wie Charlotte ihn nannte. Wir haben von ihr außer den paar Versen, von denen wir schon berichteten, kaum eine Zeile über ihre Liebe. Selten auch, daß sich etwas in Goethes Briefen an sie spiegelt. Der Verlust ihrer Briefe und Zettelchen ist unersetzbar. So sind wir in diesem Wechselgesang ganz auf seine Stimme beschränkt; vielleicht waren die Briefe und Zettelchen der angebeteten Frau nichts im Vergleich zu den Äußerungen des Dichters! Liebesbeteuerungen und Liebesschwüre haben die Eigenschaft, auf den, der nicht in den Liebeshandel verwickelt ist, ermüdend, ja abgeschmackt und oft geschmacklos zu wirken. Aber Goethes Worte sind auch hier von einer großen symbolischen Bedeutung. Die Sprachgewalt des Genies verleugnet sich nicht.

»Sie wissen, wie symbolisch mein Dasein ist.« – Dieser Satz aus einem Briefe vom Dezember 1777 scheint wie ein Schlüssel zu den Briefen wie überhaupt zu allen Lebensäußerungen des großen Dichters. War es nicht sein einzigartiges, einmaliges Talent, alles Erleben aus der Ebene des Lebens in die höhere Ebene der Dichtung zu heben, es symbolisch werden zu lassen!

So sind auch die Liebesbeteuerungen in jenen Briefen mehr als nur die schmerzvollen und freudigen Ausrufe eines jungen Geheimrates des 18. Jahrhunderts an die schöne Frau eines Adligen am gleichen Hofe – es sind menschliche Dokumente von einer Allgemeingültigkeit, die weit hinaus über jenes individuelle Verhältnis, hinaus auch über jenes Jahrhundert reichen, Dokumente der Liebe, eine rauschende und farbenreiche Begleitmusik der großen Monotonie der Liebe. Welcher andere Sterbliche hat solche Liebesbriefe geschrieben! »Wenn ich wieder auf die Erde komme, will ich die Götter bitten, daß ich nur einmal liebe, und wenn Sie nicht so feind dieser Welt wären, wollt ich um Sie bitten zu dieser lieben Gefährtin.« – »Meine Seele ist fest an die deine gewachsen. Ich mag keine Worte machen, du weißt, daß ich von dir unzertrennlich bin und daß weder Hohes noch Tiefes mich zu scheiden vermag. Ich wollte, daß es irgendein Gelübde oder Sakrament gäbe, das mich dir auch sichtlich und gesetzlich zu eigen machte: wie wert sollte es mir sein!« – »Meine ganze Seele ist bei dir.« – »Gestern nacht hatte ich große Lust, meinen Ring wie Polykrates in das Wasser zu werfen; denn ich summierte in der stillen Nacht meine Glückseligkeit und fand eine ungeheure Summe. Adieu, Liebste, du meine Erfüllung vieler tausend Wünsche!« – »Ich küsse dich mit dem Kuß der Gedanken.« – »Ich bin in mich gekehrt und liebe dich!« – »Meine Seele ist an dich festgebunden, deine Liebe ist das schönste Licht aller meiner Tage.« – »Was wäre Morgen und Abend mir ohne dich!« – »Es ist mir in deiner Liebe, als wenn ich nicht mehr in Zelten und Hütten wohnte, als wenn ich ein wohlgegründetes Haus zum Geschenk erhalten hätte, drinne zu leben und zu sterben und alle meine Besitztümer drinne zu bewahren.« – »Du liebe Gewißheit, du liebster Traum meines Lebens.« – »Wer dich gefunden hat, weiß, warum er in der Welt ist.« – »Ich fühle, es ist unmöglich, dich zu entbehren.« – »Ich will nur sein wo du bist; denn da ist mein Himmel.« – »Liebe mich, denn das ist der Grund, worauf mein ganzes Schicksal gestickt ist.« – »Das Andenken meiner Liebe ist immer bei mir und meine Neigung zu dir, wie die Furcht Gottes, der Weisheit Anfang.« – »Ich wohne in deiner Liebe.« – »Es geht mir nur so wohl, weil du mich liebst.« – »Jetzt erst wird es mir deutlich, wie du meine eigene Hälfte bist und bleibst. Ich bin kein einzelnes, selbständiges Wesen. Alle meine Schwächen habe ich an dich angelehnt, meine weichen Seiten durch dich beschützt, meine Lücken durch dich ausgefüllt.«

In wieviel tausend Liebesbriefen steht der Satz: »Ich liebe dich« oder: »Ich hab dich lieb«, steht die Bitte um Gegenliebe. Goethes Briefe machen keine Ausnahme, aber wie schwingt in seinen Worten das leidenschaftlichste Herz: »O du Gute, daß Liebe und Sehnsucht sich immer vermehren sollen! Ich habe dich unsäglich lieb und möchte nicht von dir weichen, dich überall wiederfinden!« – »Ich bin bei dir und liebe dich über alle Worte!« Und fast in jedem der späteren Briefe steht die Bitte um Gegenliebe in tausend Variationen: »Liebe mich« – »Liebe mich, wie ich dein bin.« – »Habe mich recht, recht zärtlich lieb!« – »Ich bitte dich, liebe mich nicht nur, sondern werde auch nicht müde, es mich fühlen zu lassen.«

Und auch die Schwüre der Liebe, der ewigen treuen Liebe fehlen nicht: »Ich bin ganz dein, nichts scheidet mich von dir.« – »Behalte mich recht einzig lieb, glaube, daß ich dein bin und dein bleiben will und muß.«

Aber immer klingt auch die Sorge für die Zukunft. Noch zu Beginn des Jahres, das seine Flucht nach Italien bringt, heißt es nicht ohne Bedeutung: »Gebe uns der Himmel ein gutes Jahr!« Und schon Jahre vorher, im Frühling 1781, hatte er an die Geliebte den bedeutungsvollen Satz geschrieben: »Wir haben noch keinen so schönen Frühling zusammen erlebt; möchte er keinen Herbst haben!«

In diesem Buch der Liebe war der Abschnitt der Trennung besonders leidbetont. Frau von Stein reiste nach Pyrmont – traurig und ratlos blieb Goethe zurück. Oder sie fuhr nach Kochberg – Goethe trauerte in Weimar und dachte über nichts anderes nach, als wie er es möglich machen könnte, sie dort zu besuchen. Und er selbst war, wenigstens in den ersten Weimarer Jahren, viel auf Reisen. Er mußte den Herzog begleiten, er mußte als amtierender Minister Besuche bei den kleinen Höfen in Thüringen, Braunschweig und Dessau machen; Karl August war besonders mit den beiden letzten Höfen eng befreundet. 1778, im Mai, reiste Goethe gemeinsam mit seinem Herzog nach Berlin und an den preußischen Hof in Potsdam. In den Sommer 1779 fällt die Schweizer Reise, ebenfalls gemeinsam mit dem Herzog unternommen. Damals war Goethe volle vier Monate von Weimar und damit von der Geliebten entfernt. Und so wurde des Abschiednehmens kein Ende.

Der immer wiederkehrende Schmerz aber betraf den häufigen Aufenthalt der Freundin in Kochberg. »Sie fehlen mir an allen Ecken«, heißt es dann, »ich schleiche meinen Tag herum, und es ist mir eben weh bei der Sache.« Mitunter berührt es merkwürdig, wie sehr Goethe sich gehen ließ, wie er sich weigerte, mit dem Herzog zu reisen, aus keinem anderen Grund als dem, die Gegenwart der Geliebten nicht zu missen. Der Herzog wußte es und verspottete den Verliebten in seiner gutmütigen Weise: »Er wirft mir vor, daß ich ans Brot gewöhnt sei und mich deswegen nicht weit verlaufen möchte.«

Immer und immer sehnte sich der Dichter nach der Geliebten. »Ich sehne mich gar sehr nach Ihnen. Seit Sie weg sind, bin ich überall herumgezogen, es ist wie eine Erbschaft, die nach dem Abgang des Besitzers an viele zerfällt. Mir wirds nicht recht wohl dabei, denn ich habe keinen Ort, woher ich komme und wohin ich gehe.« – »Ich suche Sie und finde Sie nicht; ich folge Ihnen nach und erhasche Sie nicht.« – »Wenn Sie nicht bald wiederkommen, muß ich eine andere Lebensart anfangen. Seit Sie weg sind, hab ich kein Wort gesagt, was mir aus dem Innersten gegangen wäre.«

Es wäre weiter nicht verwunderlich, solche Sätze und Beteuerungen in dem Briefwechsel einer schnellen und kurzen Leidenschaft zu lesen, aber hier klingt es durch ein Jahrzehnt mit unverminderter Heftigkeit. 1784, neun Jahre nach der ersten Begegnung, heißt es leidenschaftlich wie am ersten Tag: »Noch habe ich keine fröhliche Empfindung gehabt, und sie wird mir auch erst bei deinem Anblick wieder werden, du lieber Inbegriff meines Schicksals.« Und 1785, zehn Jahre nach dem Beginn: »Komme bald zurück, damit mein Leben wieder anfange.« – »O komm wieder, damit ich wieder mein Dasein fühle. Ich kann dir nicht beschreiben, wie mir zu Mute ist. Was ich tue, verschwindet mir, und was ich schreibe, scheint mir nichts.«

Und einmal heißt es in einem Briefe aus Braunschweig: »Mir ists, als fehle es mir an Luft. Ich finde nichts, das dir gliche und dich mir ersetzen könnte.« So war er das »Wohnen in deiner Liebe« gewohnt, so sehr hatte er sich an die Gegenwart der Geliebten gewöhnt, so hatte ihre Art, ihn zu behandeln, den Freund verwöhnt. Und aus solcher Stimmung ist jenes Gedicht entstanden, das Charlotte als seinen moralischen Schutzgeist feiert und das in diesem Sinn verstanden eins der merkwürdigsten Dokumente jener großen Liebe ist:

Von mehr als einer Seite verwaist,
Klag ich um deinen Abschied hier;
Nicht allein meine Liebe verreist,
Meine Tugend verreist mit dir.
Denn ach! – bald wird in dumpfes Unbehagen
Die schönste Stimmung umgewandt;
Die Leidenschaft heißt mich an frischen Tagen
Nach dem und jenem Gute jagen,
Und denk ich es recht sicher heimzutragen,
Spielt mirs der Leichtsinn aus der Hand.
Bald reizt mich die Gefahr, ein Abenteuer zu wagen,
Ich stürze mich hinein und halte mutig stand:
Doch seitwärts fährt die Lust auf ihrem Taubenwagen,
Die Luft wird balsamreich, mein Herz gerät in Brand.
Mein Schutzgeist, eil es ihr zu sagen,
Durchstreiche schnell das ferne Land!
Sie soll nicht schelten, soll den Freund beklagen,
Und bitte sie zur Lindrung meiner Plagen
Um das geheimnisvolle Band!
Sie trägts und oft hat mirs ihr Blick versprochen.

Das mit dem Band ist sicher nicht nur allegorisch gemeint. Der Liebende will immer Talismane haben; soll er die Gegenwart der Geliebten entbehren, so will er einen Gegenstand, der ihn erinnert an sie, der ihre Gestalt in sinnliche Nähe rückt. In den ersten Monaten nahm er ihr mitunter ein Armband oder etwas Ähnliches, meist ohne ihr Wissen, um es am nächsten Morgen zurückzusenden. Später aber schenkte sie ihm selbst solche kleinen Talismane ihrer Liebe. Als er im Sommer 1777 allein nach Eisenach ging, lieh sie ihm ihr Halstuch.

Tücher und Bänder gingen in zärtlichem Tauschverkehr zwischen den Liebenden hin und her. »Ich habe das liebe Band im Schreiben um die Hand gebunden und küsse Ihnen in Gedanken tausendmal die Hände.« – »Du kannst mir nicht gegenwärtiger und näher werden, als du bist, und doch ist mir jedes neue Band und Bändchen sehr angenehm.« – »Durch alles begleitet mich der vielgeliebte Talisman und abends und morgens und nachts, wenn ich aufwache, nenn ich deinen Namen und hoffe auf dich.« – »Ich darf dir nicht sagen, was für Aberglauben ich mit dem lieben Talisman treibe.«

Und als seinen Talisman schenkt Goethe der geliebten Frau im Jahre 1781 einen »geschnittenen Stein; es stellt Psyche vor mit dem Schmetterling auf der Brust im gelben Achat. Es ist, als ob ich dich immer meine liebe Seele nennte.« Diesen gelben Achatring benutzte Charlotte fortan, die Briefe an Goethe zu siegeln.

Aber alle Talismane vermochten diese Liebe nicht vor Trübungen zu schützen. »Mir sitzt ein stiller, trauriger Zug über der Seele«, klagte Goethe 1777. Und so bleibt es alle diese Jahre hindurch. »Bände Kummers, mit Erklärungen verlängert, endlos, ohne Maß...« Ein Blick, ein böses Wort, eine ungeduldige Bewegung vermochte ihn in die Abgründe der tiefsten Traurigkeit zu stürzen. Es ging so weit, daß er selbst an seiner Liebe verzweifelte: »Gestern von Ihnen gehend, habe ich noch wunderliche Gedanken gehabt, unter andern, ob ich Sie auch wirklich liebe, oder ob mich Ihre Nähe nur wie die Gegenwart eines so reinen Glases freut, darin so gut sich bespiegeln läßt.« Und dann ist es umgekehrt, er zweifelt an ihrer Liebe, er glaubt, er sei ihr und allen guten Menschen zur Last. »Ich fühle nur zu sehr, wie ich den wenigen Menschen, mit denen ich leben kann, endlich zur einförmigen Last werden muß. Wenns möglich ist, verschone ich Sie einige Tage mit meiner Gegenwart.«

Umgekehrt wird es wohl eher so gewesen sein. Charlottens Launen machten Goethe das Leben und die Liebe schwer. Alle temperamentvollen Ausbrüche seiner Leidenschaft waren ihr verhaßt. Sie ließ es ihn fühlen, und ihrer Macht über seine Seele sicher, wartete sie dann gelassen, daß er in sich ging und um Verzeihung bat. Und er tat es immer und immer wieder. Denn in der Liebe gibt es keine Demütigung. In diesen Jahren der Leidenschaft galt unentwegt das Wort, das er ihr im Sommer 1781 schrieb: »Ich bin immer dein und bei dir, leibeigener als sich denken läßt.« Und im gleichen Gefühl teilte er ihr im nächsten Jahre mit: »Heute fand ich einen alten Vers:

> Bin so in Lieb zu ihr versunken,
> Als hätt ich von ihrem Blut getrunken.«

Und wiederum nach mehreren Jahren gestand er ihr in jenen berühmten Sätzen des Briefwechsels: »Du mußt es fühlen, wie ganz ich dein bin, wie es mich nach dir verlangt. Nein, meine Liebe ist keine Leidenschaft mehr, es ist eine Krankheit, eine Krankheit, die mir teurer ist als die vollkommenste Gesundheit, eine Krankheit, von der ich nicht genesen mag.«

Kaum je können wir erraten, was hinter den Verstimmungen Charlottens an wirklichen Gründen und Motiven vorhanden war. »Verzeihen Sie mir meine gestrige Dunkelheit. Ich bin bei solchen Gelegenheiten wie ein Nachtwandler, dem man zuruft; ich falle gleich alle Stockwerke herunter. Sie haben aber recht.« Es gibt kein Krankheitssymptom der Liebe, das der Liebende nicht erführe. Die Eifersucht: »Ich gönne und wünsche Ihnen immer Freude – und daß Sie eine kleine Lust ohne mich genießen, macht mir einen Tag üble Laune. Daß so viel Selbstisches in der Liebe ist, und doch was wäre sie ohne das?« Die Angst: »Ich habe keine Sorge, als dich zu verlieren, und wenn ich denke, daß du mir bleibst, scheint mir alles in der Welt auszuhalten, habe ich auch Mut zu allem.« Die Selbstentäußerung: »Mit Sehnsucht verlang ich wieder bei dir zu sein; denn ich habe nichts Eigenes mehr.« Die Überschätzung der Geliebten: »Wer dich gefunden hat, weiß, warum er in der Welt ist.« – »Alle Versuche und Proben laufen dahinaus, daß ich nur für dich bin, und daß, wer dich kennt, wer dein gehört hat, keiner anderen, auch nicht auf eine Zeitlang, angehören kann.« – »Liebe mich, du bestes aller weiblichen Wesen, das ich je kennen gelernt!« – Und schließlich das Mißtrauen: »Das einzige Interesse meines Lebens ist, daß du offen gegen mich sein magst. Das Eingeschlossene halt ich nicht aus.« – »Es ist wunderbar, und doch ists so, daß ich eifersüchtig und dummsinnig bin wie ein kleiner Junge, wenn Sie anderen freundlich begegnen.«

Aus diesen schmerzlichen Stimmungen wob der Dichter unsterbliche Kunstwerke seiner Dichtung. Jenes ›Lied an den Mond‹ ist so entstanden, eine Verklärung der Melancholie. Er sandte es ihr im Januar 1779; es ist die erste Fassung:

Füllest wieder 's liebe Tal
Still mit Nebelglanz;
Lösest endlich auch einmal
Meine Seele ganz.

Breitest über mein Gefild
Lindernd deinen Blick,
Mit der Liebsten Auge, mild,
Über mein Geschick.

Das du so beweglich kennst,
Dieses Herz im Brand,
Haltet ihr wie ein Gespenst
An den Fluß gebannt,

Wenn in öder Winternacht
Er vom Tode schwillt
Und bei Frühlingslebenspracht
An den Knospen quillt.

Selig, wer sich vor der Welt
Ohne Haß verschließt,
Einen Mann am Busen hält
Und mit dem genießt.

Was dem Menschen unbewußt
Oder wohl veracht
Durch das Labyrinth der Brust
Wandelt in der Nacht.

Charlotte von Stein.
Selbstbildnis zwischen zwei Spiegeln;
Zeichnung von 1790.

Johann Wolfgang von Goethe, Gemälde von Angelika Kaufmann.

Unten: Weimar. Gesamtansicht der Stadt im 19. Jahrhundert, anonymer Stahlstich.

Charlotte von Stein: Gemälde von Karl Freiherr von Imhoff.

Weimar. Wohnung der Charlotte von Stein,
wo sie bis zu ihrem Tode 1827 lebte.

VIII

Aber sicher bedurfte der Dichter dieser schmerzensreichen Spannungen, um sein Werk zu formen. Strömte sein Dichten doch immer nur aus dem Quell in der eigenen Brust, aus dem Erleben! Seine Leidenschaften zu objektivieren und in Gestalt von Dichtungen aus sich herauszustellen – welcher andere Dichter hat es vermocht wie Goethe! Wieviel schöne Lieder blühten aus der leidenschaftlichen Liebe zu Frau von Stein! Und zwei Dramen: ›Iphigenie‹ und ›Tasso‹. Schließlich ist auch ihr Anteil an dem großen Bildungsroman ›Wilhelm Meister‹ überaus wichtig.

Beide Dichtungen, ›Iphigenie‹ und ›Tasso‹, sind in jenen Jahren der Leidenschaft erdacht und geformt worden; ihre letzte Gestalt, ihre klassische Form aber erhielten sie erst während oder nach der italienischen Reise. So stark war die Wirkung der Geliebten, daß ihre stete Gegenwart eine ruhige Vollendung nicht gestattete, daß es der Ferne, der Abwesenheit bedurfte, die Stille und Gelassenheit zu finden, das Werk abzurunden.

Es soll fünf verschiedene Formen der ›Iphigenie‹ gegeben haben. Der erste Entwurf – in gehobener, rhythmischer Prosa – entstand überaus schnell: zwischen dem 14. Februar und dem 28. März 1779. Ein Akt, der vierte, ist sogar an einem einzigen Tage geschrieben worden: nämlich in Ilmenau am 19. März jenes Jahres 1779. Diese Ur-Iphigenie wurde sogleich aufgeführt, in Weimar auf dem herzoglichen Liebhabertheater und in dem herzoglichen Lustschloß Ettersburg bei Weimar. Es war die berühmte Aufführung, bei der die schöne Corona Schröter die Iphigenie, Goethe den Orest und der Herzog den Pylades darstellte. Aber Goethe war mit dieser Fassung nicht zufrieden. Er arbeitete immer weiter an dem Schauspiel, bis er in Italien, im Herbst und Winter 1786, die gültige Form fand, in der die Dichtung uns heute vorliegt. Der Dichter bedurfte des italienischen klassischen Erlebnisses; in diesem Sinne schrieb er aus

Italien an Frau von Stein, als er in Bologna das Bild der heiligen Agatha sah: »Ich habe mir sie wohl gemerkt, ich werde diesem Ideal meine ›Iphigenie‹ vorlesen und meine Heldin nichts sagen lassen, was diese Heilige nicht sagen könnte.«

Frau von Stein war über diese Auslassung wenig erfreut, und auch das trug zu ihrer Kränkung bei, daß der Dichter gerade dieses Stück ohne sie vollenden konnte, wie er es ihr am 6. Januar 1787 aus Rom schrieb: »Meine Iphigenie ist fertig, und ich kann mich noch nicht von ihr scheiden.« Denn Frau von Stein hatte alle die Jahre ihrer Liebe hindurch diese ›Iphigenie‹ entstehen sehen, es war gewissermaßen ihr Buch. Ihr hatte er zuerst den Beginn der Arbeit mitgeteilt. »Den ganzen Tag brüt ich über Iphigenien«, hieß es in einem Briefe vom 14. Februar 1779. Und wenn er ihr drei Jahre später schrieb: »Ich bitte dich um Iphigenien und deine Liebe«, so war diese Zusammenstellung mehr als symbolisch.

Sie, Charlotte von Stein, war die Zauberin gewesen, all diese süßen und bitteren Jahre hindurch, welche dem Freund die großen, reinen und erhabenen Ideen gleichsam in den Mund legte; ihre Gegenwart, ihr Verständnis, ihre Liebe ließen all das gedeihen, blühen, reifen. So hatte er es ja selbst in dem Drama gesagt:

> Wie köstlich ist des gegenwärtigen Freundes
> Gewisse Rede, deren Himmelskraft
> Ein Einsamer entbehrt und still versinkt.
> Denn langsam reift, verschlossen in dem Busen,
> Gedank ihm und Entschluß; die Gegenwart
> Des Liebenden entwickelte sie leicht.

Goethe meinte die Gegenwart der Geliebten. Charlotte wußte es. Ja, sie und keine heilige Agatha, sie, Charlotte von Stein, des Dichters Lotte und Lida, war diese Iphigenie.

In Orest aber hatte er sich selbst, seine Furcht vor dem Schickssal gestaltet. Sagte er nicht einst von sich, er sei aus Tantalus' Geschlecht? Und schrieb er nicht während seiner Liebesschmerzen um die Offenbacher Lilli: »Vielleicht peitscht mich bald die unsichtbare Geißel der Eumeniden wieder aus meinem Vaterlande!« (Das war drei Monate, bevor er nach Weimar übersiedelte.) Und in der wunderbaren Heilung, in der Besänftigung des Wahnsinnigen durch die Schwester, kehrte in dramatischer Gestalt das wieder, was lyrisch der Dichter in seinen Gedichten und was der Liebende in seinen Briefen an die Geliebte so oft gesagt und geklagt hatte:

> Richtetest den wilden irren Lauf,
> und in deinen Engelsarmen ruhte
> die zerstörte Brust sich wieder auf.

Iphigenie als Orests Besänftigerin – wer war sie anders als Charlotte, die Besänftigerin Goethes!

Vergegenwärtigen wir uns in Kürze den Inhalt des Schauspiels. Agamemnon, der Feldherr der Griechen im Kampf gegen Troja, hatte der Göttin seine Tochter Iphigenie zum Opfer bringen wollen, aber die Göttin hatte das Opfer nicht angenommen, sondern die Jungfrau durch ein Wunder in ein fernes Land, ans Gestade des skythischen Königreiches versetzt. Hier ist sie Priesterin der Diana. Der skythische König Troas wirbt um die Hand der schönen Heimatlosen: Sie liebt ihn nicht wieder, sondern sehnt sich mit aller Kraft ihrer Seele zurück in die griechische Heimat. Aber sie weiß nicht, welche Schrecken dort inzwischen geschehen sind. Zwar ist ihr Vater Agamemnon aus dem zehnjährigen Kriege heimgekehrt; doch daheim ermordete ihn die ehebrecherische Gattin. Orest, Iphigenies Bruder, rächt den Vater, indem er die Mutter erschlägt. Darüber verjagen ihn die Rachegeister aus der Heimat. Unstet irrt er mit seinem Freunde Pylades in der Welt umher, bis das Geschick ihn, den Muttermörder, an jenes Gestade verschlägt, wo seine Schwester Iphigenie als Priesterin waltet. Ihre Pflicht ist es, die Fremdlinge, getreu dem Gesetz des Landes, der Göttin zu opfern. Sie erkennt den Bruder, gibt sich selbst zu erkennen. Ihre Gegenwart entsühnt den Wahnsinnigen und gibt ihm den Frieden der Seele zurück. Sie beschließen zu fliehen. Aber Iphigenie gewinnt es nicht übers Herz, den König, der sie liebt, zu täuschen. Sie entdeckt ihren Plan und gibt sich seiner Großmut preis. Troas zeigt sich des Vertrauens würdig und entläßt die Geschwister.

Dem liegt alter griechischer Sagenstoff zugrunde, den der Dramatiker der Antike, Euripides, als Tragödie zuerst auf die Szene des Theaters brachte. Aber Goethe formte es um, machte aus dem düsteren Schicksalsstück einen Triumph der reinsten Menschlichkeit und stellte die Heilung des wahnsinnigen Orest durch die Reinheit der schwesterlichen Liebe in den Mittelpunkt.

Welche Huldigung lag für Frau von Stein in dieser Wendung, denn sie wußte aus tausend Äußerungen, daß sie diese Iphigenie, die Iphigenie des Orest-Goethe war.

Die Schönheit dieser göttergleichen Frauengestalt, ihr Edelmut, ihr Seelenadel, ihr Heldentum zur Wahrhehit – alles das durfte sie sich mit Recht zueignen. Sie kannte jede Zeile, sie hatte das Stück in seinen ersten Niederschriften verwahrt und gehegt. So liebte sie es in jener dithyrambischen Prosafassung. Es war daher gar nicht nach ihrem Sinn, als Goethe in Italien aus diesen ihr liebgewordenen Sätzen die klassischen Verse formte; es war etwas Fremdes darin, sie fühlte es wohl, etwas, was nicht mehr durchaus und ausschließlich auf sie ging und auf sie Bezug hatte. Ihre gekränkte Liebe verwehrte es ihr, einzugestehen, wieviel die Dichtung durch die Verse gewonnen hatte. Und doch welch ein neuer Klang! In der Prosafassung hatte die Sehnsuchtsklage Iphigenies gelautet: »Mein Verlangen sieht hinüber nach dem schönen Lande der Griechen, und immer möchte ich übers Meer hinüber.« Jetzt hieß es:

> Und an dem Ufer steh ich lange Tage,
> das Land der Griechen mit der Seele suchend,
> und gegen meine Seufzer bringt die Welle
> nur dumpfe Töne brausend mir herüber.

Fast noch inniger verwoben mit dem Liebesschicksal Charlottens und Goethes ist ›Torquato Tasso‹. Die Parallelen der Handlung und der Personen mit dem Weimarer Kreise sind deutlicher. Unschwer ist im Herzog von Ferrara der Weimarer Herzog, in seiner Schwester Leonore von Este die Herzogin Luise, in der schönen Leonore Sanvitale Frau von Stein wiederzuerkennen, während Goethe seine eigene Persönlichkeit in die beiden Gestalten Antonio und Tasso aufgespalten hat.

Der Inhalt des Stückes ist tragischer als der Inhalt der ›Iphigenie‹. Goethe hat das traurige Schicksal des italienischen Dichters Tasso, des Verfassers des ›Befreiten Jerusalem‹, kaum gemildert, wenn er auch, getreu seiner Kunstauffassung, nicht die Unglücksszenen auf die Bühne bringt. Tasso ist der mißtrauische, krankhaft empfindliche Dichter, der überall Verfolgung und Haß wittert, dann wieder im Überschwang der Gefühle kein Maß in Liebe und Verehrung hält und sich zugrunde richtet, indem er sich der Herzogin-Schwester, die er leidenschaftlich liebt, aufs stürmischste und unbeherrschteste nähert. Antonio dagegen ist der selbstsichere, beherrschte Weltmann, der die Haltlosigkeit Tassos kritisiert, aber schließlich ihm die Hand bietet, um ihn vor der Unbill der Wirklichkeit zu schützen. Noch mehr Weimarer Erinnerungen enthielt gerade dieses Stück Goethes. Lenzens unglückliches Weimarer Auftreten mag wenigstens äußerlich die Handlung beeinflußt haben. Der mißtrauische und wankelmütige Herder mag zur Charakteristik Tassos ein Beispiel gegeben haben. Der kühle und gewandte Seckendorff hat vielleicht zur Gestaltung des Antonio einiges beigetragen, wie auch in der Figur der Prinzessin Leonore von Este nicht nur die Herzogin Luise, sondern auch Charlotte selbst angedeutet wird.

Dieses Stück konnte Charlotte noch weit mehr als ›Iphigenie‹ als ihr Eigentum betrachten, und betrachtete es auch. Um so größer war auch hier der Kummer, daß Goethe erst in Italien die Vollendung fand, und das Leid

Charlottens mußte besonders daraus immer wieder neue Nahrung ziehen, daß der Dichter gerade in den Wochen, da seine Liebe zu ihr ein schmerzliches Ende fand, die Kraft hatte, die letzte Zeile des ›Tasso‹ zu schreiben. Und was hatte er ihr gerade von diesem Stück immer gesagt! Und sie selbst hatte versprochen, sich alles zuzueignen, was Tasso sage. »Da Sie sich alles zueignen wollen, was Tasso sagt, so habe ich heute schon so viel an Sie geschrieben, daß ich nicht weiter und nicht drüber kann.« So stand es in einem Briefe aus dem Frühjahr 1781, da er an ›Tasso‹ arbeitete. Was sagte Tasso?

Da dacht ich manchmal an mich selbst und wünschte,
Dir etwas sein zu können. Wenig nur,
Doch etwas nicht mit Worten, mit der Tat
Wünscht ichs zu sein, im Leben dir zu zeigen,
Wie sich mein Herz im stillen dir geweiht.

Durfte Charlotte sich nicht in diesem dichterischen Spiegel bewundern? Hatte es nicht Goethe-Tasso ausgesprochen, was er ihr verdankte?

Was auch in meinem Liede widerklingt,
Ich bin nur einer, einer alles schuldig.
Und was hat mehr das Recht, Jahrhunderte
Zu bleiben und im stillen fortzuwirken,
Als das Geheimnis einer edlen Liebe,
Dem holden Lied bescheiden anvertraut?

So mußte sie die Glut seiner leidenschaftlichen Briefe wiedererkennen, wenn er Tasso also sprechen ließ:

Ich träumte mich dem höchsten Glücke nah,
Und dieses Glück ist über alle Träume.
Was tat ich je, daß sie mich wählen konnte,
Was soll ich tun, um ihrer wert zu sein?

Auch dieses Stück hatte Frau von Stein von Anbeginn betreut. Ostern 1780 scheint Goethe die Idee aufgegangen zu sein. Sie freilich trieb ihn damals mehr an, den ›Egmont‹ zu vollenden; aber dazu hatte Goethe keine

Lust. Der ›Egmont‹ hat dann ja schließlich, ebenfalls in Italien, eine Wendung erhalten, die Charlotte aufs heftigste mißbilligte und mißbilligen mußte, wurde doch Klärchen, die Frauengestalt im ›Egmont‹, der Widerpart Charlottens. Desto mehr war es ihr aber gelungen, in die Gestalt der beiden Leonoren einzugehen. Nun hatte Goethe neben der Verherrlichung seiner Charlotte noch etwas anderes in den ›Tasso‹ hineingelegt, er hatte sich selbst in seinem Wert dargestellt. Er hatte in einem Selbstgespräch der Leonore Sanvitale gesagt, was sie, Frau von Stein, an ihm, Goethe, habe. Die Stelle lautet:

Bist du nicht reich genug? Was fehlt dir noch?
Gemahl und Sohn und Güter, Rang und Schönheit,
Das hast du alles, und du willst noch ihn
Zu diesen allen haben? Liebst du ihn?
Was ist es sonst, warum du ihn nicht mehr
Entbehren magst? Du darfst es dir gestehn. –
Wie reizend ists, in seinem schönen Geiste
Sich selber zu bespiegeln! Wird ein Glück
Nicht doppelt groß und herrlich, wenn sein Lied
Uns wie auf Himmelswolken trägt und hebt?
Dann bist du erst beneidenswert! Du bist,
Du hast das nicht allein, was viele wünschen;
Es weiß, es kennt auch jeder, was du hast!
Dich nennt dein Vaterland und sieht auf dich!
Das ist der höchste Gipfel jedes Glücks.
Ist Laura denn allein der Name, der
Von allen zarten Lippen klingen soll?
Und hatte nur Petrarch allein das Recht,
Die unbekannte Schöne zu vergöttern?
Wo ist ein Mann, der meinem Freunde sich
Vergleichen darf? Wie ihn die Welt verehrt,
So wird die Nachwelt ihn verehrend nennen.
Wie herrlich ists, im Glanze dieses Lebens
Ihn an der Seite haben! So mit ihm
Der Zukunft sich mit leichtem Schritte nahn!
Alsdann vermag die Zeit, das Alter nichts
Auf dich und nichts der freche Ruf,
Der hin und her des Beifalls Woge treibt:
Das, was vergänglich ist, bewahrt sein Lied.
Du bist noch schön, noch glücklich, wenn schon lange
Der Kreis der Dinge dich mit fortgerissen.

›Tasso‹ wäre vielleicht ebenso wie ›Egmont‹ liegengeblieben, hätte nicht ein Liebesleid den Dichter zu seinem Entwurf gedrängt. Es handelte sich um jenes Zerwürfnis im Herbst 1780, dessen Grund wir nicht kennen, das aber Goethe zu einem bitteren Brief veranlaßte: »Was Sie mir heute früh gesagt haben, hat mich sehr geschmerzt, und wäre der Herzog nicht den Berg mit hinaufgegangen, ich hätte mich recht satt geweint.« Statt zu weinen, setzte sich Goethe in sein Gartenhaus und begann den ›Tasso‹. Anfang November (die Liebenden waren längst wieder versöhnt) konnte er den ersten Akt der geliebten Frau vorlesen. »Es scheint mir rätlich zu sein, daß wir uns nach und nach mit diesem Stück bekannt machen.« Charlotte förderte fleißig die Dichtung. »Ihr gütiges Zureden und mein Versprechen haben mich heut früh glücklich den zweiten Akt anfangen machen.« Ende November war er schon so weit, daß er Charlotte schreiben konnte: »Gegen Abend möcht ich wohl Ihnen die erste Scene des zweiten Aktes lesen.«

Auch diese Neigung, für den nächsten Freundeskreis zu arbeiten und vor allem den Beifall der geliebten Frau zu erreichen, ist für Goethe in jenem Lebensstadium überaus bezeichnend.

Und vielleicht war es das Nachlassen der schwesterlichen Sorge Charlottens, das ihn das Manuskript wiederum aus der Hand legen ließ. »Mein Tasso dauert mich selbst; er liegt auf dem Pult und sieht mich so freundlich an; aber wie soll ich zureichen?« Noch gelang im Sommer 1780 der zweite Akt, aber dann blieb das Stück rettungslos liegen. Daran hatte wohl auch der Herzog schuld, der nach einer Vorlesung der beiden Akte seine Abneigung gegen die unmännliche Krankhaftigkeit Tassos äußerte.

In den folgenden sechs Jahren mochte auch Frau von Stein den ›Tasso‹ ganz vergessen haben. Erst ein Brief Goethes aus Italien an Herder meldete auf diesem kränkenden Umwege auch Charlotte von Stein von der neuerlichen Beschäftigung mit dem schwierigen Stoff. »Tasso muß umgearbeitet werden; was da steht, ist nicht zu brauchen. Ich kann weder so endigen noch alles wegwerfen. Solche Mühe hat Gott den Menschen gegeben.« Kein Wunder, daß Charlottens empfindliches Gemüt sich auch darüber kränkte, daß ihr ›Tasso‹, also der Teil des Stückes, den sie gefördert hatte, mit einem Male gar nichts mehr sein sollte. So war es ihr schließlich nicht zu verdenken, daß ihr der neue ›Tasso‹ viel weniger gefiel als die in ihrer holden Gegenwart gedichteten Szenen vor sechs Jahren.

IX

Nicht weiter, Tasso! Viele Dinge sinds,
Die wir mit Heftigkeit ergreifen sollen;
Doch andre können nur durch Mäßigung
Und durch Entbehren unser Eigen werden.
So, sagt man, sei die Tugend, sei die Liebe,
Die ihr verwandt ist. Das bedenke wohl!

Es sind Worte, die die Prinzessin Leonore von Este an den Dichter Tasso richtet; und es sind die gleichen Wünsche und Bitten, welche all diese Jahre hindurch Charlotte an ihren Goethe richtete. Mäßigung, Entbehrung, Entsagung! Reinheit des Denkens, des Wünschens. Veredelung der Begierde, Sublimierung der Erotik würde die moderne Zeit dazu sagen. Und Charlotte siegte. Ihre Drohung, sich ihm ganz zu entziehen, wenn er allzu heftig würde, erzwang seine Haltung. So hatte es in der Tat einen Doppelsinn, als er im Jahre 1780 wiederum auf den Schreibtisch in Kochberg neben sein Zeichen vom 6. Dezember 1775 dies schrieb: »Goethe 1780 Eben derselbe.« Ja! Er war noch ebenderselbe. Ebenderselbe in der entsagungsvollen Liebe, ebenderselbe in der bedingungslosen, ›leibeigenen‹ Hingabe an den Willen und das Gebot der Geliebten.

Aber sie, war sie ihm nähergekommen? Von der Hofgesellschaft umlauert, wagte sie nicht, einen entscheidenden Schritt zu tun. Sie ließ Goethe wohl wissen und fühlen, wie sympathisch er ihr sei; und wenn er es nicht so erfuhr, so konnte er es an ihrer Eifersucht und ihren

Ansprüchen ihm gegenüber deutlich genug bemerken. Aber so wert sie ihn hielt, es war noch kein Wort von Liebe über ihre Lippen gekommen. Dies geschah erst 1782.

Aber ihr Vertrauen genoß der Freund jetzt ganz. Sie teilte ihm ihre Tagebücher mit. Sie gab ihm ein Petschaft, wie er ihr das seine gegeben hatte (mit der Schrift: ›Alles um Liebe‹), beide verabredeten, mit den Petschaften nicht zu siegeln – der Leute wegen. Als Goethe die Todesnachricht seiner geliebten Schwester Cornelia im Sommer 1777 erfuhr, tröstete ihn die Geliebte, wie auch er ihr seinerseits in Sorgen und Nöten beistand. Als im Winter 1776 die junge Christel von Laßberg sich in der Ilm aus Liebeskummer ertränkte (man fand ein Exemplar von ›Werthers Leiden‹ bei ihr – ein für Goethe peinlicher Umstand), flutete eine Welle von Schwermut zwischen beiden hin und her: »Gute Nacht, Engel, schonen Sie sich und gehen nicht herunter. Diese einladende Trauer hat etwas gefährlich Anziehendes, wie das Wasser selbst, und der Abglanz der Sterne des Himmels, der aus beiden leuchtet, lockt uns.« Charlotte schrieb sich 25 Gedichte von Goethe in ein Heft ein, darunter: Prometheus, Mahomets Gesang, Hans Sachsens poetische Sendung. 1779 schenkte er ihr den Schreibtisch für die Stadtwohnung, den er eigens und mit großer Sorgfalt für sie entworfen hatte. Im Jahre darauf gab sie ihm ihren Ring mit ihrem Namenszug. So ging Liebeszeichen auf Liebeszeichen hin und her, Goethe hatte guten Grund, der Geliebten am 30. Juni 1780 den schönen Satz zu schreiben: »Eine Liebe und Vertrauen ohne Grenzen ist mir zur Gewohnheit geworden.«

Goethe blieb der Beständige. Andere waren es nicht. Um sie beide herum hatte sich viel verändert; das Weimar der 80er Jahre war nicht mehr das Weimar der 70er Jahre. In Charlottens Familienkreise selbst war mancherlei geschehen. Charlottens jüngere Schwester Luise erlebte einen schmerzlichen Liebesroman, der Charlotte deutlich die Unbeständigkeit anderer Männer vor Augen führen konnte. Als Goethe nach Weimar kam, hatte jene Luise von Schardt gerade den Major und Baron Karl von Imhoff geheiratet. Er war ein merkwürdiger Mann, und es spricht für die Angst der Eltern, die Tochter unverehelicht zu sehen, daß sie ihre Luise dem Abenteurer anvertrauten. Aber es gab ja in jener Gesellschaft, so gefühlsselig sie sich gebärdete, immer nur ein Gebot: standesgemäß zu heiraten und standesgemäß versorgt zu sein. So hatte Charlotte geheiratet, so heiratete ihre Schwester. Auch sie schien eine gute Partie zu machen, wenn auch die Vergangenheit des Erwählten einige dunkle Punkte aufwies. Der Baron war adlig, er war in der ganzen Welt, sogar in Indien herumgekommen. Vor allem sollte er aus Indien ungeheure Reichtümer mitgebracht haben. Daran war wirklich etwas Wahres – aber es hatte damit eine merkwürdige Bewandtnis.

Der Freiherr von Imhoff war nämlich schon einmal verheiratet gewesen. Kurz nach dem Siebenjährigen Kriege hatte er in Nürnberg die hübsche Tochter eines Feldwebels zur Frau genommen und war mit ihr in die weite Welt gegangen. Sein Geschick verschlug ihn nach Indien. Bei der Überfahrt lernte er bzw. seine junge Frau einen hochgestellten Engländer kennen, dessen Name weltberühmt geworden ist: Lord Warren Hastings, der Eroberer Indiens, verliebte sich in die schöne Marianne von Imhoff. Der Freiherr und Major von Imhoff rannte seinem Nebenbuhler nicht den Degen in den Leib, sondern verhandelte kaltblütig mit ihm. Man schloß einen regelrechten Vertrag, in dem Imhoff gegen eine angemessene Entschädigung auf Marianne verzichtete und sie dem Engländer abtrat. Damit es keinen Skandal gab, durfte der Gatte so lange bei Hastings wohnen, bis die Scheidungspapiere aus Deutschland eingetroffenn waren. Das dauerte zwei Jahre, und in dieser Zeit wohnten die drei oder vielmehr vier (denn die Imhoffs hatten einen kleinen Sohn, den Hastings ebenfalls übernahm) in Madras und Kalkutta als Gäste des britischen Generalgouverneurs. Als dann die Papiere eintrafen, bekam der Baron die versprochenen Kaufsummen ausgezahlt und begab sich zurück nach Deutschland, wo er in Weimar die Schwester der Frau von Stein, Luise von Schardt, heiratete.

Es war nun wirklich nicht zu erwarten, daß die Ehe mit diesem Mann, der seine erste Frau verkauft hatte, besonders glücklich wurde. Zunächst freilich ließ sich alles gut an. Die Eltern waren froh, die mittellose Tochter so glänzend verheiratet zu sehen, und die Geschwister taten sich etwas darauf zugute, einen indischen Nabob zum Schwager zu haben. Der Baron besaß in der Nürnberger Gegend ein Gut Mörlach; dorthin begaben sich die Jungvermählten. Erst im Sommer 1776 tauchte Charlottens Schwester wieder in Weimar auf, ohne den Gatten. Sie erwartete ein Kind und wollte die schweren Wochen bei ihrer Familie statt an der Seite ihres ihr schon fremden Mannes erleben. Als Charlotte in Pyrmont war, widmete sich Goethe der jungen Frau. Er zeichnete sie, und Imhoff in Franken schrieb sogar einen eifersüchtigen Brief, als er das Bildnis erhielt: »Dein Porträt ist schön, daß ich beinahe jaloux (eifersüchtig) bin.« Im übrigen nannte der Baron Goethe etwas unfreundlich einen ›Götzen in Menschengestalt‹. Wir haben schon erzählt, wie Goethe in seinen Briefen an Charlotte nach Pyrmont versuchte, die Geliebte mit Luise eifersüchtig zu machen: »Deine Schwester ist gut, sie kommt wohl manchmal vor meinem Garten vorbei und guckt, ob ich drin bin; hinein ist sie noch nicht gekommen. Ich hab ihr Rosen geschickt und hab sie lieb.« – »Es ist ein liebes Geschöpf, wie ich eine für mich haben möchte, und dann nichts weiter geliebt.«

Im August 1776 brachte Luise ihr Kind zur Welt, die Herzogin-Mutter wurde Patin, und so hieß die Kleine Amalie von Imhoff; sie wurde eine Dichterin, und Goethe hat ihren Lebensweg noch oft in Güte und Liebe gekreuzt. Aber jetzt verschwanden beide, Mutter und Kind, wieder aus Weimar, um sich nach Franken zu begeben. Vier Jahre hörte man nicht mehr viel von den Verwandten in Mörlach; dann, im Sommer 1780, machte sich Charlotte auf und reiste zu ihrer Schwester nach Franken. Goethes Briefe sind vom 14. Juni bis 3. Juli 1780 nach Mörlach gerichtet. Der Brief mit diesem letzten Datum läßt bereits erkennen, wie die Dinge in Mörlach standen: »Wir wollen uns lieb und wert behalten, meine Beste; denn des Lumpigen ist zuviel auf der Welt und wenig zuverlässig, obgleich dem Gescheuten alles zuverlässig sein sollte, wenn er nun einmal Stein für Stein und Stroh für Stroh nimmt. Es ist aber nichts schwerer, als die Sachen nehmen für das, was sie sind.« Sollte das ›Lumpige‹ sich nicht schon auf den Baron Imhoff beziehen, dessen Charakter Goethe aus den Schilderungen Charlottens wohl bald durchschaute? Er ließ ihn auch nie grüßen. »Grüßen Sie die Imhoff und die Kleine. Die Männer gehen mich nichts an.« Die Männer waren der Baron und ein Vetter, mit dem Charlotte kokettierte oder doch wenigstens in ihren Briefen an Goethe behauptete, es zu tun.

Als Charlotte von dieser Sommerreise aus Franken zurückkehrte, wußte sie, daß ihre Schwester unglücklich war. Der Mann, der seine erste Frau verkauft hatte, war seiner zweiten schon überdrüssig. Er war nicht beständig. Vielleicht kam jetzt das Gespräch häufiger auf diese Beständigkeit, denn die Worte Goethes auf der Platte des Kochberger Schreibtisches ›Goethe 1780 Eben derselbe‹ stammen aus jener Zeit. Goethe blieb derselbe Liebende, und Charlotte hatte Gelegenheit, ihn mit dem Schwager zu vergleichen.

Noch andere Romane spielten sich damals in der Umgebung Charlottens ab, von ihrer eigenen Ehe zu schweigen, die seltsam kühl blieb, ja noch kühler wurde. Da war Karoline von Ilten, ein hübsches Hoffräulein, das mit ihrer ebenso schönen und jugendlichen Schwester elternlos am Hofe lebte. Frau von Stein nahm sich des Mädchens an, und so war auch Goethe bald mit ihr vertraut. ›Linchen‹ hieß sie in seinen Briefen. Als bei einem kleinen Feste alle Damen von Goethe und Seckendorff angedichtet wurden, erhielt Karoline folgende Zeilen:

Du siehst, wie es gefährlich ist,
gefällig zu sein,
freundlich gefällig wie du bist
ladest du sogar das böse Fieber ein.
Es plagt dich wie du andere weißt zu plagen,
du kannst es nicht von deinem Herzen jagen,
wie jeder, der dich einmal kennt,
so leicht sich nicht von deiner Kette trennt.

Die Anspielungen dieser neckenden und scherzenden Verse hatten einen schmerzlichen Hintergrund. Die hübsche, kokette Karoline war die Geliebte des Prinzen Konstantin geworden, des jüngeren Bruders des Herzogs Karl August. Aber weder dieser noch die Herzogin-Mutter litten das Verhältnis. Der Prinz war erst 18 Jahre alt. Er wollte das Mädchen heiraten. Anna Amalia meinte trocken: »Das gibt doch nur Bettelprinzen.« Goethe bekam von seinem Herzog den Auftrag, der kleinen Ilten den Prinzen auszureden. Er tat es, aber es gab Tränen und stürmische Auftritte. »Das holde Geschöpf ist gedrückt«, berichtet Goethe an Frau von Stein schon 1776. Aber erst vier Jahre später, 1781, kam es zum Bruch. Der Prinz verschmerzte es schnell; er wechselte seine Geliebten in rascher Folge. Aber Karoline litt schwer, als Goethe ihr im herzoglichen Auftrage zusetzte, den aussichtslosen Liebestraum vom Prinzen endgültig aufzugeben. »An Linchens Tränen schein ich schuld zu sein, und bins auch«, schrieb er im Juni 1780. Und er bemühte sich, die traurige Verliebte zu trösten, woran wiederum die Leute bzw. Charlotte selbst Anstoß nahmen.

Jedenfalls war auch dies Grund einer Szene, die Charlotte dem Dichter machte. »Linchen soll«, so versprach Goethe, »keine Verse mehr von mir kriegen, noch mehr Freundlichkeit als die allgemeine Höflichkeit erlaubt.« Frau von Stein nahm das Mädchen dann ganz in ihren Haushalt auf, wo es zwei Jahre blieb. Schließlich machte Karoline doch noch eine gute Partie, wenn es auch kein Prinz war. – Der Prinz Konstantin hatte sich auf Auslandsreisen begeben und behelligte alsbald Goethe mit neuen Liebesaffären; denn zu Goethes Amtsgeschäften scheint es gehört zu haben, die Familienskandale der herzoglichen Familie zu vertuschen.

Im Frühjahr 1781 geht in der Liebe Goethes zu Frau von Stein eine große Veränderung vor sich, die ebenso wunderbar wie vieldeutig ist. Seine Beteuerungen steigern sich. »Noch nie bin ich so nah gewesen, Ihrer Liebe wert zu sein.« – »Auf das Siegel drück ich einen Kuß und bin dein für ewig.« – »Ich kann nicht mehr Sie schreiben, wie ich eine ganze Zeit nicht du sagen konnte.« – »Ich bitte dich fußfällig, vollende dein Werk, mache mich recht gut! Du kannsts, nicht nur wenn du mich liebst, sondern deine Gewalt wird unendlich vermehrt, wenn du glaubst, daß ich dich liebe.«

Es ist ein neuer Ton, eine andere Nuance in dieser Liebe. Irgend etwas Entscheidendes ist geschehen. »Sagen kann ich nicht und darfs nicht begreifen, was deine Liebe für ein Umkehrens in meinem Innern wirkt. Es ist ein Zustand, den ich, so alt ich bin, noch nicht kenne. Wer lernt aus in der Liebe!« – »Wie anders schreib ich dir jetzt als sonsten.«

Was war geschehen? Charlotte hatte endlich, nach fünfjähriger Wartezeit, die Goethe selbst sein ›Noviziat‹ nannte, ihre Liebe dem Dichter gestanden, sie hatte endlich jenes süße und den Liebenden unendlich beglükkende Geständnis gemacht: »Ich liebe dich!«

Wie beglückt ist das Echo in Goethes Briefen: »Kommen Sie ja zeitig und lassen mir Ihre lieben Augen unter dem schönen Himmel sagen, daß ich geliebt bin.« – »Mache mit mir, was du willst.« – »Und teile meine Ruhe und mein Glück, da du so viel mit mir ausgestanden hast, und wisse, wie glücklich ich in deiner Liebe bin.«

In diese Zeit fällt auch jenes Wort von der Ehe, ein Wort, das ohne ein neues und inniges Einverständnis Charlottens unverständlich, ja unmöglich wäre: »Wir sind wohl verheiratet, das heißt durch ein Band verbunden, wovon der Zettel aus Lieb und Freude, der Eintrag aus Kreuz und Kummer und Elend besteht. Hilf mir glauben und hoffen.« – Dieser rätselhafte Satz ist wohl die rührendste Stelle in dem Briefwechsel des Dichters mit Frau von Stein.

Aber aus allen Briefen jener Monate liest man eines und immer wieder das eine heraus: es ist der Höhepunkt jener Liebe, der nicht mehr übertroffen werden kann. Es ist ein ganz neues Einverständnis erreicht – es ist alles erreicht, was von dieser Verbindung überhaupt zu erwarten und zu erhoffen war. Der neue Zustand spiegelt sich sogleich in dem Schaffen des Dichters. »Ich danke den Göttern, daß sie mir die Gabe gegeben, in nachklingende Lieder das eng zu fassen, was in meiner Seele immer vorgeht.« Und er schickt ihr die ›Nachtgedanken‹.

Euch bedaur ich, unglückselge Sterne,
Die ihr schön seid und so herrlich scheinet,
Dem bedrängten Schiffer gerne leuchtet,
Unbelohnt von Göttern und von Menschen;
Denn ihr liebt nicht, kanntet nicht die Liebe.
Unaufhaltsam führen ewge Stunden
Eure Reihen durch den weiten Himmel.
Welche Reise habt ihr schon vollendet,
Seit ich bleibend in dem Arm der Liebsten
Euer und der Mitternacht vergessen!

Doch das bedeutsamste Gedicht jener Epoche ist an die Geliebte unmittelbar gerichtet, an Lida, wie er Charlottens, Lottens Namen umdichtete. Es nimmt Bezug auf ihr Liebesgeständnis. So hat sie ihm vertraut und hat ihm gestanden, daß er der einzige in ihrem Leben ist, den sie liebt und lieben kann:

Den Einzigen, Lida, welchen du lieben kannst,
Forderst du ganz für dich, und mit Recht,
Auch ist er einzig dein. Denn seit ich von dir bin,
Scheint mir des schnellsten Lebens lärmende Bewegung
Nur ein leichter Flor, durch den ich deine Gestalt
Immerfort wie in Wolken erblicke;
Sie leuchtet mir freundlich und treu,
Wie durch des Nordlichts bewegliche Strahlen
Ewige Sterne schimmern.

Scheinbar unbedeutende Dinge werden nun bedeutungsvoll: Charlotte, die Lida seiner Lieder, siegelt zum ersten Mal mit seiner Psyche ihre Briefe an ihn. Freudig schreibt er zurück: »Es ist und wird gewiß recht schön und gut mit uns, denn alles gerät nach und nach. Oh, wer doch öfters so verständig wäre, sein Glück brauchen zu können, und so glücklich, daß er seinen Verstand ganz anwenden könnte. Gott versteht mich und du auch.«

Wird sich dieses Hochgefühl der Liebe auf dieser Höhe, in dieser Intensität halten? Das neue Jahr 1782 kommt: »Mit dem ersten langsamen Schein des Tages sag ich dir einen Willkomm ins neue Jahr. Du weißt, mit welcher Zuversicht ich es anfange, und daß ich nur einen Wunsch habe, dir recht dankbar sein zu können, da ich dir alles schuldig bin. Es ist mir, als wenn mich nun kein Übel berühren könnte; die schönsten Aussichten liegen vor mir.«

Im Karneval besuchen beide wieder die Maskenbälle, die höfischen Redouten wie vor sechs Jahren. Dem fröhlichen Fasching folgt der Aschermittwoch, und schon tönt aus den folgenden Wochen wieder die Klage der Liebenden: »Und dann, Lotte, ich habe eine Sorge auf dem Herzen, eine Grille, die mich plagt und schon lange ängstigt. Du mußt mir erlauben, daß ich dir sie sage, du mußt mich aufrichten. Mit Schmerzen erwarte ich die Stunde, da ich dich wiedersehe. Du mußt mir verzeihen. Es sind Vorstellungen, die aus meiner Liebe aufsteigen, Gespenster, die mir furchtbar sind und die nur du zerstreuen kannst.«

Wir wissen nicht, was Charlotte antwortete. Aber eins ist gewiß: In diesem Frühling blüht diese große Liebe so schön und herrlich wie nie zuvor und nie mehr in der Zukunft. Es gibt keine andere Zeit in Goethes reichem und glücklichem Leben, aus der seine Stimme so froh und stolz erklingt. Man darf freilich nicht an die Bitterkeiten denken, in die jene Stunden gebettet sind. Aber wer von uns Menschen würde je froh werden können, erinnerte er sich ganz und gar der vergangenen Übel und wüßte er von den kommenden Leiden! In jenen Briefen heißt es beschwörend und jauchzend zugleich: »Liebste Lotte!« Und der Inhalt jenes Briefes: »Hätte ich die Angelegenheiten unseres Fürstentums auf einem so guten Fuß als meine eigenen, so könnten wir von Glück sagen, und wäre alsdann das Glück uns so treu und hold, als du mir bist, würde man uns vor dem Tode selig preisen können.« »Das meiste, dessen ich persönlich fähig war, hab ich auf den Gipfel des Glücks gebracht oder sehe vor mir: es wird werden.« Auch der Sommer 1782 bringt Segen und Glück. Die Idee des ›Tasso‹ entsteht. ›Iphigenie‹, ›Egmont‹, ›Wilhelm Meister‹ gewinnen Gestalt. Unerschöpflich fließt der Born der Lieder: ›Erlkönig‹, ›Elpenor‹, ›Miedlings Tod‹, ›Die Fischerin‹. Und auch nach außen kommt der Erfolg; Goethe wird geadelt und Kammerpräsident. Er bezieht sein Haus am Frauenplan, das gleiche, in dem er sterben wird und das der Nation als das Heiligtum seines größten Dichters bekannt ist. »Zum ersten Male aus dem neuen Quartier schreib ich und schick ich dir, was du aus dem alten so oft erhieltest, einen Morgengruß und die Versicherung meiner Liebe.« Und nach wenigen Tagen schon erhält Charlotte die Schlüssel zu seinem Haus, das sie als das ihrige betrachten darf. »Es ist eine unaussprechliche Glückseligkeit, wenn Gesinnungen und Empfindungen zwischen zwei Wesen wechseln, ohne irgend anzustoßen, zurückgehalten oder erschreckt zu werden.«

Doch wiederum lauert das Leid. Charlotte ist plötzlich verstimmt und schwierig. Irgendein Mißverständnis hat ihr empfindliches Gemüt verletzt. Also stoßen doch die Empfindungen an und werden erschreckt. »Ich bin noch betäubt davon. Es war wie der Tod. Man hat ein Wort und keinen Begriff für so etwas.«

Himmelhochjauchzend – zu Tode betrübt. Die Briefe Goethes aus diesen Monaten des Jahres 1782 haben keinen anderen Inhalt: »Heute früh kam mirs vor, als wenn kein Mensch in einer glücklicheren Lage sein könnte als ich.« Aber am gleichen Tag: »Ein Hauch, nur ein Laut, der nicht stimmend von dir zu mir herüberkommt, verändert die ganze Atmosphäre um mich.« Auch die Geliebte fürchtet sich. Er tröstet sie. »Fürchte das achte Jahr nicht und keine bestimmte noch unbestimmte Zeit. Liebe mich wie gestern und immer.« Doch als der Herbst kommt, mit seinen Stürmen und Regentagen, wird auch ihm bang und traurig ums Herz. An einem regenreichen Novembertag schreibt er: »Frühe habe ich meine erste Wallfahrt (nach dem Gartenhaus) gemacht. Ich ging nach deinem Steine (in dem Garten). Die schönen Tränen des Himmels liefen an ihm herunter. Es soll, hoff ich, nichts zu bedeuten haben.«

Es liegt eine mittägliche Stimmung über seiner Seele. In jenen Monaten ist ihm das herrliche Gedicht gelungen, das einen Höhepunkt der deutschen Lyrik darstellt:

Über allen Gipfeln
ist Ruh,
in allen Wipfeln
spürest du
kaum einen Hauch.
Die Vöglein schweigen im Walde.
Warte nur: balde
ruhest du auch.

Einer der ersten Männer, die über Goethe schreiben und dabei den Vorteil hatten, den Dichter noch persönlich gekannt zu haben, Karl Gustav Carus, äußert sich über diese Lebensspannungen und Liebesverhältnissse Goethes (ohne Frau von Stein zu erwähnen) noch sehr vorsichtig, der geringeren zeitlichen Distanz entsprechend: »Wir wollen hier nicht darauf eingehen, wie eigentümlich gefahrvoll dem Geiste des frauenhaft gesinnten Mannes dieses innere Bedürfnis und Verlangen werden kann; wir wollen nur flüchtig daran erinnern, wie viele in Wahnsinn, Tod und Verzweiflung geendigt haben, weil das Sehnen ihres Innern unbefriedigt blieb, weil sie sich von kalten oder trügerischen Naturen zurückgestoßen und tödlich verletzt fanden; wir dürfen vielmehr nur zurückweisen auf das, was Goethe selbst vom Lebensüberdruß sagt, daß nämlich auch die Liebe unter die Erscheinungen gehöre, welche einem gewissen Kreislaufe unterworfen seien, welche steigen und fallen, sich erneuern und wieder vergehen, und bei deren Umschwung und Wechsel, sobald der Mensch sich nicht auf den höheren Standpunkt erheben könne, wo dieses alles als organische Notwendigkeit ebenso für ein Regelmäßiges und Schönes genommen wird wie der Kreislauf der Tages- und Jahreszeiten, allerdings die Gefahr lebhaft hervortrete, in alle Qualen des bittersten Lebensüberdrusses zu geraten. – Wenn nun Goethe, der Dichter, er, dessen Lebenskunst des Gefühls sich ebenfalls nur unter Einfluß der Frauen zu entwickeln vermochte, aus diesen Gefahren doch glücklich und siegreich hervorging, so ist es jedenfalls der Betrachtung wert, zu untersuchen, was ihm hierbei das schützende Element gewesen.«

Carus findet dieses ›schützende Element‹ in der Kraft zur Entsagung, die Goethe eigen gewesen sei. Er erinnert dabei an ein Goethesches Gedicht:

> Trink, o Jüngling, heilges Glücke
> Tagelang aus der Liebsten Blicke;
> Abends gaukl ihr Bild dich ein.
> Kein Verliebter hat es besser;
> Doch das Glück bleibt immer größer,
> Fern von der Geliebten sein.

Nun finden wir ähnliche Gedanken auch in ›Iphigenie‹ und vor allem im ›Tasso‹; sie scheinen demnach wirklich einer Grundstimmung Goethes in jenen Jahren der Liebe zu Frau von Stein zu entsprechen. Es ist, wie wir noch des näheren sehen werden, auch von einigen die gegenteilige Ansicht geäußert worden; einige Biographen Goethes und der Frau von Stein sind der Ansicht, daß jenes Jahr 1781 auch in erotischer Beziehung den Wendepunkt gebracht und beide in jeder Beziehung zu einem Liebespaar gemacht habe. Wir werden an anderer Stelle unsere Ansicht über diese Mußmaßungen sagen; aber jetzt sei schon vermerkt, wie viel schwerer bei einer solchen Annahme die Lebensäußerungen Goethes zu verstehen wären als bei der Annahme, daß auch die kommenden Jahre von der Entsagung beherrscht waren.

In dieser Zeit vor der italienischen Reise ist nämlich Goethe ganz und gar von einem Ideal erfüllt: Diese Liebe soll ihn zu einer neuen, höheren Form der Menschlichkeit emporheben. Unaufhörlich bittet er Charlotte, ihn recht gut zu machen, ihr Werk an ihm zu vollenden: Nicht anders können diese Worte gemeint sein! Und auch alle lyrischen Äußerungen Goethes aus jenen Jahren sprechen die gleiche Sprache: »Edel sei der Mensch, hilfreich und gut!« Aber am meisten verkörpert sich jener Lebensstil des Dichters in dem großen Gedicht: ›Zuneigung‹ aus dem Jahre 1784. Dort heißt es:

Da schwebte mit den Wolken hergetragen
ein göttlich Weib vor meinen Augen hin –
kein schöner Bild sah ich in meinem Leben –
sie sah mich an und blieb verweilend schweben.

»Erkennst du mich, die ich in manche Wunde
des Lebens dir den reinsten Balsam goß?
Du kennst mich wohl, an die zu ewgem Bunde
dein strebend Herz sich fest und fester schloß.«

»Du gabst mir Ruh, wenn durch die jungen Glieder
die Leidenschaft sich rastlos durchgewühlt.
Du hast mir wie mit himmlischem Gefieder
am heißen Tag die Stirne sanft gekühlt.
Du schenktest mir der Erde beste Gaben,
und jedes Glück will ich durch dich nur haben!«

Und wie ich sprach, sah mich das hohe Wesen
mit einem Blick mitleidger Nachsicht an.
Ich konnte mich in ihrem Auge lesen,
was ich verfehlt und was ich recht getan.
Sie lächelte, da war ich schon genesen.

In einem Briefe an Lavater aus dem Jahre 1780 hatte Goethe von Frau von Stein geschrieben: »Auch tut der Talisman jener schönen Liebe, womit die Stein mein Leben würzt, sehr viel. Sie hat meine Mutter, Schwester und Geliebten nach und nach geerbt, und es hat sich ein Band geflochten wie die Bande der Natur sind.« Diese Synthese also der Geliebten, der Mutter und der Schwester konnte keine nur irdisch Geliebte sein. Es war eine Angebetete.

Also hatte Charlotte gesiegt. Der Geliebte und Liebende hatte die Bedingungen ihrer seelischen Kapitulation bedingungslos angenommen und machte nun aus der Not der Entbehrung die Tugend der Entsagung.

Und wie schön wußte er diese Tugend zu verherrlichen! Die Bäume in seinem geliebten Garten sollen Zeugen seiner neuen Liebe und der Gegenliebe sein:

Sag ichs euch, geliebte Bäume,
die ich ahndevoll gepflanzt,
als die wunderbarsten Träume
morgenrötlich mich umtanzt.

Ach, ihr wißt es, wie ich liebe,
die so schön mich wiederliebt,
die den reinsten meiner Triebe
mir noch reiner wiedergibt.

Wachset wie aus meinem Herzen,
treibet in die Luft hinein.
Denn ich grub viel Freud und Schmerzen
unter eure Wurzeln ein.

Bringet Schatten, bringet Früchte,
neue Freuden jeden Tag.
Nur, daß ich sie dichte, dichte,
dicht bei ihr genießen mag.

Und doch? – Goethe war sich dessen durchaus bewußt: In der dünnen idealen Luft dieser so groß ersonnenen Liebe war schlecht zu atmen. Wenigstens für den Liebenden. Ganz anders scheint es mit Frau von Stein bestellt gewesen zu sein. Die vierzigjährige Baronin hatte andere Vorstellungen als der dreißigjährige Dichter; sie fand das ideale Verhältnis angemessen, und ihr ist nie der Gedanke gekommen, es wäre irgendwie unnatürlich.

Sie spürte den geheimen Klang nicht. 1785 schreibt er ihr im Vorfrühling das merkwürdige Wort: »Ich habe nur zwei Götter, dich und den Schlaf. Ihr heilet alles an mir, was zu heilen ist, und seid die wechselseitigen Mittel gegen die bösen Geister.«

Also sind doch schon böse Geister da, die vertrieben werden müssen? Und sind es böse Geister? Wird er sie nicht eines Tages seine guten Geister nennen?

Die Luft in Weimar wird dem Dichter zu dünn, die Verhältnisse, auch sein eigenes, zu eng, die Höhe seiner idealen Liebe zu einsam und unheimlich – ihn überkommt die Sehnsucht nach der Ferne, der Welt, anderen Menschen mit aller und immer neuer Gewalt. Und nur eines hält ihn noch, die Liebe. Hörte Charlotte nicht die Warnung aus den Versen:

Gewiß, ich wäre schon so ferne, ferne,
so weit die Welt mir offen liegt, gegangen,
bezwängen mich nicht übermächtge Sterne,
die mein Geschick an deines angehangen.

X

Im November 1782 schrieb Goethe an seinen Freund Knebel, der sich damals in Franken aufhielt, einen langen Brief und schilderte darin sein Weimarer Leben. Er lebe ganz einsam, sagte er, ganz in sich und auf sich zurückgezogen. »Ich komme fast nicht aus dem Hause.« Er ordne seine Briefe aus dem letzten Jahrzehnt, arbeite seinen ›Werther‹ um und schreibe die Märchen auf, die er sich zu erzählen von je gewohnt sei. So lebe er seit einiger Zeit sehr glücklich. »Ich sehe fast niemand, außer wer mich in Geschäften zu sprechen hat. Alle Wochen gebe ich einen großen Tee, wovon niemand ausgeschlossenn ist, und entledige mich dadurch meiner Pflichten gegen die Sozietät aufs Wohlfeilste. Der Herzog hat seine Existenz im Jagen und Hetzen. Die Herzogin ist stille, lebt das Hofleben, beide sehe ich selten. Abends bin ich bei der Stein und habe nichts Verborgenes vor ihr.«

Das stimmte nicht. Er war nicht nur des Abends, sondern meist auch noch des Mittags bei ihr. Er verkehrte in ihrem Haus, als sei es das seine. Er gehörte zur Familie, in gewissem Sinne mehr als der Ehemann, Baron von Stein. Der war es im übrigen zufrieden, daß der Freund ihm einen Teil seiner häuslichen Sorgen abnahm. So hatte die ideale Seite seiner himmlischen Liebe ein Gegengewicht in der irdischen Nähe der geliebten Frau.

Er hatte von Anbeginn tausend Vorwände gefunden, sich um das Hauswesen und das Familienleben der Frau von Stein zu kümmern. Schon im ersten Herbst, da er in Weimar war, schickte er ihr fast täglich Obst und Blumen aus seinem Garten. Sein Diener Philipp mußte mit der Köchin der Frau von Stein ›Konferenz halten‹, wie es in einem Briefe vom Februar 1777 hieß, in dem Goethe im übrigen ankündigte, daß er gleich Würste ins Haus der Frau von Stein schicken werde. Schon damals begann er sich selbst zum Abendessen bei der geliebten Frau einzuladen. »Ich werde vielleicht gar zu Ihnen kommen und um einen Bissen Nachtisch bitten.« Einige Tage später lud er sich samt dem Herzog zu ihr ein: »Machen Sie aber weiter keine Umstände, hier schicke ich alten Wein.« Ein anderes Mal schickt er ihr ›Schweinsköpfchen und Rückchen‹, mit der Bitte, ihn dazu einzuladen. Oder er ließ Fasan oder Täubchen braten. Frau von Stein revanchierte sich und schickte ihm wohl das Essen in sein Gartenhaus, wenn er nicht kommen konnte. Auch nach Kochberg gingen seine Gaben: Trauben, Pfirsiche und anderes Obst. Sogar 30 Obstbäume besorgte er ihr für ihren Garten in Kochberg, nicht ohne den Rat hinzuzusetzen, diese Bäume gut mit Dornen gegen die Hasen zu schützen. Als sie im Sommer 1777 in Kochberg war, räumte er in Weimar ihre neue Wohnung ein (in dem gleichen Hause, das heute noch als das ›Haus der Frau von Stein‹ bezeichnet wird und in dem sie den Rest ihres Lebens verbrachte). In seinem zweiten Weimarer Winter begann Goethe das Schlittschuhlaufen dort einzuführen; der Hof, sogar die melancholische Herzogin tat mit großer

Begeisterung mit. Auch Charlotte beteiligte sich an der neuen Mode; ja, sie dichtete sogar bei dieser Gelegenheit; wie immer wurden es schlechte Verse.

In jedem Frühling und Sommer schickte Goethe ihr, wie seine Briefe melden, Blumen: Hyazinthen, Veilchen, Levkoien, Amaryllis, Rosen, Myrtenreis; aber auch Spargel und Erdbeeren. Und im Herbst Pilze, Pfirsiche und Trauben, Melonen, Orangen und Zitronen. Zwischendurch bekam Charlotte Kuchen und Naschwerk von ihm; insbesondere die süßen Pakete von seiner Mutter in Frankfurt wurden mit der Geliebten geteilt. Sie revanchierte sich mit Schokolade, die er übrigens für gesundheitsschädlich hielt, der Geliebten zu Ehren aber doch verzehrte. Dafür bekam sie dann wieder eine Flasche alten Malaga.

Diese Liste irdischer Genüsse könnte man noch lange fortsetzen; es galt aber nur zu zeigen, daß die lyrischen und idealen Stimmungen ihrer Liebe das Genießen materieller Güter nicht ausschlossen.

Goethe benutzte seinen Garten an der Ilm, um dort bei gutem Wetter kleine Gartenfeste zu geben. Frau von Stein durfte nicht fehlen; aber auch der Hof und die Hofdamen fanden sich häufig ein. Frau von Stein gewöhnte sich allmählich daran, hier die Hausfrau zu machen, wie in ihrem Haus Goethe als Hausfreund nach dem Rechten sah. Das hatte sich so eingebürgert, daß es auch Anlaß zum Streiten gab. Jedenfalls entschuldigte sich einmal der Dichter brieflich bei Charlotte; er hatte es am Abend vorher merken lassen, daß er mit ihr nicht zufrieden war, weil sie seine Gäste vernachlässigte. Übrigens stand Goethes Gartenhaus der ganzen Familie zur Verfügung. So wohnte dort im Herbst 1784 auch Charlottens Bruder mit seiner Frau.

Das beste Bindemittel zwischen sich und der Geliebten fand Goethe aber in ihrem jüngsten Sohn Fritz. Frau von Stein hatte drei Söhne: Karl, Ernst und Fritz. Karl, der älteste, ging früh seine eigenen Wege und wehrte sich gegen die Bevormundung durch den Hausfreund. Im

Grunde konnte er ihn anscheinend nicht leiden. Da Karl auch in seinem künftigen Leben einige Distanz zu seiner Mutter wahrte (was sie ihm ebenso entgalt), lagen dieser Zurückhaltung vielleicht tiefere seelische Stimmungen und Antipathien zugrunde. Goethe selbst scheint Karls Abneigung auf folgenden Vorgang zurückgeführt zu haben: Als Goethe einmal bei Frau von Stein war und am Kamin stand, nahm Karl einen Blasebalg, mit dem man das Kaminfeuer anzufachen pflegte, stellte sich neben Goethe, steckte heimlich den Blasebalg in dessen Hose und blies sie auf. Goethe, aufs peinlichste erschreckt, fühlte sich lächerlich gemacht, fuhr den Jungen heftig an und bedrohte ihn mit Schlägen. Karl nahm das übel, er war empfindlich. In seinen späteren Jahren hat er sich übrigens über Goethe stets aufs beste geäußert, und seine Anhänglichkeit übertraf sogar die seines Bruders Fritz, der doch Goethe weit mehr als Karl verdankte.

Fritz von Stein war der Liebling seiner Mutter, und schon das genügte, ihn auch zum Liebling Goethes zu machen. Das war so auffällig, daß später der Weimarer Klatsch behauptete, Goethe sei der Vater dieses Fritz; eine unsinnige Behauptung, denn Fritz war schon vier Jahre alt, als Goethe die Bekanntschaft seiner Mutter machte.

Karl und Ernst von Stein, die beiden ältesten, wurden zunächst von einem Hauslehrer betreut, den man Hofmeister nannte; es war ein gewisser Johann Friedrich Kästner. Karl siedelte mit 15 Jahren, also 1780, nach Braunschweig über, um dort im Karolinum erzogen zu werden, was die Braunschweiger Herzogin seiner Mutter schon vor Jahren in Pyrmont versprochen hatte. Im gleichen Jahre kam der dreizehnjährige Ernst ins Weimarer Pagenkorps: Zum Pagenmeister wurde der erwähnte Kästner ernannt. So blieb Fritz allein zurück.

Goethe verstand sich mit Kindern sehr gut. Er hatte ja auch die Sorge für einen verwaisten und verwahrlosten Schweizer Hirtenbub übernommen, den er teils in Weimar, teils auf thüringischen Gütern erziehen ließ und für den er bis zu dessen Tod sorgte. Das war der Peter, der auch zu den Spielgefährten der Steinschen Jungen gehörte, samt seinem Spitz Hänsli; denn Peter und Hänsli waren unzertrennlich. Auch in Kochberg durfte Peter einmal samt seinem Hänsli hausen, und später erzählten die Steins noch große Dinge von den gewaltigen Bubenschlachten, bei denen bald Peter, bald Karl Anführer war. Übrigens durfte der Peter rauchen, obwohl Goethe ein erbitterter Feind des Tabaks war; er meinte aber, man könne es dem Jungen nicht ohne Schädigung seiner Gesundheit abgewöhnen.

Seine ganze Kinderliebe schenkte Goethe dem kleinen Fritz. Ihm und seinen Geschwistern gab er eigene Kinderfeste in seinem Gartenhause, besonders beliebt war das Ostereiersuchen. Als Frau von Stein im Mai 1777 einige Tage von Weimar abwesend war, nahm er die drei Jungen in sein Gartenhaus: »Da schick ich Ihnen die Kleinen wieder; sie mögen unsere Wirtschaft erzählen.« – »Die Grasaffen haben große Lust, das Gewitter bei mir abzuwarten und hier außen zu kampieren. Eierkuchen haben wir schon gebacken und gegessen. Also seien Sie ohne Sorge, gut sind sie aufgehoben. Gute Nacht, Beste, hab ich doch Ihre Kinder.« Als im Sommer 1777 Frau von Stein mit ihrem Gatten nach Pyrmont zur Kur ging, besuchte Goethe die Kinder auf Kochberg. Er machte mit ihnen einen Ausflug in ein benachbartes Dorf. »Die Jungens sind sehr lustig und vergnügt ihrer Wanderung.« Der zweite Sohn Charlottens, Ernst, war damals schon kränklich; er ist dann auch in jungen Jahren gestorben. Goethe war um ihn sehr besorgt, schon damals in Kochberg: »Ernst war sehr übel gestimmt und weinte fast, als ich fort wollte.«

In der Folgezeit nahm sich Goethe aber immer mehr des Jüngsten an. In der Neujahrsnacht auf 1779 durfte Fritz in seinem Gartenhaus schlafen: »Fritz hat mich vor vieren geweckt und das neue Jahr herbeigegackelt.« – »Ich habe Sie in Fritz aufs Herzlichste umarmt.« – »Ernstens Husten beunruhigt mich. Sorge doch auch für

Fritzen, der auch einen Ansatz hat.« Im September 1781 darf der zehnjährige Fritz seine erste Reise mit Goethe machen. Von Merseburg berichtet Goethe der Mutter: »Mit Fritzen an einem Tisch hab ich eine Kanzlei aufgeschlagen. Er ist recht gut, lieb und rein. Christus hat Recht, uns auf die Kinder zu weisen: von ihnen kann man leben lernen und selig werden.« – »Fritzens Urteil über die Menschen ist erstaunlich richtig. Nur müssen wir suchen zu hindern, daß ihn das Glück nicht übermütig mache. Ich hab ihm einige ruhige, sehr wahre Lektionen gegeben, und er ist sehr geschmeidig.« Die Fabel des ›Erlkönig‹ mag Bezug auf einen Ritt Goethes mit dem kleinen Fritz haben.

Charlotte kümmerte sich nicht übermäßig um ihre Kinder. Die Sorge um die beiden Ältesten war sie 1780 los; und ihr Jüngster, Fritz, wurde zwar als Lieblingskind von ihr verhätschelt, seine Erziehung aber sonst vernachlässigt. Deshalb beschloß Goethe im Mai 1783, Fritz ganz zu sich zu nehmen. Charlotte war es sehr zufrieden; sie schrieb an ihre Schwägerin: »Goethe hat Fritzen zu sich genommen und benimmt sich so verständig und gütig in seiner Erziehung, daß man von ihm lernen kann. Er ist von den Wenigen, der Rousseaus inneren Sinn der Erziehung zu fassen weiß, und weil Fritz von Natur ein hübsches Ebenmaß in sich hat, machts Goethen selbst Freude, sich mit ihm abzugeben.« Und das tat Goethe wirklich. Er lehrte den Knaben zeichnen, schönschreiben und sogar dichten. Das beste Bildungsmittel aber schien Goethe das Reisen. So nahm er im Sommer 1783 seinen Zögling abermals auf eine Reise mit.

Es wurde eine große Reise für die damaligen Begriffe. Es ging in den Harz. »Fritz ist sehr glücklich und bildet sich zusehends. Er macht mir viel Freude und gewiß auch dir, wenn er wiederkommt«, berichtete Goethe an Frau von Stein. Zusammen mit Goethe ritt der kleine Fritz auf den Brocken. »Er ritt auf einem kleinen Pferdchen so grade hin, als wenn er ganz damit bekannt gewesen wäre. Er ist sehr glücklich und hat nur kleine Anfälle von Laune und

Unart.« Dann ging's nach Göttingen und von dort, weil Fritz durchaus den ›Herkules‹ sehen wollte, nach Kassel. »Wenn es Fritzen nach ginge, so müßte ich nach Frankfurt. Er plagt mich und tut alles, mich zu bereden. Wenn ich ihm sage, seine Mutter sei allein, so versichert er mir, die meinige würde ein großes Vergnügen haben, uns zu sehen.« Daß Frau von Stein erfreut über diese Reise ihres Lieblings war, zeigt ein Brief von ihr an Fritz, der sich erhalten hat: »Es freut mich sehr, daß du in der schönen weiten Welt meiner gedenkst und mir dieses, obzwar nicht mit sehr wohlgestaltnen, doch mit leidlichen Buchstaben zu erkennen gibst. Da du so viel länger weg bist als ich glaubte, fürchte ich, es wird mit deiner Garderobe schlimm aussehen. Wenn deine Kleider nichts taugen und du vielleicht dazu, so sage nur dem Geheimderate Goethe, daß er mein liebes Fritzchen ins Wasser werfe. Dein Briefchen habe ich bestellt, auch an alle Pagen dein Kompliment gemacht. Die jungen Zwiebeln zu legen will ich besorgen. Die jungen Kätzchen machen dir eine Empfehlung und springen und balgen sich wie ehemals die jungen Herren v. Stein. Murz ist aber so ernsthaft worden wie deine alte Muttrer. Lebe wohl, erkenne dein Glück und bemühe dich, durch deine Aufführung dem Geheimderate wohl gefällig zu werden. Dein Vater läßt dich grüßen.«

Übrigens wurde Fritzens Herzenswunsch, Frankfurt und Goethes Mutter zu sehen, doch noch erfüllt. Goethe gab den Knaben im Herbst 1783 einem Bekannten mit, und Fritz durfte einen Monat in Frankfurt in Goethes Vaterhause bleiben. Als sich Frau von Stein bei der Frau Rat bedankte, erwiderte diese: »Es hat mich sehr gefreut, daß Dero Herr Sohn mit seinem Aufenthalte bei mir zufrieden war. Zwar habe ich die Gnade von Gott, daß noch keine Menschenseele mißvergnügt von mir weggegangen ist, weß Standes, Alters und Geschlecht sie auch gewesen ist. Ich habe die Menschen sehr lieb, und das fühlt Alt und Jung, gehe ohne Prätention durch diese Welt, und das behagt allen Evenssöhnen und -töchtern, bemoralisiere

Niemand, suche immer die gute Seite auszuspähen, überlassse die schlimmen dem, der den Menschen schuf und der es am Besten versteht, die scharfen Ecken abzuschleifen, und bei dieser Methode befinde ich mich wohl, fröhlich und vergnügt.«

So war Goethe wirklich ein idealer Hausfreund. Charlotte konnte sich nicht nur seiner anbetenden Liebe, sondern auch mancher anderen Vorteile freuen, die seine Zuneigung ihr und den Ihrigen brachte. Wiederum müssen wir es bedauern, kaum eine Äußerung aus ihrem Munde oder ihrer Feder zu kennen. Wie nahm sie alles das auf? Schien es ihr nur selbstverständlich? War sie sich ihres eigenen Wertes so bewußt, daß sie es ganz in der Ordnung fand? Hatte sie keine Zweifel an der Beständigkeit dieser Zuneigung und dieser Verhältnisse?

Charlotte war ihres Besitzes ganz sicher. Sie zweifelte nicht mehr an seiner Beständigkeit. Ihr war es undenkbar, daß sie je die Macht über Goethes Herz verlieren könnte, das sie in einem Maße beherrschte wie selten eine Frau das Herz eines Mannes. Es war ein Wunder, gewiß; aber es war ihr Wunder, und sie fühlte sich, nach allem, was wir von ihrem Stolze ahnen können, des Wunders würdig. Es kam ihr zu, diesen einzigen Mann ganz zu besitzen, ohne sich auch nur etwas ihm gegenüber vergeben zu haben. Denn sie hatte ihm weder ihre Jugend und Tugend noch ihren Stolz, ihre gesellschaftliche Stellung, ihre Bequemlichkeit, ihre Neigungen geopfert. Nicht einmal ihre Neigungen. Diese unglaubliche Selbstsicherheit hing mit dem Kern ihres Wesens zusammen, und gerade dies hatte Goethe fasziniert. Dadurch war sie ihm der ruhende Pol geworden, der anmutige und beständige Mittelpunkt seines schwankenden und stürmischen Seins, dieses holde Gegengewicht der brausenden und unbändigen Unruhe seines eigenen Herzens.

Übrigens hatte Charlotte gute Gründe, an ihre Unbesiegbarkeit zu glauben. Hatte sie nicht genug Rivalinnen in Weimar gehabt? Frauen und Mädchen, die jünger und schöner waren als sie, geistvolle, anmutige, entzückende Frauen hätten sich ein Vergnügen daraus gemacht, Charlotte ihren Dichter wegzunehmen. Aber war es einer geglückt? War ihr Dichter ihr auch nur einen Tag entglitten?

Da waren zunächst die Frauen ihres eigenen Hauses gewesen. Ein Wort von ihr hatte genügt, den Dichter von weiteren Huldigungen für Karoline von Ilten abzubringen. Sie bekam weder Verse noch Geschenke von Goethe, weil sie, Charlotte, es nicht wünschte. Und die anderen? Ihre reizende Schwägerin, die kleine Sophie von Schardt, die Frau ihres ältesten Bruders, gehörte gewiß zu den anmutigsten und charmantesten Erscheinungen der Weimarer Gesellschaft; eine geborene Gräfin Bernstorff, Nichte eines berühmten dänischen Staatsmannes, war sie 1778 mit zweiundzwanzig Jahren nach Weimar gekommen, und zwar aus Hamburg, wo sie zum Kreise Klopstocks Beziehungen unterhalten hatte. Sie war von kleinem, zierlichem Wuchs, geistreich und schlagfertig, eine reizvolle Gesellschafterin. Schiller freilich mochte sie nicht leiden. Er schrieb von ihr in einem Brief 1787: »Die hiesigen Damen sind ganz erstaunlich empfindsam, da ist beinahe keine, die nicht eine Geschichte hätte oder gehabt hätte; erobern möchten sie gern alle. Da ist z. B. eine Frau v. S., die du in jeder anderen Gesellschaft für eine ausgelernte fille de joie erklären würdest, ein feines, nicht häßliches Gesicht, lebhafte aber sehr begehrliche Augen. Sie wollte sich uns nach Jena mit aufhängen, aber wir schüttelten sie ab.« Dagegen huldigte ihr der Weimarer Herzog, Wieland war von ihr begeistert, und Goethe nicht minder. Er nannte sie zärtlich ›die Kleine‹ oder ›die liebe Unschuld‹; ihr hatte Goethe sein Gartenhaus zur Verfügung gestellt, und sie wohnte zeitweise auch dort. Er erschien in ihren Gesellschaften, und sie nahm an seinen Einladungen teil. Der Dichter soll von ihr das Schachspiel gelernt haben. Wie er sie schätzte, lehrt ein Brief an Knebel vom Jahre 1782: »Die Schardt ist ein gutes, treffliches Wesen. Sie hat neulich in einem Stück das beste Wort, das darin war, aus dem Munde eines schlechten Acteurs gleichwie aus der Luft geschossen, das den anderen allen entgangen war.« Sophie von Schardt dichtete; ihre Gedichte waren bedeutend besser als die Musenkinder Charlottens. Sie übersetzte mit großem Geschick Byron, Shakespeare und Petrarca. Aber obwohl Goethe sie verehrte – gegen Charlotte war sie ihm nichts. Frau von Stein hatte keinerlei Anlaß einzuschreiten. Statt dessen widmete Sophie ihre Aufmerksamkeit Herder, der sie umschwärmte, was sie sich gern gefallen ließ. In gewissen Sinne ist sie Herder das gewesen, was Frau von Stein Goethe war. Mit großem Takt gestaltete sie diese Beziehungen, so daß auch Frau Herder nichts daran auszusetzen hatte, sondern die Schwärmerei ihres Gatten für die reizende Frau teilte. Immerhin war es gut, daß Herder nicht mehr ihre spätere Entwicklung erlebte. Sie trat nämlich kurz vor ihrem Tode (sie starb mit dreiundsechzig Jahren) zum Katholizismus über, und das hätte der Generalsuperintendent, trotz seiner großen Toleranz, denn doch wohl übel aufgenommen.

Eine andere entzückende Dame der Weimarer Gesellschaft war die Baronin Amalia von Werthern-Beichlingen, eine geborene Baronesse Münchhausen, von der schon kurz die Rede war. Sie war in London geboren und erzogen worden, wo ihr Vater an der Spitze der Hannoverschen Kanzlei stand. 1773 hatte sie mit sechzehn Jahren den beträchtlich älteren Weimarer Hofbeamten geheiratet, der sie aber bald über seinen Pferden und sonstigen Passionen vernachlässigte. Sie versuchte tatsächlich, Goethe zu ihrem Verehrer zu machen, und Goethe hatte in der ersten Weimarer Zeit wirklich die kokette junge Frau umschwärmt. Und doch konnten auch die fünfzehn Jahre, die sie jünger als Charlotte von Stein war, nichts daran ändern, daß Goethe dem Zauber der Stein erlag, statt sich in den Dienst der ebenso hübschen wie unreifen Amalia zu begeben. Sie war klug und behend, sprach ebenso gut Französisch und Englisch wie Deutsch, wenn sie auch in allen diesen Sprachen lispelte, vielleicht aus Ziererei. Das hatte ihr bei einem Fest 1778 (bei dem auch die kleine Ilten angedichtet worden war) folgenden Vers eingetragen:

> Magst du an dem bösen Ort,
> wohin deine Reise geht,
> immer schnarren, immer lispeln,
> daß dich nie ein Mensch versteht,
> und dein Weg dann ungeduldig
> nach den Leuten wieder geht,
> die dein Schnarren und dein Lispeln
> gerne hören und – verstehn.

Sie spielte übrigens nach allgemeinem Urteil vortrefflich Theater; und am vortrefflichsten soll sie bei einer Liebhaberaufführung von Cumberlands ›Westindier‹ gewesen sein, bei der auch Goethe mitwirkte und wo sie dessen Partnerin war. Goethes Freund Knebel geriet eine Zeitlang in ihre Netze. Goethe dagegen durchschaute die listige und kokette Frau, die im Leben so gut wie auf der Bühne schauspielern konnte. Und er warnte Sophie von Schardt, Charlottens Schwägerin, eindringlich vor der engen Freundschaft mit der Baronin von Werthern, der er so im stillen zugesehen und die ihm gar nicht gefallen wolle. Mitunter erhielt auch er ein Billett von ihr; er war sogar ein wenig stolz darauf, zeigte es aber sogleich Charlotte. 1783 kam es dann zu der schon erwähnten Katastrophe. Die Baronin reiste nach Leitzkau (bei Zerbst), um dort ihren Bruder zu besuchen, einen Baron Münchhausen. Von dort gelangte die Todesnachricht nach Weimar. Die Freunde und Freundinnen waren untröstlich. Einigen aber fiel es auf, daß gleichzeitig auch Herr Bergrat von Einsiedel aus Weimar verschwunden war, der angeblich in Afrika Goldminen entdecken wollte. Und wirklich! Die kleine Baronin Werthern hatte statt ihrer Person eine Puppe beerdigen lassen und war mit dem Baron Goldsucher nach Tunis durchgebrannt. Goethe fand den Skandal erheiternd. »Der kleinen Werthern wollt ich auch lieber eine Wohnung bei ihrem Geliebten in Afrika als im Grabe gönnen.« Schlimm war, daß Charlottens Schwägerin sich für die flüchtige Sünderin verbürgt hatte. Aber schließlich wurde alles noch gut: der Goldsucher und die Baronin kehrten zurück, und Amalias Bruder, Baron von Münchhausen in Leitzkau, nahm sie freundlich auf. Goethe berichtete darüber: »Nun ein Wort von der Afrikaners Einsiedel Negociation! Er war bei der Werthern Bruder und hat freundschaftlich mit ihm getrunken. Dieser edle Bruder ist des Morgens düster, Nachmittags betrunken, und das Resultat der Unterhandlungen ist sehr natürlich und sehr sonderbar ausgefallen. Münchhausen erklärt, daß, wenn seine Schwester ordentlich von ihrem Manne geschieden, mit ihrem Liebhaber ordentlich getraut sein werde, er sie für seine Schwester erkennen und bei der Mutter auswirken wolle, daß sie auch als Tochter anerkannt und ihr das Erbteil nicht entwendet werde. Für einen Trunkenen ein sehr nüchterner Vorschlag! Nun aber unsere Flüchtlinge! Wie abscheulich! Zu sterben! Nach Afrika zu gehen, den sonderbarsten Roman zu beginnen, um sich am Ende auf die gemeinste Weise scheiden und kopulieren zu lassen! Ich habe es höchst lustig gefunden. Es läßt sich in dieser Werkeltagswelt nichts Außerordentliches zustande bringen.«

In der Tat kam es so: Aus der geschiedenen Frau Baronin von Werthern wurde ein Frau von Einsiedel; das Paar zog später (1799), als sich die Leute beruhigt hatten, nach Weimar. Die Herzogin-Mutter machte sich ein Vergnügen daraus, die heimgekehrte Abenteuerin mit besonderer Auszeichnung zu behandeln, vielleicht nur um die empörten Damen der hohen Gesellschaft zu ärgern. Herder, Knebel und Wieland folgten ihrem Beispiel, keineswegs aber Frau von Stein, die für derlei Extravaganzen keinen Sinn hatte.

Eher hätte Charlotte von Stein Anlaß gehabt, bei einer anderen Frau eifersüchtig zu werden, die zwar nicht in Weimar lebte, aber Goethes Weg des öfteren kreuzte. Es war jene Halbitalienerin, die Marquise Branconi, die Geliebte des Braunschweiger Herzogs, jene Branconi, deren Schattenriß einst Goethe mit dem Schattenriß Charlottens verglichen hatte. Wie hieß es? »Siegt mit Netzen« und: »Siegt mit Pfeilen«. Nun, wenn sie auch Amors Pfeile abschoß, um sich neue Verehrer zu erobern, keiner konnte die Netze durchdringen, die Charlotte um ihres Dichters Herz geworfen hatte.

Zwar huldigte Goethe immer noch der außergewöhnlichen Schönheit jener Frau. Als er 1779 mit dem Herzog Karl August seine Schweizer Reise machte, traf er sie in Lausanne: »Sie kommt mir so schön und angenehm vor, daß ich mich etligemale in ihrer Gegenwart stille fragte, obs auch wahr sein möchte, daß sie so schön sei. Einen Geist, ein Leben, einen Offenmut, daß man eben nicht weiß, woran man ist.« So hatte damals Goethe an Frau von Stein berichtet. »Am Ende ist von ihr zu sagen, was Ulyß von den Felsen der Scylla erzählt: ›Unverletzt die Flügel streicht kein Vogel vorbei, auch die schnelle Taube nicht, die dem Jovi Ambrosia bringt; er muß sich für jedesmal anderer bedienen‹.«

Ein Jahr darauf traf die Branconi in Weimar ein. Frau von Stein bekam wiederum einen genauen Bericht: »Sie ist immer schön, sehr schön, aber es ist, als wenn Sie, mein Liebstes, entfernt sein müßten, wenn mich ein anderes Wesen rühren soll. Wir sind sehr artig.« Daß ihn die Gegenwart der ›überschönen‹ Frau aber doch ein wenig verwirrte, zeigt die Eintragung in sein Tagebuch am folgenden Tage: »Früh im Stern spazierend überlegt, wo und an welchen Ecken es mir noch fehlt. Über gewisse Dinge mich so klar als möglich gemacht.« Und am übernächsten Tag schrieb er dazu: »Nachklang der Schönen Gegenwart.« Und damit nicht genug, setzte er sich auch gleich hin und schrieb der herrlichen Frau einen Brief: »Nehmen Sie den schönsten Dank für die paar Tage, die sie uns gegönnt waren! Erst jetzt spür ich, daß Sie da waren, wie man erst den Wein spürt, wenn er eine Weile hinunter ist. In Ihrer Gegenwart wünscht man sich reicher an Augen, Ohren und Geist, um nur zu sehen, und glaubwürdig und begreiflich zu finden, daß es dem Himmel nach so vielen verunglückten Versuchen auch einmal gefallen und geglückt hat, etwas Ihresgleichen zu machen.«

Auch in einem Briefe an Lavater klang ebenfalls der Besuch der Branconi noch nach: »Ich habe mich gegen sie so betragen, als ichs gegen eine Fürstin oder eine Heilige tun würde. Und wenn es auch nur Wahn wäre: Ich möchte mir solch ein Bild nicht durch die Gemeinschaft einer flüchtigen Begierde besudeln. Und Gott bewahre uns für einem ernstlichen Band, an dem sie mir die Seele aus den Gliedern winden würde.«

Nach weiteren vier Jahren sah Goethe 1784 im Braunschweigischen abermals die schöne Frau, »auf die du nicht eifersüchtig zu sein brauchst«, wie er Charlotte schrieb. »Ich werde dir viel von der schönen Frau erzählen; sie wußte nicht, woran sie mit mir war, und gern hätt ich ihr gesagt: ich liebe, werde geliebt und habe auch nicht einmal Freundschaft zu vergeben übrig.« Also auch die schöne, vielbewunderte Branconi war ohne Einfluß auf Goethes Herz und konnte nicht mit Frau von Stein konkurrieren.

Die gefährlichste Rivalin allerdings war Charlotte in Weimar selbst erstanden. Gleich 1776 hatte Goethe die berühmte Sängerin und Schauspielerin Corona Schröter aus Leipzig nach Weimar geholt; sie war fünfundzwanzig Jahre alt; und hier war sein Herz wirklich engagiert. Aber hier hatte er auch einen Nebenbuhler: den Herzog selbst, und das verdarb ihm den Geschmack an jedem Abenteuer. Goethe schätzte Corona Schröter, vielleicht liebte er sie. »Die Schröter ist ein Engel; wenn mir doch Gott so ein Weib bescheren wollte, daß ich Euch könnt in Frieden lassen – doch sie sieht dir nicht ähnlich genug.« So hatte Goethe schon 1776 an Charlotte geschrieben. Corona Schröter muß eine herrliche Erscheinung gewesen sein, und auch die Bilder überzeugen uns, daß sie besser als irgendeine andere die Verkörperung der Iphigenie war. Der Herzog war sogleich von ihr entzückt und umwarb sie.

Aber Corona hielt sich reserviert; sie galt nicht nur als durchaus tugendhaft, sondern war es auch. Goethe mochte daran denken, welchen Unannehmlichkeiten und Gefahren sie als Liebchen des Herzogs ausgesetzt sein würde, und so griff er ein und überzeugte seinen Fürsten, es sei nicht ehrenwert, die schöne Schauspielerin in üblen Ruf zu bringen. Es zeigt Goethes großen Einfluß auf den herzoglichen Freund, daß er Gehör fand. Aber noch nach Jahren heißt es im Tagebuch vom 1. April 1780: »kam Crone (Corona Schröter) zu mir und Mine (die ›Anstandsdame‹ der Schauspielerin, die nie allein Besuche bei Herren machte). Las ich ihnen die Schweizer Reise. Kam der Herzog abends und da wir alle nicht mehr verliebt sind und die Lava Oberfläche verkühlt ist, gings recht munter und artig. Nur in den Ritzen darf man noch nicht visitieren, da brennts noch.«

Immerhin hinderte diese ritterliche Beschützerrolle Goethe, nun seinerseits eine Liebelei mit Corona anzufangen. Ob sie gewollt hätte? Es ist anzunehmen. Vieles in den Briefen und Tagebüchern Goethes deutet darauf hin. Schließlich konnte sich Corona Schröter sagen, daß sie des Dichters durchaus wert sei, daß einer ehelichen Verbindung nichts im Wege stand, und gegenüber der verheirateten Frau von Stein brauchte sie keine Hemmungen zu haben.

Aber Frau von Stein ist die Stärkere geblieben. Goethe benutzte Corona Schröter nur dazu, Charlotte gelegentlich eifersüchtig zu machen, und daß es ihm fast immer glückte, ist ein Zeichen für den Argwohn Charlottens. Auch sie mußte sich sagen, daß der Dichter und Corona ein herrliches Paar bildeten, wie denn die ganze Weimarer Hofgesellschaft entzückt war, als man Goethe als Orest neben Corona in der Rolle der Iphigenie auf der Bühne sah!

Von Frau von Stein scheint Corona als wirkliche Gegnerin gefürchtet und – bekämpft worden zu sein. So beschränkte sich Goethe auf dichterische Huldigungen; die schönste ist enthalten in ›Miedings Tod‹:

Ihr Freunde, Platz! Weicht einen kleinen Schritt!
Seht, wer da kommt und festlich näher tritt!
Sie ist es selbst; die Gute fehlt uns nie;
Wir sind erhört, die Musen senden sie.
Ihr kennt sie wohl, sie ists, die stets gefällt;
Als eine Blume zeigt sie sich der Welt:
Zum Muster wuchs das schöne Bild empor,
Vollendet nun, sie ists und stellt es vor.
Es gönnten ihr die Musen jede Gunst,
Und die Natur erschuf in ihr die Kunst.
So häuft sie willig jeden Reiz auf sich,
Und selbst Dein Name ziert, Corona, Dich!
Sie tritt herbei. Seht sie gefällig stehn!
Nur absichtslos, doch wie mit Absicht schön.

Noch einer bedeutsamen Frauengestalt sei in diesem Zusammenhange gedacht: der edlen Gräfin Jeannette Luise Werthern auf Neunheiligen. Sie war eine geborene vom Stein, eine Schwester des großen Staatsmannes. 1773 hatte sie den halbverrückten Grafen Werthern geheiratet, dessen Extravaganzen in Weimar einen steten Stoff der Erheiterung bildeten. Goethe hat diese Dame sehr gepriesen und in seinem ›Wilhelm Meister‹ als Gräfin verewigt. Der Herzog liebte sie, aber sie hatte die Gabe, seine Liebe in der schönsten und geistigsten Atmosphäre auf sich beruhen zu lassen, ohne daß es Karl August allzu wehe tat.

»Der Herzog ist vergnügt, doch macht ihn die Liebe nicht glücklich; sein armer Schatz ist gar zu übel dran, an den leidigsten Narren geschmiedet, krank, und für dies Leben verloren«, schrieb Goethe 1782 an Charlotte. In gewissem Sinn konnte Charlotte die Gräfin als ihr Vorbild betrachten, und Goethe selbst pries ihre Art, den Herzog zu lieben: »Sie liebt den Herzog schöner als er sie, und in diesem Spiegel hab ich mich beschaut und erkannt, daß auch Sie mich schöner lieben als wir gewöhnlich können.« Und ein andermal: »Wie in einer reinen Luft, wie an einem heiteren Tag ist man neben ihr... In ihr ist eine Richtigkeit der Beurteilung, ein unzerstörliches Leben und eine Güte, die mir täglich neue Bewunderung und Freude machen; sie ist dem Herzog sehr nützlich und würde es noch mehr sein, wenn die Knoten in dem Strange seines Wesens nicht eine ruhige gleiche Aufwicklung des Fadens so sehr hinderten.«

Noch viele andere Lobeshymnen hat Goethe auf die Gräfin gesungen: »Dieses kleine Wesen hat mich erleuchtet: diese hat Welt oder vielmehr sie hat die Welt, sie weiß sie zu behandeln... Sicher ihres Wertes, ihres Ranges, handelt sie zugleich mit einer Delikatesse und Aisance, die man sehen muß, um sie zu denken... Was in jeder Kunst das Genie ist, hat sie in der Kunst des Lebens. Sie kennt den größten Teil vom vornehmen, reichen, schönen, verständigen Europa, teils durch sich, teils durch andere; das Leben, Treiben, Verhältnis so vieler Menschen ist ihr gegenwärtig im höchsten Sinne des Wortes, es kleidet sie alles, was sie sich von jedem zueignet, und was sie jedem gibt, tut ihm wohl.«

Aber auch nicht diese Gräfin, sondern Frau von Stein blieb das Ideal des Dichters.

XI

Es ist schwer zu begreifen, wie blind Charlotte von Stein für die Wirklichkeit ihrer Liebe war. Mochten aus Goethes Briefen auch immer wieder die gleichen monotonen Beteuerungen der Leidenschaft, der Treue, der ewigen Anhänglichkeit strömen – vieles verriet doch seine Unzufriedenheit, seine furchtbare Unruhe; mußte die Frau, die ihn liebte, nicht fühlen, daß er unglücklich war?

Seine Liebesbeteuerungen waren nicht gelogen, seine Liebesbriefe aufrichtig; noch lebte seine Leidenschaft unvermindert und unverkürzt. Aber sie beglückte ihn nicht mehr. Später hat er von jenen Jahren geschrieben: »Wie das Leben der letzten Jahre, wollt ich mir eher den Tod gewünscht haben.« Und auch schon damals fanden sich in seinen Briefen an Charlotte Sätze, die Charlotte hätten nachdenklich machen müssen. Schon in einem Briefe aus

Ilmenau vom Juni 1781 hieß es: »Mein Geist wird kleinlich und hat an nichts Lust; einmal gewinnen Sorgen die Oberhand, einmal der Unmut, und ein böser Genius mißbraucht meine Entfernung von Euch, schildert mir die lästigste Seite meines Zustandes und rät mir, mich mit der Flucht zu retten.«

Wie ein Wetterleuchten zuckt dieser erste Gedanke der Flucht auf – fünf Jahre vor der Verwirklichung. Im Jahre 1786 aber schrieb Goethe: »Ich korrigiere an Werther und finde immer, daß der Verfasser übel getan hat, sich nicht nach geendigter Schrift zu erschießen.

Diese Bemerkung ist mehr als ein grimmiger Scherz. Wenn ein 37jähriger Mann wie Goethe so etwas sagte, mußte er unglücklich sein. Denn Goethe bejahte das Leben und war kein Hypochonder; er hatte auch keinen Anlaß, sich melancholisch zu geben, um zu imponieren, oder zu erschrecken, um interessant zu erscheinen. Hier wurde es Ernst.

Es ist tief bedauerlich, daß Charlottens Briefe vernichtet sind. Denn so können wir kein letztes Urteil fällen: Aber alle Wahrscheinlichkeit spricht für ihre Ahnungslosigkeit. War sie nicht viel zu egozentrisch, bezog sie nicht alles viel zu sehr auf ihr eigenes Ich, als daß sie sich in die seelische Not des Freundes hätte einfühlen können? Erkannte sie das Unglück anderer Menschen überhaupt an? In ihren Äußerungen kehrt immer nur ihr eigenes Unglück und ihr eigenes Ungemach wieder. So überraschte sie Goethes Flucht wie eine Katastrophe. Daran war freilich auch er selbst schuld. Er erzählte nie im voraus seine Pläne. Er hatte nichts erzählt von seiner Harzreise, nichts von seiner Schweizer Reise. Er war in dieser Beziehung abergläubisch, da er meinte, es würde aus einer Reise nichts werden, wenn man vorher davon spräche. So verschwieg er auch Charlotte und allen Freunden sein Vorhaben. In diesem Fall mag auch die Besorgnis dazugekommen sein, die Freundin zu verletzen, vielleicht auch die Furcht, durch ihre Bitten zum Bleiben überredet zu werden.

Und er durfte nicht bleiben, er mußte fort. Mit untrüglichem Instinkt erkannte er, daß die einzige Rettung die Flucht sei. Der Ausdruck Flucht stammt übrigens von ihm selbst. Er nannte die italienische Reise ja auch seine Hedschra, in Anspielung an die Flucht Mohammeds von Mekka nach Medina. Den Zweck der Flucht hat er in einem Brief an seinen Herzog schonungslos ausgesprochen: um sich ›von den physisch-moralischen Übeln‹, die ihn gequält hätten, zu heilen.

Es wäre gewiß unrecht und Unsinn, sich Frau von Stein wie eine Art Vamp vorzustellen, die ihrem Dichter das Blut aus der Seele gesaugt und sein Leben leer und hohl gemacht hätte. Aber war der Stern ihrer Liebe der Stern seiner elf Weimarer Jahre, so war es für den Menschen Goethe und auch für den Dichter Goethe kein durchaus glücklicher Stern. Trotz seiner Beteuerung, daß er nur ihr und immer nur ihr alles schulde, haben wir mitunter den Eindruck, als verhalte es sich umgekehrt. Goethe selbst hat in seinen Briefen an Charlotte unzählige Male dankbar anerkannt, was sie an ihm getan habe. »Ihre Liebe macht ein schönes Klima um mich, und ich bin auf dem Wege, mich durch sie von manchem Überrest der Sünden und Mängel zu kurieren.« Und ein andermal hat er den Einfluß Charlottens auf sein Innenleben in aller Ausführlichkeit in Gleichnissen beschrieben: »Gestern auf dem langen Wege dacht ich unsrer Geschichte nach: sie ist sonderbar genug. Ich habe mein Herz einem Raubschlosse verglichen, das Sie nun in Besitz genommen haben; das Gesindel ist draus vertrieben, nun halten Sie es auch der Wache wert; nur durch Eifersucht auf den Besitz erhält man die Besitztümer. Machen Sies gut mit mir und schaffen Sie gottselig den Grimmenstein in Friedenstein um! Sie haben es weder durch Gewalt noch List; mit dem freiwillig sich Übergebenden muß man aufs edelste handeln und sein Zutrauen belohnen. – Da ich der ewige Gleichnismacher bin, erzählt ich mir auch gestern, Sie seien mir, was eine kaiserliche Kommission den Reichsfürsten ist. Sie lehren mein überall verschuldetes Herz haushältischer werden und in einer reinen Einnahme und Ausgabe sein Glück finden. Nur, meine Beste, unterscheiden Sie sich von allen Debitkommissarien, daß Sie mir eine reichlichere Kompetenz geben, als ich vorher im Vermögen gehabt. Setzen Sie Ihr gutes Werk fort und lassen Sie mich jedes Band der Liebe, Freundschaft, Notwendigkeit, Leidenschaft und Gewohnheit (mich) täglich fester an sie binden!«

Dies hatte sie in der Folgezeit (der Brief stammt von 1781) denn auch getan: ihn immer fester und fester an sich gebunden. Sie hatte ihn zum Weltmann in des Wortes schönster Bedeutung erzogen, ihn zu neuer Lebensform angeeifert und seinem Dichten einen Inhalt gegeben. Sicherlich betrachtete sie ihr Werk als vollendet. Nun sollte er so bleiben: ihr Dichter, ihr Liebender. Konnte Goethe aber stehenbleiben? Er wäre versteint! Er hatte in Weimar nichts mehr zu lernen. Plumper könnte man sagen: Charlottens Mission an dem Dichter war erfüllt.

Es liegt an Charlottens kühler, egoistischer Natur, wenn man ihre Liebe überhaupt so zweckbestimmt als Mission oder als Aufgabe betrachten kann. Goethe selbst, der große Liebende, hat es sicherlich nicht so betrachtet. Aber er mußte fühlen, daß seine Leidenschaft immer unfruchtbarer wurde, daß keine Befriedigung und keine Beseligung in ihr war. Was hatte er schießlich in jenen elf Jahren, von seinem 26. bis zu seinem 37. Lebensjahre vollendet? Nichts, außer einigen Gedichten. Er hatte viel angefangen und viel fortgeführt; aber vollendet so gut wie nichts! ›Tasso‹ war begonnen, ebenso ›Iphigenie‹; ›Faust‹ und ›Wilhelm Meister‹ wurden weitergeführt, aber alles stockte, wie ›Egmont‹. »Ich darf mich nicht säumen, ich bin schon weit in den Jahren, und vielleicht bricht mich das Schicksal in der Mitte, und der Babylonische Turm bleibt stumpf unvollendet«, schreibt er angstvoll an einen Freund. Die zeitgenössische Kritik bestätigte ihm das; wenn er auch allen Rezensenten feindlich gesinnt war, so mußte ihr Urteil ihn doch verstimmen, weil es richtig war. 1782 schrieb ein Berliner Kritiker: »Er ist der Lieblingsschriftsteller unserer Nation. Was von ihm kam, ward nicht gelesen, sondern verschlungen. Jetzt hat es sich ein wenig gelegt. Man spricht schon von ihm wie von anderen wackeren Männern.« Und in seinem Alter wird er selbst gestehen: »Daß ich in den ersten zehn Jahren meines Weimarer Lebens so gut wie nichts gemacht, daß die Verzweiflung mich nach Italien trieb.«

Natürlich war daran nicht eigentlich Charlotte schuld. Alles war schuld. Weimar, der Dienst, die Enge der Kleinstadt. Und die Leidenschaft zu Charlotte war nicht wie ehedem der Genius, der ihn auf Engelsschwingen über alles erhob; diese Liebe war eine dämonische Gewalt geworden, die ihn fesselte, ohne zu befriedigen, die ihn quälte, ohne zu beglücken; es war, wie er geschrieben hatte, die Krankheit, von der er nicht genesen wollte.

Es war Charlottens Tragik, daß sie nichts dagegen tat. Eine selbstlos Liebende hätte ihm geholfen, hätte einmal nicht an sich gedacht, hätte geahnt, erspürt, wie es um ihn stand. Sie erriet nichts, sie half nicht, sie verlangte nur immer, daß er für sie da sei. Sie erkannte nichts neben sich an. Völlig von sich überzeugt (woran des Dichters Vergötterung nicht unschuldig war), beanspruchte sie ihn ganz.

> Den einzigen, Lida, welchen du lieben kannst,
> forderst du ganz für dich und mit Recht.

Goethe begann allmählich an den beiden letzten Worten zu zweifeln. Er war zu feige, es ihr zu sagen. Er floh.

Wann Goethe den Entschluß zu der Italienfahrt faßte, läßt sich nicht mehr genau sagen. Es scheint auch gar nicht bei ihm festgestanden zu haben, daß es nur eine Reise sein würde; vielmehr deutet mehreres auf einen endgültigen Abschied von Weimar hin. Sicherlich hat er mit dem Gedanken gespielt, Weimar ganz aufzugeben und irgendwo anders in der Welt sein Glück zu suchen.

Seine Vermögensverhältnisse waren gut; das väterliche Vermögen und sein schriftstellerisches Einkommen machten ihn zur Not unabhängig. Die politischen Pläne des Weimarer Herzogs paßten ihm längst nicht mehr; er hielt nichts von dem Bestreben Karl Augusts, im Gefolge Preußens einen deutschen Fürstenbund zustande zu bringen. Es mag sogar zu Differenzen gekommen sein, ohne daß freilich die freundschaftlichen Beziehungen gelitten hatten.

Und Frau von Stein? Goethe wußte selbst nicht, wie alles werden würde. Vielleicht hoffte er, durch die Abwesenheit seiner Liebe einen neuen Sinn zu geben, vielleicht hoffte er sogar, Frau von Stein würde die Entfernung von ihm dazu benutzen, sich von ihrer Familie frei zu machen und ihr Leben auch äußerlich mit dem seinen zu verbinden.

Den ersten Teil des Jahres 1786 widmete Goethe, von Herder freundschaftlichst unterstützt, der Durchsicht seiner Manuskripte, um eine Gesamtausgabe seiner Werke bei Göschen zu veranstalten; sicherlich spielte dabei auch der Wunsch mit, seinen finanziellen Verhältnissen eine neue Grundlage zu geben.

Die Liebenden verabredeten, 1786 gemeinsam nach Karlsbad zur Kur zu gehen. Der Plan stieß auf Schwierigkeiten. Die Herzogin stand vor einer Entbindung, und Goethe hatte das abzuwarten. Frau von Stein ließ sich aber nicht von ihrem Freunde bewegen, mit ihm in Weimar zu bleiben; sie machte ihm eine Szene, als er sie darum bat. Goethe ergab sich ein letztes Mal ihrem Willen: »Tu, meine Liebe, was und wie dirs recht ist, und es soll mir auch so sein! Behalte mich lieb und laß uns ein Gut, das wir nie wiederfinden werden, wenigstens bewahren, wenn auch Augenblicke sind, wo wir dessen nicht genießen können!« So reiste sie am 2. Juli 1786 allein nach Karlsbad, obwohl ihr zweiter Sohn, Ernst, todkrank war und zu einem Bekannten in Pflege gegeben werden mußte. Goethe folgte erst am 24. Juli und kam am 27. in Karlsbad an. Unter den Badegästen waren viele Weimarer: der Herzog, Herder mit Frau und viele andere. Auch Charlottens Schwester Luise von Imhoff kam mit ihrem Gatten. Frau von Stein verließ Karlsbad wieder am 14. August, um sich nach Kochberg zu begeben. Goethe begleitete die Geliebte eine Strecke, bis Schneeberg in Sachsen, wo er sich das Silberbergwerk ansehen wollte. Hier verabschiedete er sich von Charlotte.

Als Charlotte in Kochberg war, bekam sie einige Briefe von Goethe: Einer war noch von Schneeberg abgeschickt: »Ich muß für meine Geliebte einen Brief in Schneeberg lassen; denn sie wird ihn früher erhalten, als wenn ich von Karlsbad schriebe. Hier habe ich viel Interessantes gesehen, nur zu viel für die zwei Tage, und doch mag und will ich nicht länger, ich will von meinem Vorsatze nicht abgeleitet sein.«

Von seinem Vorsatz? Ahnte Frau von Stein immer noch nichts? Goethes Brief fuhr fort: »Heute früh ließ ich beim Einfahren in die Grube deinen Ring vom Finger; es fehlte mir immer etwas. So ist mirs auch, da mir deine Gesellschaft fehlt und ich dir immer etwas zu sagen habe. Du bis nun zuhause, und es regnet wie ausgießend. Wenn die Geister nicht besondere Anstalten machen, kann ich morgen den Felsen von Neudeck nicht zeichnen, worüber ich in sehr üblen Humor geraten werde. – Nun lebe wohl und liebe mich! Eh ich von Karlsbad gehe, schreibe ich dir. Ich bin dir herzlich nah. Du solltest immer mit mir sein; wir wollten gut leben.« Auch der letzte Satz mußte Frau von Stein stutzig machen: es war zweifellos eine Anspielung. Ein schmerzliches Erinnern an sein Entbehren: Warum waren sie nicht ganz vereint!

Einer der nächsten Tage brachte einen neuen Brief. Darin stand wieder eine merkwürdige Wendung: »Du erhältst noch bald Briefe von mir.« War das nicht selbstverständlich? Noch folgte tatsächlich Brief auf Brief. Aber die rätselhaften Andeutungen häuften sich: »Auf alle Fälle muß ich noch eine Woche bleiben; dann wird aber auch alles so sanfte endigen und die Früchte reif abfallen. – Und dann werde ich in der freien Welt mit dir leben und in glücklicher Einsamkeit, ohne Namen und Stand, der Erde näher kommen, aus der wir genommen sind. –

Lebe wohl! Freitags hoff ich einen Brief von dir. Grüße Fritzen und Stein, Ernst und die Imhoff! Ich habe dich herzlich lieb, und das Leben wird mir erst wert durch dich.« – »Mir wird recht wohl sein, wenn ich im Wagen sitze. Wann werde ich nun wieder von dir hören?«

Und dann kam die Mitteilung – immer noch, nach seiner Manier, geheimnisvoll und unvollständig, aber schon als endgültige Tatsache. »Nun noch ein Lebewohl von Karlsbad aus.« Es folgten die Liebesbeteuerungen, etwas gepreßt und wie verlegen: »Ich habe bisher im Stillen so mancherlei getragen und nichts so sehnlich gewünscht, als daß unser Verhältnis sich so herstellen möge, daß keine Gewalt ihm etwas anhaben könne. Sonst mag ich nicht in deiner Nähe wohnen, und ich will lieber in der Einsamkeit der Welt bleiben, in die ich jetzt hinausgehe. Wenn meine Rechnung nicht trügt, kannst du Ende September ein Röllchen Zeichnungen von mir haben, die du aber niemanden auf der Welt zeigen mußt. Du sollst alsdann erfahren, wohin du mir schreiben kannst.« – Das letzte Wort aus Karlsbad und damit das letzte Wort, das Frau von Stein für lange Zeit vom Dichter erhielt, lautete: »Endlich, endlich bin ich fertig und doch nicht fertig. Denn eigentlich hätte ich noch acht Tage hier zu tun. Aber ich will fort und sage auch dir noch einmal adieu! Lebe wohl, du süßes Herz! Ich bin dein.« – – –

Dieser Brief war am 2. September 1786 geschrieben, nunmehr hörte Frau von Stein nichts mehr von Goethe. Kein Mensch wußte, wo er war. Die Weimarer Freunde wandten sich an Frau von Stein. Sie, die innigste und vertrauteste Freundin Goethes, sie mußte ja wissen, wo er steckte. Man war neugierig. Frau von Stein mußte zu ihrer Beschämung gestehen, daß sie es auch nicht wußte. Diese Beschämung hat sie Goethe nie verziehen.

Charlotte blieb vorerst in Kochberg, machte Ausflüge nach Rudolstadt zu den Lengefelds (Lotte von Lengefeld heiratete später Schiller) und nach Jena. Inzwischen lag ihr Sohn Ernst todkrank in Weimar. Ihr Gatte war ebenfalls auf Reisen, und ihr ältester Sohn trat eben in Schwerin eine neue Stellung am Hofe von Mecklenburg an. Nur ihr Liebling Fritz besuchte sie in Kochberg gelegentlich.

Der September verging, und es kam immer noch keine Nachricht von Goethe. Die Wirkung auf Charlotte war furchtbar. Ihre Selbstliebe war aufs tiefste verletzt, denn Goethe hatte ja die Pflicht auf sich genommen, ihr alles zu sagen, wie er es immer getan hatte. Nun kam zu dieser verletzten Eitelkeit allmählich doch der schwermütige Gedanke – zuerst eine Sorge, dann ein Verdacht, und schließlich schien es ihr Gewißheit zu sein: Goethe ist ganz fort, er verließ sie, er kommt nie wieder.

Es hat sich im Nachlaß Frau von Steins ein Lied gefunden, dessen Überschrift folgendermaßen lautet: ›In Kochberg im September 1786 zu einer Melodie eines Volksliedes, das die Kantern (die Witwe des Kantors) auf der Zither spielt.‹

Das Lied, das sie wahrscheinlich selbst zur Gitarre sich sang, lautet:

Ihr Gedanken fliehet mich,
Wie mein Freund von mir entwich!
Ihr erinnert mich der Stunden
Mit ihm liebevoll verschwunden.
O, wie bin ich nun allein!
Ewig werd ich einsam sein.

Wenn mein Aug die Träne quillt,
Und der Schmerz das Herz aufschwillt,
Wenn es dich den Lüften nennet,
Aus der Brust der Atem brennet,
Bleibt doch alles um mich leer,
Keine Antwort wird mir mehr.

Ach, ich möchte fort und fort
Eilen und weiß keinen Ort,
Weiß mein Herz an nichts zu binden,
Weiß nichts Gutes mehr zu finden:
Alles, alles floh mit dir,
Ich allein verarmt in mir.

Was mir seine Liebe gab,
Hüll ich wie ins tiefste Grab.
Ach, es sind Erinn'rungsleiden
Süßer, abgeschiedner Freuden,
Was mich sonst so oft entzückt
Und ich an mein Herz gedrückt.

Schutzgeist! hüll mir auch noch ein
Seines Bildes letzten Schein,
Wie er mir sein Herz verschlossen,
Das er sonst so gern ergossen,
Wie er sich von meiner Hand
Stumm und kalt fast weggewandt.

Über den unbeholfenen Versen, die Charlottens geringen Sinn für dichterische Form erkennen lassen, kann man die Traurigkeit nicht vergesssen, die aus dem Inhalte spricht. »Alles floh mit dir! Ich allein verarmt in mir.« Es ist die leidenschaftlichste Beteuerung der Liebe, die wir von Charlotte von Stein kennen: »Ewig werd ich einsam sein.«

Und in jenen Wochen nahm sie auch Goethes Gedicht ›An den Mond‹ vor, dessen erste Fassung ihr ja gewidmet war, und dichtete es um. Es hieß bei ihr:

Füllest wieder Busch und Tal
Still mit Nebelglanz,
Lösest endlich auch einmal
Meine Seele ganz.

Breitest über mein Gefild
Lindernd deinen Blick,
Da des Freundes Auge mild
Nie mehr kehrt zurück.

Lösch das Bild von meinem Herz
Vom geschied'nen Freund,
Dem unausgesprochner Schmerz
Stille Träne weint.

Mischet Euch in diesen Fluß!
Nimmer werd ich froh.
So verrauschte Scherz und Kuß,
Und die Treue so.

Jeden Nachklang in der Brust
Froh und trüber Zeit,
Wandle ich nun unbewußt
In der Einsamkeit.

Selig, wer sich vor der Welt
Ohne Haß verschließt,
Seine Seele rein erhält,
Ahndungsvoll genießt,

Was, den Menschen unbekannt
Oder wohl veracht,
In dem himmlischen Gewand
Glänzet bei der Nacht.

Charlotte ging im Herbst wieder nach Weimar, wo ebenfalls niemand eine Ahnung von Goethes Aufenthalt hatte. Einer allerdings wußte alles ziemlich genau, aber der schwieg: Es war Goethes Diener und Sekretär Philipp Seidel. Ihm war von Goethe eingeschärft, nichts zu verraten, sondern alles nur zu bestellen, was er an Post von Goethe erhielt. Das Unglück wollte es, daß Seidel in Goethes Briefen einiges mißverstand und die Sachen an Frau von Stein nicht richtig bestellte – oder tat er es vielleicht absichtlich? Er konnte, wie es scheint, Frau von Stein nicht besonders gut leiden! Jedenfalls verging auch der Oktober und der halbe November, ohne daß Frau von Stein etwas von Goethe hörte.

Endlich, Ende November, kam Post. Es war zu spät. Charlottens Herz war verhärtet; sie vergab nicht mehr.

In gewissem Sinn sind die Postverhältnisse jener Zeit an dem Bruch zwischen Frau von Stein und Geothe schuld. Die Briefe von Italien nach Weimar brauchten zwei oder drei Wochen. Goethes Post war nicht rechtzeitig angekommen, und als sie ankam, bestellte sie Philipp Seidel, der Diener, nicht richtig. Charlotte war der Ansicht, der Dichter habe sie treulos verlassen. Als sie endlich von ihm hörte und eine Gelegenheit hatte, ihm zu schreiben, wurde es ein böser Brief, der eigentlich nichts weiter enthielt als die Mitteilung, sie wolle mit ihm nichts weiter zu tun haben und er müsse ihr die Briefe zurückgeben, die sie ihm im Laufe der Jahre geschrieben.

Goethe erschrak. Er liebte sie, er bangte vor ihrem Verlust, vielleicht fürchtete er schon ihren Haß.

»So weit war ich am 9. Dezember, als ich einen Brief von Seideln erhalte und ein Zettelchen drinne von deiner Hand. Das war also alles, was du einem Freunde, einem Geliebten zu sagen hattest, der sich so lange nach einem guten Worte von dir sehnt, der keinen Tag, ja, keine Stunde gelebt hat, seit er dich verließ, ohne an dich zu denken! Möge doch bald mein Paket, das ich von Venedig abschickte, ankommen und dir ein Zeugnis geben, wie sehr ich dich liebe! Heut Abend kann ich nichts mehr sagen, dieses Blatt muß fort. – Die Kasten auf dem Archive gehören dein. Liebst du mich noch ein wenig, so eröffne sie nicht eher, als bis du Nachricht von meinem Tode hast! Solang ich lebe, laß mir die Hoffnung, sie in deiner Gegenwart zu eröffnen. Von hier habe ich an dich geschrieben, den 11. November, den 18. November, den 25., den 2. Dezember. Möge alles glücklich angekommen sein. Ich sage dir nicht, wie dein Blättchen mein Herz zerrissen hat. Lebe wohl, du einziges Wesen, und verhärte dein Herz nicht gegen mich!«

Als am 20. Dezember, wenige Tage vor Weihnachten 1786, noch immer keine weitere Nachricht von ihr angekommen war, schreibt er: »Noch ist kein Brief von dir angekommen, und es wird mir immer wahrscheinlicher, daß du vorsätzlich schweigst; ich will auch das tragen und will denken: Hab ich doch das Beispiel gegeben, hab ich sie doch Schweigen gelehrt. Es ist das erste nicht, was ich zu meinem Schaden lehre. – Heute Nacht hatt ich halb angenehme, halb ängstliche Träume. Ich war in eurer Gegend und suchte dich. Du flohst mich, und dann wieder, wenn ich dir begegnen konnte, wich ich dir aus. Deine Schwester und die kleine Schardt fand ich beisammen. Letztere versteckte etwas vor mir, wie ein farbiges Strickzeug. Sie erzählten mir, du läsest jetzt mit vieler

Freude die englischen Dichter, und ich sah zugleich zum Fenster hinaus einen anmutigen, grünen Berg mit Lorbeerhecken und Schneckengängen, die hinaufführten. Man sagte mir, es sei der englische Parnaß. Ich dachte, darüber wird sie mich leicht vergessen, und schalt auf die englischen Dichter und verkleinerte sie. Dann sucht ich dich in meinem Garten, und als ich dich nicht fand, ging ich auf die Belvederische Chaussee, wo ich ein Stück Weg hatte machen lassen, das mich sehr freute. Wie ich dabei stand, kamen Oppels gefahren, die mich freundlich grüßten, welches mir eine sehr frohe Empfindung war. – So bleibt der Entfernte mit den zartesten Banden an die Seinigen gefesselt.«

Inzwischen hatte Charlotte von Stein mehr von Goethe gehört. Anfang Dezember kam vom Herzog, der sich damals in Berlin aufhielt (er wollte preußischer Generalmajor werden), ein Brief an Frau von Stein, der in einem Paket Goethes an den Herzog beigeschlossen war. Dabei befand sich auch ein Schreiben des Freundes an seinen Schützling Fritz, der bei der Abreise Goethes noch in dessen Hause wohnte; Charlotte konnte daraus ersehen, wie sehr der Dichter an sie dachte und sich um sie und ihre Familie sorgte. Aber sie hatte sich zu sehr geärgert, als daß sie mit einem Male versöhnt war. Ihren Fritz hatte sie wieder zu sich genommen. Immerhin sah sie ein, daß ihr schroffer Brief sie ins Unrecht setzte, und so schrieb sie etwas milder einen andern, in dem sie Goethe seinen Weggang ohne Abschied vorwarf, ihm von ihren Krankheiten und Leiden erzählte, an denen er schuld sei, und ihm ihr zerrissenes Herz offenbarte.

Diesen Brief bekam Goethe in Rom einen Tag vor dem heiligen Abend 1786. Er antwortete sogleich: »Laß mich dir nur noch für deinen Brief danken! Laß mich einen Augenblick vergessen, was er Schmerzliches enthält! Meine Liebe! Meine Liebe! Ich bitte dich nur fußfällig, flehentlich, erleichtere mir meine Rückkehr zu dir, daß ich nicht in der weiten Welt verbannt bleibe! Verzeih mir großmütig, was ich gegen dich gefehlt, und richte mich auf! Sage mir oft und viel, wie du lebst, daß du wohl bist, daß du mich liebst! In meinem nächsten Briefe will ich dir meinen Reiseplan schreiben, was ich mir vorgenommen habe und wozu der Himmel sein Gedeihen gebe. Nur bitt ich dich: sieh mich nicht von dir geschieden an! Nichts in der Welt kann mir ersetzen, was ich an dir, was ich an meinen Verhältnissen dort verlöre. Möge ich doch Kraft, alles Widrige männlicher zu tragen, mitbringen! Eröffne die Kasten nicht, ich bitte dich, und sei ohne Sorgen! Grüße Stein und Ernst! Fritzen danke für seinen Brief! Er soll mir oft schreiben! Ich habe schon für ihn zu sammeln angefangen. Er soll haben, was er verlangt, und mehr, als er verlangt. Daß du krank, durch meine Schuld krank warst, engt mir das Herz so zusammen, daß ich dirs nicht ausdrücke. Verzeih mir! Ich kämpfte selbst mit Tod und Leben,und keine Zunge spricht aus, was in mir vorging. Dieser Sturz hat mich zu mir selbst gebracht. Meine Liebe! Meine Liebe!«

Er bereute jetzt auch, daß er alles schweigend getan hatte: »Daß Fritz nicht mehr in meinem Hause ist, betrübt mich. Ich glaubte, es recht gut gemacht zu haben. Ich hatte ihn in meiner Stube installiert und Seideln bei ihm zu schlafen bestellt. – Es sei das letzte Mal, wills Gott, daß ich stumm ein solch Unternehmen ausführe! Möge mir doch ein guter Genius immer die Lippe offenhalten!«

Doch war Charlotte inzwischen schon wieder milder gestimmt. Denn nun war sie im Besitz der vielen Briefe und Tagebuchblätter, die Goethe ihr geschickt und anvertraut hatte und die nur durch Versehen sie nicht rechtzeitig erreicht hatten. Und wieder las sie wie in alter Zeit seine Liebesbeteuerungen und Huldigungen. Schon kurz nach seiner Ankunft in Italien, aus Verona, hatte er ihr geschrieben: »Ich wünschte nur das Gute, was ich genieße, mit dir zu teilen, ein Wunsch, der mich oft mit Sehnsucht überfällt.« – Und aus dem gleichen Brief, er war vom 18. September datiert, der Zeit, da sie das traurige Gedicht schrieb, erfuhr sie, daß er sich mit der

Absicht getragen hatte, ihren Fritz auf die Reise mitzunehmen. »Grüße mir Fritzen. Es betrübt mich oft, daß er nicht mit mir ist. Hätt ich gewußt, was ich jetzt weiß, ich hätt ihn doch mitgenommen.« In anderen Briefen las sie die Erinnerung an gemeinsames Erleben: »Wieder in einer Höhle sitzend, die vor einem Jahre vom Erdbeben gelitten, wende ich mein Gebet zu dir, mein lieber Schutzgeist! Wie verwöhnt ich bin, fühle ich erst jetzt. Zehn Jahre mit dir zu leben, von dir geliebt zu sein, und nun – in einer fremden Welt! Ich sagte mirs voraus, und nur die höchste Notwendigkeit konnte mich zwingen, den Entschluß zu fassen. Laß uns keinen anderen Gedanken haben, als unser Leben miteinander zu endigen!«

Und doch grollte sie noch. In einem Briefe, den sie Weihnacht 1786 an Schillers künftige Braut, Lotte von Lengefeld, schrieb, heißt es: »Aus Rom habe ich viele hübsche Briefe von Goethe, die ich Ihnen, wenn Sie zu uns kommen, will zu lesen geben. Daß er wieder zu uns zurück will, ist gewiß sein Vorsatz, aber der Himmel beschließt manchmal anders, als wir gebundenen Sterblichen wollen. Ein bißchen unartig hat er seine Freunde verlassen.« Und obwohl sie nun wieder freundliche Briefe an ihren Freund schrieb, blieb doch viel Bitterkeit zurück. Der Bruch war da. Sie konnte nicht vergessen. In späteren Jahren sagte Frau von Stein einmal selbst von sich: »Ich habe keine glückliche Natur, bei mir vernarbt keine Wunde.«

XII

Von Goethe kam ein Paket: ›Iphigenie‹. Wir schilderten schon Charlottens Mißbehagen und Enttäuschung. Aber sie hatte insofern eine Genugtuung, als es auch anderen nicht mehr gefiel. Schiller schrieb in Göschens ›Übersicht der neuesten schönen Literatur der Deutschen‹ eine Rezension, in der er zwar ›Iphigenie‹ ein ›Elysiumsstück‹ nannte und Goethe das ›Genie eines Dichters‹; aber zugleich tadelte er den »Geist der Sentenzen, eine Überladung des Dialogs mit Epitheten, eine oft mit Fleiß schwerfällig gestellte Wortfolge und dergleichen mehr«.

Aber ungleich schlimmer war die Wirkung des ›Egmont‹, den Goethe ebenfalls in Italien vollendet hatte und nun nach Weimar sandte. Selbst der Herzog war nicht entzückt. Er schrieb Goethe nach Rom seine Einwendungen; Goethe erwiderte: »Ihr Brief, mein bester Fürst und Herr, in welchem Sie mir Ihre Gedanken über ›Egmont‹ eröffnen, hat das Verlangen nur vermehrt, mich mit Ihnen über solche und andere Gegenstände mündlich zu unterhalten. Bemerkungen wie die, welche Sie mir schreiben, sind zwar für den Autor nicht sehr tröstlich, bleiben aber doch dem Menschen äußerst wichtig. Einiges, was Ihnen nicht behagte, liegt in der Form und Konstitution des Stückes und war nicht zu ändern, ohne es aufzuheben. Gewiß konnte auch kein gefährlicherer Leser für das Stück sein als Sie. Wer auf dem Punkt der Existenz steht, um welchen der Dichter sich spielend dreht, den können die Gaukeleien der Poesie, welche aus dem Gebiet der Wahrheit ins Gebiet der Lüge schwankt, weder genug freuen, noch können sie ihn ergötzen.«

Wieder rezensierte Schiller Goethes Drama, diesmal sehr zur Unzufriedenheit des Autors. Die Erscheinung Klärchens am Schluß des Dramas nannte Schiller etwas lieblos einen ›Saltomortale in die Opernwelt‹. Im übrigen war aber Schiller gerade mit der Figur Klärchens zufrieden, die sonst so viel Anstoß erregte. Denn Schiller schrieb: »Sie ist unnachahmlich schön gezeichnet. Auch im höchsten Adel ihrer Unschuld noch das gemeine Bürgermädchen, durch nichts veredelt als durch ihre Liebe, reizend im Zustand der Ruhe, hinreißend und herrlich im Zustand des Affekts.« Frau von Stein aber nahm an Klärchen höchstes Ärgernis. Ihr feinfühliger Egoismus spürte die Gefahr. Hier trat zum ersten Mal in einem Werk ihres Dichterfreundes eine hervorragende Frauenfigur auf, die nicht mehr sie war, die im Gegenteil bis in die kleinsten Züge ihre Gegenspielerin sein mußte. Für sie war Klärchen eine Dirnennatur. Aber mit welcher Liebe, wie hinreißend und herrlich, um mit Schiller zu sprechen, war sie gezeichnet, im ›höchsten Adel ihrer Unschuld‹. Diesen natürlichen ›Adel‹ spielte also der Dichter gegen ihren Geistesadel aus.

Goethe blieb darauf die Antwort nicht schuldig: »Was du von Klärchen sagst, verstehe ich nicht ganz. Ich sehe wohl, daß dir eine Nüance zwischen der Dirne und der Göttin zu fehlen scheint.« Noch von Italien hat er eine Art Rechtfertigungsschreiben an seine Weimarer Freunde und Freundinnen gesandt, und er nahm die Sache so wichtig, daß er dieses Schreiben in die ›Italienische Reise‹ aufnahm. Er wählte ausgezeichnete Argumente, und er legte sie einer ausgezeichneten und berühmten Frau in den Mund, der Malerin Angelica Kauffmann. Wenn Frau von Stein diesen Brief erhielt, so mußte sie es wie einen Nadelstich empfinden, daß die kluge Angelica gegen sie, die sich doch unangreifbar in Goethes Gunst gedünkt hatte, ausgespielt wurde: »Möchtest du doch gegenwärtig gewesen sein, wie weiblich zart sie alles auseinanderlegte und es darauf hinausging: daß das, was ihr noch mündlich von dem Helden erklärt wünschtet, in der Erscheinung implicite enthalten sei. Angelica sagte: da die Erscheinung nur vorstelle, was in dem Gemüte des schlafenden Helden vorgehe, so könne er mit keinen Worten stärker ausdrücken, wie sehr er sie liebe und schätze, als es dieser Traum tue, der das liebenswürdige Geschöpf nicht zu ihm herauf, sondern über ihn hinauf hebe. Ja, es wolle ihr wohl gefallen, daß der, welcher durch sein ganzes Leben gleichsam wachend geträumt, Leben und Liebe mehr als geschätzt oder vielmehr nur durch den Genuß geschätzt, daß dieser zuletzt noch gleichsam träumend wache und uns still gesagt werde, wie tief die Geliebte in seinem Herzen wohne und welche vornehme und hohe Stelle sie darin einnehme.«

Aber diese Rechtfertigung ging am Kern der Sache vobei, wenigstens was Frau von Steins Argumente betraf. Der selbstsichere Egmont schmachtet nicht mehr wie Tasso eine hohe, hehre Frau von höchstem Geburts- und

Geistesadel an; er hat ein Liebchen, keine edle Frau, ein Mädchen aus dem Volke, das ihm alles gibt, das sich ihm rückhaltlos anvertraut und das ganz und gar sein Mädchentum in seine Existenz wirft. Sie fragt nicht im geringsten danach, was die Leute, ja was die eigene Mutter dazu sagen würde, sie denkt an keine Zukunft, sie denkt überhaupt an nichts als an die Liebe und den Geliebten. Charlotte hatte den Dichter um alles betrogen, was Klärchen ihrem Egmont gab; sie hatte ihn aufs äußerste aufgestachelt, ihn gequält und sich dann immer wieder versagt. Und voller Befriedigung hatte sie dann sehen können, wie der Dichter ihr zu Füßen sank, ohne wie sein Tasso schließlich die Grenzen zu verletzen, die ihr Wille, ihre Wohlanständigkeit, ihr Egoismus ihm zogen. Aber hatte sie ihn nicht auch dafür belohnt, indem sie ihn läuterte, von den Schlacken der Niedrigkeit befreite und ihn aus der Sphäre des Gemeinen, in der er bei seiner Ankunft in Weimar gefangen war, emporhob in die durchgeistigte und edle Höhenluft der ›reinen Liebe‹? Doch nun? Was war geschehen? Charlotte wußte am besten, daß alle Dichtungen Goethes Selbstbekenntnisse waren, daß hinter seinen Figuren reale Vorbilder und reale Gefühle standen. Wo kam das Klärchen her? Hatte er in Italien sein Klärchen gefunden? Dieses gemeine Mädchen aus dem niederen Volk, eine Dirne, wie sich Charlotte und die anderen Hofdamen ausdrückten – das also war Goethes neues Frauenideal! Ein verworfenes Geschöpf, aus Sinnlichkeit erdacht und in einem Schleier von Unschuld verherrlicht! Also ein Klärchen sollte erben, was Leonore besessen! Und dennoch war es nur zu wahr, was Klärchen im ›Egmont‹ ihrer Mutter antworten durfte: »Verworfen? Egmonts Geliebte verworfen? – Welche Fürstin neidete nicht das arme Klärchen um den Platz an seinem Herzen.«

Goethe hatte in Italien trotz mancher Liebelei kein Klärchen gefunden. Er hatte freilich andere Lebensverhältnisse gesehen: die freie Existenz der schönen Lady Hamilton in Neapel und das leichtsinnige Leben der römischen Künstlerwelt. Aber nicht daher hatte er sein Klärchen. Und so war es schließlich noch schlimmer, als es Charlotte ahnen konnte. Denn in Klärchen hatte er keine Erfahrung gestaltet, sondern einen Wunsch. Aus der Zukunft lächelte Christianens liebliches Antlitz, unbewußt und ahnungslos, in des Dichters Gegenwart. Goethes Klärchen war eine Hoffnung, ein Zukunftsbild, das freilich einmal Wirklichkeit werden sollte.

Es war überhaupt ein freudloses Jahr. So glücklich 1787 für den Italien und Sizilien bereisenden Goethe wurde, so düster gestaltete es sich für Frau von Stein. Sie war nun vierundvierzig Jahre alt geworden; das stolze und beglükkende Gefühl, geliebt und bewundert zu werden, hatte sie schön und reizvoll erhalten. Nun kam der Kummer, der Zweifel und die Eifersucht – und ihre Schönheit hielt nicht mehr dem Alter stand. Schiller, der sie in diesem Jahre zum ersten Male sah, schrieb von ihr: »Schön kann sie nie gewesen sein.« Und doch war sie es noch vor Jahresfrist gewesen. Jetzt, da Goethe nicht da war, zeigte es sich, wie auch Charlottens Existenz ganz auf die seine abgestimmt war. Sie wußte wenig mit sich anzufangen. Ihre Familie, nicht einmal ihre Kinder konnten sie ausfüllen. Ihre Gedanken kreisten doch immer nur um den einen, und wenn es nicht in Liebe und Sehnsucht geschah, so in Bitterkeit und Eifersucht. In Weimar hatte sie Goethes Besitztum zu verwalten: Ihr stand Goethes Gartenhaus und auch seine Stadtwohnung zur Verfügung. Dort quartierte sie Knebel, den gemeinsamen Freund, ein; und in der Stadtwohnung hätte sie Charlotte von Lengefeld, ihre junge Freundin, wohnen lassen, wäre nicht ein Italiener, den Goethe für den Dienst der Herzogin-Mutter bestimmt hatte, dort eingezogen.

Charlottens Gatte fühlte sich leidend und mußte eine Kur in Pyrmont machen. Ihr zweiter Sohn Ernst war noch immer sterbenskrank. Goethe hatte schon im Vorjahr geraten, ihn nach Karlsbad mitzunehmen, weil er sich von der Luftveränderung viel versprach; aber damals war der Kranke nicht transportfähig gewesen. In diesem Sommer entschloß sich Frau von Stein, den Neunzehnjährigen doch mitzunehmen. Sie wollte im Juni reisen; einige Tage vorher schrieb sie an Charlotte von Lengefeld: »Meine Gedanken sind beinahe mehr mit der Rückreise als Hinreise beschäftigt, wo ich hernach den Kochberger Weg nach Rudolstadt recht fleißig bereisen will. Wollen Sie wegen meines Sohnes (Karl) durch die Beulwitz (ihre Schwester) oder Ihre Frau Mutter der Erbprinzessin ein paar Worte sagen. Wenn die Erbprinzessin ein Vorwort bei der Frau Herzogin von Mecklenburg verwenden will, so ist mirs lieb; nämlich eine Bitte, ihm bald eine Besoldung zu machen, weil mein Mann nicht vermögend genug ist, seinem Sohn einen starken Zuschuß zu machen, besonders da noch zwei Söhne so gut wie unversorgt zu Haus sind, wenn den einen der Tod nicht versorgt, welches denn keine erwünschte Versorgung wäre. Ich muß Ihnen doch sagen, daß es jetzt mit dem Kranken recht leidlich geht und daß ich doch wieder anfange zu hoffen.«

So kamen also auch finanzielle Sorgen zu den übrigen Kümmernissen. Karl sollte in Mecklenburg eine neue Stellung antreten. Der Schritt ins Leben fiel Karl, obwohl er ein mutiger und aufrechter junger Mann war, schwer, da er mit großer Liebe an seinem Elternhause hing. Ernst aber war dem Tode verfallen; auf der Reise nach Karlsbad verschlechterte sich sein Zustand; zwischen Schneeberg und Karlsbad, in Wildenthal, mußte man die Reise unterbrechen, und hier erlöste der Tod den unglücklichen Jüngling von seinem Gebrechen. Nachdem Ernst in Wildenthal bestattet war, setzte Charlotte die Reise nach Karlsbad fort. Es ist ein Brief von ihr erhalten, der an ihre Geschwister nach Weimar gerichtet war. Er lautet: »Wir leben hier in Festen aller Art, und die Situation ist so, daß man weder am liebsten noch an einem traurigen Gegenstande kann hängen bleiben. Also kannst du dir wohl vorstellen, wie leer und uninteressant es in mir aussieht. – Den 16. Juli hoffe ich wieder von hier wegzugehen. Ich kann das Zuhause nicht erwarten, ob ich schon fürchte, daß mir noch ein Leiden nahe ist. Ein Traum, den ich vor mehr als siebzehn Jahren hatte, ist mir in Wildenthal, wo Ernst starb, eingetroffen. Aber nichts mehr davon! Das ganze Leben ist ja ein Traum, und Ihr Beide seid mir der angenehmste Traum!« Merkwürdigerweise teilte sie den Tod ihres Ernst nicht dem ältesten Sohne Karl mit, der erst ein halbes Jahr später davon erfuhr. Auch an Goethe schrieb es die Mutter nicht! Noch im Dezember sagte er in einem Brief aus Rom: »Grüße Ernsten! Hoffnung ist bei den Lebendigen, ohne Hoffnung sind die Toten!« Er ahnte also den frühen Tod des Jünglings.

Frau von Stein kehrte am 23. Juli nach Weimar zürück. In den Wochen, die sie dort blieb, machte sie zwei folgenreiche Bekanntschaften: Schiller und Charlotte von Kalb. Diese bedeutet in Schillers Leben zeitweise etwas Ähnliches wie Frau von Stein in dem Leben Goethes. Vor drei Jahren hatte sie, eine geborene Marschalk von Ostheim, den Sekondekapitän von Kalb (einen Bruder des Weimarer Kammerpräsidenten und Vorläufer Goethes) geheiratet; die Ehe war unglücklich, sie wollten sich scheiden lassen; doch kam die Scheidung nie zustande (Kalb erschoß sich schließlich 1806 in München). Sophie von Schardt, Frau von Steins Schwägerin, vermittelte die Bekanntschaft mit Frau von Kalb. Und ihr wiederum verdankte Frau von Stein die Bekanntschaft Schillers. Denn diese andere Charlotte liebte Schiller; sie hoffte auf ihre Scheidung und ihre neue Verbindung mit dem nur um zwei Jahre älteren Dichter. Sie selbst war damals 26 Jahre alt.

Schiller war ihretwegen seit dem 21. Juli in Weimar. Seine Briefe an Körner in Dresden, den Vater des Dichters Theodor Körner, unterrichten uns sehr anschaulich über die Weimarer Gesellschaft; allerdings ist Schillers Urteil sehr scharf, auch weiß er nicht Klatsch von der Wahrheit zu sondern. Wir hörten schon, daß er die liebliche Luise von Schardt, Charlottens Schwägerin, mit einem Freudenmädchen verglich. Um so mehr spricht für Frau von

Stein Schillers Urteil: »Die Beste unter allen war Frau von Stein, eine wahrhaftig eigene interessante Person, von der ich begreife, daß Goethe sich so ganz an sie attachiert hat. Schön kann sie nie gewesen sein, aber ihr Gesicht hat einen sanften Ernst und eine ganz eigene Offenheit. Diese Frau besitzt vielleicht über tausend Briefe von Goethe, und aus Italien hat er noch jede Woche geschrieben. Man sagt, daß ihr Umgang ganz rein und untadelhaft sein soll.«

Wenn Frau von Stein einigen Einblick in die Beziehungen Schillers zu Frau von Kalb besaß, so mußte ihr dieses Schicksal einer Dichterliebe ebenfalls ein unheilverkündendes Zeichen sein. Schiller strebte schon von seiner Freundin fort. Zwar soll er die Möglichkeit einer dauernden Verbindung mit der geistvollen Frau erwogen haben, aber sehr begeistert war er über ihren Wunsch nach Scheidung und Heirat keineswegs. Frau von Kalb fühlte es und litt darunter. Nun war Frau von Stein ihrem Dichter gegenüber in einer anderen Stellung als Frau von Kalb; sie war keineswegs bereit, sich scheiden zu lassen, um Goethe zu heiraten; um so weniger hätte sie sich darüber beklagen dürfen, daß Goethe von ihr wegstrebte wie Schiller von Charlotte von Kalb.

Mitte August ging Frau von Stein nach Kochberg. Die Freunde Goethes feierten am 28. August dessen Geburtstag mit einem Gartenfest in seinem Gartenhaus, wo Knebel jetzt wohnte. Frau von Stein mochte sich nicht beteiligen und entzog sich der Verpflichtung durch ihre Abreise. Dagegen war Schiller anwesend, der übrigens noch keine Gelegenheit gehabt hatte, Goethes Bekanntschaft zu machen. Knebel hatte den berühmten Verfasser des ›Don Carlos‹ eingeladen.

Schiller berichtete in einem Brief an Körner: »Ich habe am 28. August Goethens Geburtstag mit begehen helfen, den Herr von Knebel in seinem Garten feierte, wo er in Goethes Abwesenheit wohnt. Die Gesellschaft bestand aus einigen hiesigen Damen, Voigts, Charlotten (von Kalb) und mir. Herders beide Jungen waren auch dabei.

Wir fraßen herzhaft, und Goethes Gesundheit wurde von mir in Rheinwein getrunken. Schwerlich vermutete er in Italien, daß er mich unter seinen Hausgästen habe, aber das Schicksal fügt die Dinge gar wunderbar. Nach dem Souper fanden wir den Garten illuminiert, und ein ziemlich erträgliches Feuerwerk machte den Beschluß.«

Charlotte von Stein bekam von ihrer Schwägerin Sophie von Schardt einen ausführlichen Bericht über das Geburtstagsfest in Goethes Garten; er dürfte Charlotte kaum froh gestimmt haben. Sie grämte sich mehr als je, wenn sie auch wieder freundliche Briefe an Goethe nach Italien schrieb und die herzlichsten Antworten erhielt. Charlotte bedankte sich bei Sophie: »Ich danke dir, Schatz, für dein gar zu artiges Briefchen. Meine Existenz hier ist nicht so ganz poetisch, als du mir sie beschreibst, aber das ist gewiß, daß mir jedes Jahr, so ähnlich sichs ist, doch hier anders ward. Glücklicher bin ich jetzt, weil ich die Trennung meines Freundes, die mir vor dem Jahr so bitter war, verschmerzt habe.« Verschmerzt? Es klingt nicht danach. Jedenfalls weilten ihre Gedanken immer bei ihm. Sie fuhr fort: »Ihr habt also des Abwesenden Geburtstag gar artig gefeiert. Es ist mir lieb, daß ich nicht dabei war; ich konnte den Tag nicht fröhlich sein.« Und nachdem sie einen Gruß an Herder eingeflochten, kehren ihre Gedanken wieder zu dem einen, einzigen zurück: »Goethe wird bis Ostern in Rom bleiben. Die Nacht träumte ich sonderbar von ihm; ich fürchte, es wird ihm ein Unfall begegnen, und das in der Zeit, wenn er zu uns zurück gedenkt.«

Schiller blieb vorläufig in Weimar; aber er war enttäuscht: Weimar ohne Goethe! Er schrieb klagend: »Wie wenig ist Weimar, da der Herzog, Goethe, Wieland und Herder ihm fehlen!« Er quälte sich übrigens mit seinen Heiratsgedanken ab. Den Plan, Frau von Kalb zu ehelichen, gab er auf; nun dachte er an eine Tochter Wielands. Schließlich aber lernte er auf einer Tour nach Rudolstadt seine künftige Frau kennen: »In Rudolstadt habe ich mich auch einen Tag aufgehalten und wieder eine recht liebenswürdige Familie kennengelernt. Eine Frau von Lengefeld lebt da mit einer verheirateten und einer noch ledigen Tochter. Beide Geschöpfe sind (ohne schön zu sein) anziehend und gefallen mir sehr. Man findet hier viel Bekanntschaft mit der neuen Literatur, Feinheit, Empfindung und Geist. Das Klavier spielen sie gut, welches mir einen recht schönen Abend machte. Die Gegend um Rudolstadt ist außerordentlich schön. Ich hatte nie davon gehört und bin sehr überrrascht worden. Man gelangt durch einen schönen Grund von $2^1/_2$ Stunden dahin und wird von dem weißen großen Schlosse auf dem Berge angenehm überrascht. – Hier in Weimar hatte ich Charlotte (von Kalb) und ihren Mann wiedergefunden. Er ist ganz der alte, wie ich aus dem ersten Anblick urteilen konnte; denn ich habe ihn nur einmal gesprochen. Sie ist gesund und sehr aufgeweckt. (Ich weiß nicht, ob die Gegenwart des Mannes mich lassen wird, wie ich bin. Ich fühle in mir schon einige Veränderung, die weiter gehen kann. Wielands Haus besuche ich jetzt am fleißigsten, und ich glaube, es wird so bleiben. Laß diese Stelle unsere Weiber nicht lesen.) – Wegen Wieland hast du, wie ich sehe, viel zu konsequent geschlossen. Es war ein hingeworfener Gedanke, ich gab ihn dir für nichts mehr. Es ist möglich, daß ein interessanteres Mädchen mir aufgehoben sein kann, aber das Schicksal läßt es mich vielleicht in sechs oder acht Jahren finden. Nach meinem dreißigsten Jahr heirate ich nicht mehr. Schon jetzt habe ich die Neigung dazu nicht mehr; ich habe nach Gründen der Notwendigkeit dafür gesprochen. Eine Frau, die ein vorzügliches Wesen ist, macht mich nicht glücklich, oder ich habe mich nie gekannt. Doch über diesen Artikel wollen wir einander noch mehr schreiben.«

Anfang November ging Frau von Stein nach Weimar, wo nun auch ihre Schwester, Frau von Imhoff, lebte. Die Katastrophe ihrer Ehe gab Anlaß zu neuem Kummer.

Der Major von Imhoff war schließlich, wie es den Anschein hatte, ziemlich mittellos nach Weimar gekommen. Goethe hatte noch dafür gesorgt, daß dem Major eine Rente ausgesetzt wurde, damit Frau von Steins Schwester standesgemäß leben konnte. Aber Herr von Imhoff war nicht zufrieden. Er fühlte sich als Künstler (er malte) und wollte als Genie und Weltmann anerkannt sein. Es kam zu schlimmen ehelichen Szenen, und der Mann, der seine erste Frau verkauft hatte, ging, wenn man Frau von Stein glauben darf, daran, die Ehre seiner Frau in aller Öffentlichkeit herabzusetzen. In den Briefen Frau von Steins an ihre Freundin Lotte von Lengefeld spiegelt sich das unglückselige Leben der Schwester: »Die arme Imhoff ist desto unglücklicher. Es würde sie selbst betrüben, wenn ich ihr alles erzählen wollte, wie schlecht sich jetzt ihr Mann gegen sie beträgt und wie er seiner Frau die Ehre vor allen Menschen sucht abzuschneiden und sie hülflos sitzen läßt. Mein Herz blutet oft ihretwegen, und meine arme Mutter schmerzt mich, eins von ihren liebsten Kindern so unglücklich zu sehen. Ach, wenn man immer wüßte wie alles endigt, wie würde man sich fürchten anzufangen!« Und in einem andern Brief: »Meine arme Schwester ist wie ein Schatten aus dem Grabe, ihr Blühn und ihre Munterkeit ist alles dahin. Noch ists nicht decidiert, ob die Trennung vor sich geht; wollte Gott, es geschehe!«

Aber es kam nicht zur Ehescheidung. Wie weit die Schuld nur an Imhoff lag, ist nicht mehr auszumachen. Es scheint sich bei ihm um krankhafte Zustände gehandelt zu haben. Jedenfalls atmete alles auf, als Imhoff im Sommer dieses Jahres seine Frau mit den Kindern verließ, um als Maler in München zu leben. Er wohnte dort am Hofgarten bei einem italienischen Kaffeesieder und starb schon nach einem Jahre. Nach seinem Tode stellte es sich zu aller Überraschung heraus, daß er ein immer noch ansehnliches Vermögen hinterlassen hatte, so daß seine Witwe mit den Kindern keine materielle Not zu leiden brauchte.

Frau von Stein dagegen hatte in dieser Zeit mit wirtschaftlichen Schwierigkeiten zu kämpfen. Das Gut Kochberg war ziemlich heruntergewirtschaftet; ihre Freunde, auch Goethe, meinten, durch ihres Gatten Schuld, der zuviel herumexperimentierte. Vergeblich suchte Frau von Stein es wieder in Ordnung zu bringen. Für diese Dinge besaß sie noch weniger Talent als ihr Gatte. Zudem war die adlige Frau gar nicht gewohnt zu arbeiten; ihre ernsthaftesten Beschäftigungen bestanden im Zeichnen, Lesen, Sticken und Dichten.

Erst um diese Zeit erfuhr ihr ältester Sohn Karl in Mecklenburg den Tod seines Bruders. Er schrieb an Fritz: »Ich habe eine Bitte an dich. – Ich armer Schelm weiß hier in der Ferne weder wo Ernst begraben ist noch wer sein Begräbnis besorgt hat. Dies als sein Bruder und Freund nicht zu wissen, ist mir kränkend... Ich habe nicht gewagt, bei meinem Vater während seines Hierseins darnach zu fragen, weil er so traurig über unsern guten Bruder war, daß ihm bei ein paar Gelegenheiten, die ihn daran erinneerten, die Tränen in die Augen traten. Ich habe alle Gelegenheit vermieden, mit ihm von Ernst zu sprechen.« Im übrigen beklagte sich Karl, wohl nicht mit Unrecht, über die Vernachlässigung durch seine Mutter. Er schrieb es ebenfalls Fritz: »Das Glück sucht dich, gibt dir, was meine Eltern erfreuet; alles lobet dich bei ihnen. Sie haben dich erzogen, sie kennen dein Herz, meins nicht. Machst du einmal einen Fehler, so kannst du den Eindruck im selben Augenblicke wieder umstoßen; ich aber brauche Monate, ehe ich schriftlich es halb so weit bringe, und dann kommt hinterher das Mißtrauen... Ich kann mich nur durch meine Nachrichten angenehm machen, und von meiner Hand und Feder hängt das bißchen Freude ab, was ich meinen Eltern machen kann, und das ist freilich teuer bezahlt. – Ach, ich kanns ihnen nicht genug danken, daß sie mich noch so lieb haben, als sies tun. Man liebt immer den Vogel am meisten, den man das Pfeifen gelehrt. Mein in Braunschweig, Göttingen und Helmstedt gelernter Waldgesang ist so ausländisch und akkordiert nicht mit deinem Lied, und wenn ich einmal einen falschen Pfiff tue, so wird man unwillig und tröstet sich an dir kleinem Vogel im goldenen Bauer auf meine Kosten. – Jetzt möchte ich dich wohl einmal sehen. Dein Bild hängt zwar jetzt über meinem Schreibtisch, allein ich kann dich mir immer noch nicht anders vorstellen, als wie du damals warst, als du mir so viel Liebe in Weimar bewieset, wo du und Ernst den fremden Bruder so freundschaftlich aufnahmst, wie galant uns unsere Mutter in Kochberg bewirtet. Ach Gott, Ernst! Ernst! Ich heule wie ein Kind und kann nichts schreiben!«

So war es kein glückliches Familienleben. Charlotte hatte als Mutter versagt wie als Gattin. Herr von Stein war übrigens auch nicht mehr der alte. Aus dem lebenslustigen Kavalier von einst war ein kränklicher und mürrischer Greis geworden. Zu allem Überfluß gab es auch wieder Klatschereien über ihre Beziehungen zu Goethe. Während des Dichters Abwesenheit hatte Herder die Herausgabe seiner Werke bei Göschen unternommen. In den Arbeiten, an denen auch Frau von Stein als Bewahrerin vieler Manuskripte – Goethe hatte ihr manches selbst diktiert – beteiligt war, fielen Frau Herder durch Verwechslung der Manuskripte einige Briefe Charlottens oder an Charlotte in die Hände. Frau Herder wurde spitz und wunderte sich laut über das vertrauliche ›Du‹. Charlotte versuchte sich aus der Affäre zu ziehen – es ist unbekannt, mit welchem Erfolg: »Unser Freund war einmal tief von mir beleidigt, als ich diese lateinische Sitte unter uns ablehnte, und von der Zeit an habe ich es so begriffen, als es aus seiner treuen Seele kam.«

Zu Charlottens Kümmernissen standen Goethes frohe Briefe in rechtem Kontrast. »Goethe schreibt mir alle Sonntage und ist glücklich, fröhlich und ganz selig.« Im letzten Brief schickte er aus seiner umgeschmolzenen Claudine einen Vers, hier ist er:

Liebe schwärmt auf allen Wegen,
Treue wohnt für sich allein,
Liebe kommt euch rasch entgegen,
aufgesucht will Treue sein.

Frau von Stein war von Natur aus viel zu mißtrauisch, als daß sie an Goethes Treue in Italien geglaubt hätte. Zwar schrieb er ihr in Antwort auf solche Zweifel: »Du hast nur eine Nebenbuhlerin bisher, und die bring ich dir mit; das ist ein Kolossalkopf der Juno.« (Er steht noch heute im Goethehause.)

Alles in allem hatte Charlottens Leben in diesem Jahre 1787 eine düstere Wendung genommen: Tod des Sohnes, Krankheit des Gatten, wirtschaftliche Schwierigkeiten, Eheskandale in der nächsten Verwandtschaft; und nun auch noch die Abwesenheit des Liebenden und Geliebten – die Angst um ihn –, die Sorge, ihn auf diese oder andere Weise ganz zu verlieren. So ging das freudlose Jahr 1787 zu Ende. 1788 mußte Goethe heimkehren – wie würde es sein?

So ganz stimmte übrigens das, was Goethe von den Nebenbuhlerinnen schrieb, nicht; Goethe selbst hat in seiner ›Italienischen Reise‹ von der schönen Mailänderin erzählt, die er zuerst in Castell Gandolfo sah: »Hellbraune Haare, klare, zarte Haut, offenes, nicht sowohl ansprechendes, als gleichdem anfragendes Wesen« – so hat er die Schöne beschrieben. Und schon beim ersten Wiedersehen empfand er »auf die wundersamste Weise, daß meine Neigung für die Mailänderin sich schon entschieden hatte, blitzschnell und eindringlich genug, wie es einem müßigen Herzen zu gehen pflegt, das in selbstgefälligem, ruhigem Zutrauen nichts befürchtet, nichts wünscht und das nun auf einmal dem Wünschenswertesten unmittelbar nahe kommt«. Bald erfuhr er freilich, daß seine Schöne verlobt sei; es war eine schmerzliche Entdeckung: »Die Sonne ging unter, und ich wußte mich unter irgendeinem Vorwand von der Gesellschaft loszumachen, die, ohne es zu wissen, mich auf eine so grausame Weise belehrt hatte. – Daß Neigungen, denen man eine Zeitlang unvorsichtig nachgegeben, endlich aus dem Traume geweckt, in die schmerzlichsten Zustände sich umwandeln, ist herkömmlich und bekannt; aber vielleicht interessiert dieser Fall durch das Seltsame, daß ein lebhaftes wechselseitiges Wohlwollen in dem Augenblicke des Keimens zerstört wird und damit die Vorahnung alles des Glückes, das ein solches Gefühl sich in künftiger Entwicklung unbegrenzt vorspiegelt. Ich kam spät nach Hause, und des andern Morgens früh machte ich, meine Mappe unter dem Arm, einen weiteren Weg, mit der Entschuldigung, nicht zur Tafel zu kommen. – Ich hatte Jahre und Erfahrungen hinreichend, um mich, obwohl schmerzhaft, doch auf der Stelle zusammenzunehmen. Es wäre wunderbar genug, rief ich aus, wenn ein wertherähnliches Schicksal dich in Rom aufgesucht hätte, um dir so bedeutende, bisher wohlbewahrte Zustände zu verderben.«

Die Gelehrten hatten keine Ruhe, bis sie durch fleißiges Aktenstudium Näheres über diese rätselhafte Mailänderin herausbekamen. Sie hieß Maddalena Riddi; Goethe lernte sie im Oktober 1787 kennen, als sie 22 Jahre alt war.

Übrigens heiratete sie dann gar nicht ihren Verlobten, von dem Goethe zu seiner Betrübnis erfahren hatte, sondern einen anderen, einen Kupferstecher Volpato. Sie starb 1825 sechzigjährig.

Goethe hat der schönen Maddalena das Lied an Mignon ›Über Tal und Fluß getragen‹ gewidmet oder ihr in den Mund gelegt:

Über Tal und Fluß getragen,
Ziehet rein der Sonne Wagen.
Ach, sie regt in ihrem Lauf,
So wie deine, meine Schmerzen,
Tief im Herzen,
Immer morgens wieder auf.

Kaum will mir die Nacht noch frommen,
Denn die Träume selber kommen
Nun in trauriger Gestalt,
Und ich fühle dieser Schmerzen,
Still im Herzen,
Heimlich bildende Gewalt.

Schon seit manchen schönen Jahren
Seh ich unten Schiffe fahren;
Jedes kommt an seinen Ort;
Aber ach, die steten Schmerzen,
Fest im Herzen,
Schwimmen nicht im Strome fort.

Schön in Kleidern muß ich kommen,
Aus dem Schrank sind sie genommen,
Weil es heute Festtag ist;
Niemand ahnet, daß von Schmerzen
Herz im Herzen
Grimmig mir zerrissen ist.

Heimlich muß ich immer weinen,
Aber freundlich kann ich scheinen
Und sogar gesund und rot;
Wären tödlich diese Schmerzen
Meinem Herzen,
Ach, schon lange wär ich tot.

Auch meint man, Goethes unvollendete Dichtung ›Nausikaa‹ gehe auf die Begegnung mit der Mailänderin zurück, und dies würde für eine ernstliche Neigung sprechen, denn in ›Nausikaa‹ sollte ein tragisches Liebeserlebnis geschildert werden: »Die beglückende Begegnung des Wandernden, Schweifenden mit dem Bleibenden, die Tragödie des schönen Augenblicks, den man nicht festhalten, bei dem man, durch Beruf oder Trieb weggerissen, nicht weilen darf.« (Gundolf.) Auf jeden Fall aber beherrschte auch dieses Erlebnis, mag es nun flüchtig oder schmerzlich gewesen sein, der Verzicht von vornherein: Goethe hat sich nicht verloren, er blieb auch in diesem Abenteuer der Heimat und der heimatlichen Geliebten treu. Das mußte Charlotte aus den Briefen Goethes entnehmen; und noch mehr konnte sie daraus entnehmen: die Sehnsucht Goethes nach ihr, nach ihrem dauernden und ruhigen Besitz. Dies mochte allerdings unbehaglich für Charlotte sein; es deutete eine Situation an, bei der sie um eine klare Entscheidung angegangen werden konnte. Und sie konnte nicht so schwerhörig sein, um nicht Goethes Wunsch nach ihrer endgültigen Entscheidung aus Sätzen wie diesen herauszulesen: »ein freundlich Wort von dir... doch ich will dirs nicht abzwingen. Folge deinem Herzen, und ich will meinen Weg im stillen endigen.« Aber Charlotte will gar nicht ihrem Herzen folgen, denn wie konnte ihr Herz gegen all das andere aufkommen: Sitte, Gesellschaft, Egoismus, Bequemlichkeit! Und da sie die Antwort schuldig blieb, wurde Goethe noch einmal sehr dringend und sehr offen: »Liebe Lotte, du weißt nicht, welche Gewalt ich mir angetan habe und antue, daß der Gedanke, dich nicht zu besitzen, mich doch im Grunde, ich mags nehmen und stellen wie ich will, aufreibt und aufzehrt. Ich mag meiner Liebe zu dir Formen geben, welche ich will, immer immer...«

Aber Charlotte verstand nicht und wollte auch nicht verstehen. Freilich machte sie noch einmal, wenigstens brieflich, Anstrengungen, den Freund zu halten und zu erfreuen; und er nahm es dankbar auf: »Alles, was mir ein Zeugnis deiner Liebe gibt, ist mir unendlich wert. Auch sind es mir jetzt, da du wieder gefaßt bist, deine traurigen Zettelchen. Möge ich dir künftig nur Freude bringen! Du hast mir goldne Sachen über mich selbst und über meine nächsten Verhältnisse gesagt. Ich horche ganz still auf das Lispeln meines Schutzgeistes. Du wirst es sehen: es geht nun gut, und ich sehe dich glücklich und fröhlich wieder. – Es freut mich, daß du von Italien so viel liesest. Du wirst mit den Gegenständen bekannter, und wenn ich komme, kann ich sie dir noch näherbringen.« Frau von Stein hatte in jener Zeit, so wird erzählt, in ihrem Zimmer eine große Karte von Italien hängen, um Goethes Reise besser zu verfolgen.

Im übrigen schloß sich Frau von Stein in jenen Monaten, da sie die Rückkehr ihres Dichters erwartete, immer inniger an ihre junge Freundin Charlotte von Lengefeld an. Eine sehr schwärmerische Frauenfreundschaft entstand. Charlotte von Stein wurde von diesem anmutigen und liebebedürftigen Wesen angebetet; sie hatte Gelegenheit zu führen, zu erziehen und – zu gelten.

Charlotte von Lengefeld war 21 Jahre alt, Frau von Stein 24 Jahre älter, also 45. Die junge Freundin wurde Anfang 1788 nach Weimar eingeladen und bekam Quartier bei Charlottens Schwester, Frau von Imhoff. In diesen Monaten knüpften sich die Beziehungen zu Schiller inniger und immer herzlicher. Die künftige Frau von Schiller schrieb damals in einem Briefe: »Schiller war auch oft mit uns und hat mich und Frau von Imhoff (bei der ich wohne) oft besucht, er gewinnt immer mehr bei näherer Bekanntschaft, sein Plan ist, diesen Sommer einige Monate hier (in Rudolstadt) zu wohnen, da habe ich denn eine Wohnung in Kumbach für ihn ausgedacht, da werden wir – hoffe ich – manchen freundlichen Abend in seiner Gesellschaft verleben, wenn Sie doch auch mit uns wären! Er hat so einen leichten Umgang, den doch sonst Menschen von seinem Kopfe nicht haben, und ist so einfach und gut, daß man gar gern mit ihm umgehen mag!« Die beiden besuchten vorläufig fleißig die Maskenredouten des Weimarer Karnevals 1788, und Schiller schrieb an Körner in der besten Laune: »Die hiesigen Redouten sind recht artig und durch die große Anzahl Noblesse und den Hof nicht so gemein wie die Dresdner. Ich habe mich recht gut darauf befunden, woran wohl auch die größere Anzahl meiner hiesigen Bekannten schuld sein mag...« Und im März 1788 schrieb er: »Fräulein von Lengefeld ist noch hier und in der Tat meine liebste Gesellschaft.«

Frau von Stein begünstigte die Beziehungen der beiden, wo sie konnte. Im Sommer zog Schiller in ein Dorf in der Nähe von Rudolstadt, und so sahen sich die Liebenden (Charlotte war wieder nach Hause zurückgekehrt) fast täglich.

Inzwischen hatte Schiller auch Herrn von Stein kennengelernt; sein Urteil war sehr unfreundlich. Er schrieb an Körner: »Den Gemahl der Frau von Stein wirst du (in Karlsbad) antreffen, aber gar wenig dich an ihm erbauen. Es ist ein leeres Geschöpf, ein Kopfhänger dabei, und sein Verstand ist in täglicher Gefahr.«

Einen anderen freundschaftlichen Verkehr hatte Frau von Stein mit Herrn von Knebel, der in Goethes Gartenhaus wohnte und als besonders guter Freund des Dichters galt. Knebel, schon länger als Goethe in Weimar, gehörte zum eisernen Bestand der dortigen Gesellschaft. Er war preußischer Hauptmann gewesen, dann als Prinzenerzieher nach Weimar gerufen worden. Mit seinem Schüler, dem Prinzen Konstantin, erlebte er viel Kummer; aber die Herzogin-Mutter schätzte den biederen und gebildeten Offizier sehr, und auch der übrige Hof teilte diese hohe Meinung. So wurde nichts unversucht gelassen, Knebel an Weimar zu fesseln, und trotz einiger Fluchtversuche des leicht unzufriedenen und mißtrauischen Mannes gelang es schließlich. »Aus diesem Knebel wird hier erstaunlich viel gemacht, und unstreitig ist er auch ein Mann von Sinn und Charakter. Er hat viele Kenntnisse und einen planen, hellen Verstand«, urteilte Schiller bei seiner ersten Bekanntschaft mit Knebel. Und er fuhr fort: »Wie gesagt, er kann recht haben, aber es ist so viel Gelebtes, so viel Sattes und grämlich Hypochondrisches in dieser Vernünftigkeit, daß es einen beinahe mehr reizen könnte, nach der entgegengesetzten Weise ein Tor zu sein. Es wurde mir als eine notwendige Rücksicht anempfohlen, die Bekanntschaft dieses Menschen zu machen, teils weil er hier für einen der gescheitesten Köpfe gilt, und zwar mit Recht, teils weil er nach Goethe den meisten Einfluß auf den Herzog hat. In beiden Fällen also wärs mir auffallend gewesen, ihn zu ignorieren. Daß wir nicht füreinander taugen können, wirst du aus dieser Schilderung schließen – übrigens habe ich mich in ihn zu fügen gesucht.«

Frau von Stein war anderer Ansicht über Knebel. Knebel selbst hatte, wir wissen nicht warum und mit welchem Recht, einen Ruf als Menschenkenner. Damals schrieb Frau von Stein an ihn: »Ich bitte Sie, machen Sie mir die Freude und zeichnen Sie meinen Charakter. Schon einmal hat ihn Einsiedel gemacht, vor vielen Jahren, aber Sie habens besser, denn ich bin nicht mehr so gut. Alsdann will ich mein Gesicht dazuzeichnen. Ich finde es sehr schwer, eines Menschen Charakter zu machen, und es ist eine rechte Übung des Verstandes, um so mehr, da sehr viele keinen haben und Widersprüche und Inkonsequenzen einen irre machen. Leben Sie wohl und einen Wunsch zu einem innern heitern Tag, da der Atmosphärentag so trüb ist. Etwas ganz wenigs zum Frühstück liegt hier bei.« Die Bemerkung: ›Ich bin nicht mehr so gut‹ deutet wohl auf ihre Verbitterung über Goethes Abwesenheit; denn sie machte bei Knebel sicherlich kein Geheimnis aus ihren Gefühlen. – Was Knebel auf diesen Brief erwiderte, wissen wir nicht; aber es mag sehr schmeichelhaft gewesen sein. Schrieb er doch einer Schwester über Charlotte: »Frau von Stein ist mir stets unter den hiesigen Freundinnen das Werteste. Ich sehe sie fast täglich. Sie liebt dich und weiß dich zu schätzen. Nach ihr ist Frau von Kalb mir sehr wert. Reicher und wärmer als die Erstere, doch hat sie die ganz bestimmte reine Linie von derselben noch nicht. Reines, richtiges Gefühl bei natürlicher, leidenschaftsloser, leichter Disposition haben sie bei eigenem Fleiß und durch den Umgang mit vorzüglichen Menschen, der ihrer äußerst feinen Wißbegierde zustatten kam, zu einem Wesen gebildet, deren Dasein und Art in Deutschland schwerlich oft wieder zu Stande kommen dürfte. Sie ist ohne alle Prätension und Ziererei, grad, natürlich, frei, nicht zu schwer und nicht zu leicht, ohne Enthusiasmus und doch mit geistiger Wärme, nimmt an allem Vernünftigen Anteil und an allem Menschlichen, ist wohl unterrichtet und hat feinen Takt, selbst Geschicklichkeit für die Kunst. Sie zeichnet jetzt Köpfe im kleinen nach der Natur mit solcher Artigkeit nach Carvelles Manier, daß Imhoff nur ein Stümper dagegen ist. Vielleicht zeichnet sie mich auch. – Du kannst wohl denken, daß sie bei solchen Eigenschaften mehreren angehören muß.«

Ähnlich großartig war auch die Meinung Charlottens über sich selbst. Und so konnte und konnte sie es nicht begreifen, daß Goethe es über sich brachte, so lange von ihr entfernt zu sein. Immer wieder in all ihren Briefen wiederholte sie die Klage über Goethes ›Kälte gegen seine Freunde‹.

Ein solcher Brief kam auch einmal in die Hände der Frau Rat in Frankfurt; Goethes Mutter wußte eine energische Antwort, sie schrieb an Fritz von Stein: »Daß mein Sohn gegen seine Freunde kalt gewesen ist, das glaube ich nicht.« Und sie als Mutter wußte, warum Goethe nach Italien gegangen war und dort sich wohl fühlte. Sie wußte es besser als die Geliebte: »Ein Hungriger, der lange gefastet hat, wird an einer gutbesetzten Tafel, bis sein Hunger gestillt ist, weder an Vater noch Mutter noch an Freund oder Geliebte denken,und niemand wirds ihm verargen können.« So schrieb Frau Rat; Charlotte hat dies gelesen, aber es hatte keine Wirkung auf sie. Im Gegenteil, sehr von oben herab schrieb sie an Fräulein von Lengefeld: »Alles will nach Italien; ich sage alles, und es ist doch nicht wahr. Ich lobe mir mein Zuhause, und wem zu Hause nicht wohl ist, dem ist nirgend wohl.«

Dies war der Geisteszustand, in dem Frau von Stein Goethes Rückkehr erwartete. Sie blieb, wie sie immer gewesen war. Aber Goethe war anders geworden. Würde es ihr gelingen, ihn wieder in ihre Schablone zu pressen? Er hatte sich immer untergeordnet. Ein paar Tage Ungnade hatten genügt, und ihr Dichter war reuevoll zurückgekehrt. Sie würde das Mittel wieder anwenden.

Konnte Frau von Stein überhaupt ahnen, wie schwer Goethe der Abschied aus Italien fiel? Hätte sie es gefühlt, sie hätte sich vielleicht doch bei seiner Rückkehr zu einer anderen Haltung gezwungen. Am Schluß der Italienischen Reise heißt es: »Und wie sollte mir gerade in solchen Augenblicken Ovids Elegie nicht ins Gedächtnis zurückkehren, der, auch verbannt, in einer Mondennacht Rom verlassen sollte. Cum repeto noctem! – seine Rückerinnerung, weit hinten am Schwarzen Meere, im trauer- und jammervollen Zustande, kam mir nicht aus dem Sinn, ich wiederholte das Gedicht, das mir teilweise genau im Gedächtnis hervorstieg:

Wandelte von jener Nacht mir das traurige Bild vor die Seele,
welche die letzte für mich ward in der römischen Stadt,
wiederhol ich die Nacht, wo des Teuren so viel mir zurückblieb,
gleitet vom Auge mir noch jetzt eine Träne herab.«

XIII

Eine delikate und intime Frage, unzählige Male erörtert, aber nie endgültig beantwortet, muß an dieser Stelle genannt und behandelt werden: die Frage nach den wahren Beziehungen der beiden Liebenden. Unsere Schilderung ist ganz und gar auf der Annahme aufgebaut, daß es sich wirklich um ein platonisches Verhältnis handelte, daß also Schillers Urteil zu Recht bestand, wonach das Verhältnis der beiden ›ganz rein und untadelhaft‹ gewesen sei.

Es ist aber auch, wie wir nicht verschweigen dürfen, das Gegenteil behauptet, ja sogar mit gewichtigen Argumenten angeblich bewiesen worden. Manche nehmen nämlich an, daß mindestens von 1781 ab auch die letzte Konsequenz von Charlotte gezogen wurde, daß sie dem stürmischen Werben Goethes nachgab und nicht mehr verweigerte, was der ›Novize‹ in sechs Jahren unaufhörlich begehrt hatte. In der Tat ändert sich 1781 der Ton der Goetheschen Briefe in einem merkwürdigen Grade: Sie sind ruhiger, glücklicher, sicherer. Einen anderen Beweis will man in einer Briefstelle Goethes gefunden haben, wo er davon spricht, daß er in jeder Beziehung in Charlottens Schuld bleibe, und da er wirklich allen Nachdruck auf das ›jeder‹ zu legen scheint. Aber der wichtigste Teil dieses Argumentes betrifft die Zeit nach dem Bruch; die furchtbare Enttäuschung der Frau von Stein, ihr Haß auf Christiane, ihre Unversöhnlichkeit können, so meinen jene, nur durch ihre vorangegangene völlige Hingabe erklärt werden.

Doch nicht minder gewichtig erscheinen die Argumente der anderen, die an dem platonischen Charakter der Beziehungen festhalten. Da ist zunächst Schillers

Wort, daß der Umgang untadelhaft sei. Schiller schrieb es, ehe er Goethes Freund wurde und ehe er durch seine Braut in freundschaftliche Beziehungen zu Frau von Stein trat. In der gleichen Zeit hat gerade Schiller sehr viel Klatsch in seinen Briefen aus Weimar vermerkt: Es bestand also in dem klatschsüchtigen Weimar kein derartiges Gerede über die Beziehungen Goethes zu Frau von Stein. Das wichtigste Argument bezieht sich aber auch hier auf die Zeit nach dem Bruch. Der bittere Brief Goethes an Charlotte mit der bitteren Frage: wer entbehrt etwas? wer mache Anspruch auf die Stunde, die er dem armen Geschöpf (Christiane) widme, wäre unverständlich, so sagt man, wenn Frau von Stein darauf eine so leichte Antwort hätte finden können. Man könnte auch den Ton und Inhalt der Briefe Goethes anführen. Trotz aller Leidenschaftlichkeit sind keinerlei Anspielungen auf Zärtlichkeiten darin enthalten.

Aber was beweisen schließlich die Briefe! Es sind ihrer nur an die 1500 erhalten; in Wirklichkeit waren es viel mehr. Abgesehen von dem unersetzlichen Verlust der Briefe Charlottens, sind alle Briefe von der Nächstbeteiligten gesichtet worden, und es ist selbstverständlich, daß jedes Schreiben vernichtet wurde, das einen Schatten auf die Empfängerin der Briefe hätte werfen können.

Und dennoch wird ein jeder, der unbefangen und einfühlend diese Briefe liest und die übrigen Zeugnisse der Liebe Goethes, wie wir sie erzählt haben, auf sich wirken läßt, sich kaum für die andere Auffassung entscheiden können. Vor allem würde das Folgende nicht mehr verständlich sein, die Liebe Goethes zu Christiane, wenn sie nicht auch darin in krassem Gegensatz zu seinen Beziehungen zu Frau von Stein gesehen werden könnte. Selbst Goethes Flucht nach Italien ist als Flucht vor Charlotte nur so verständlich, wie wir es dargestellt haben. Eine unbedingt sichere Antwort läßt sich heute natürlich nicht mehr geben. Aber warum auch? Was wäre gewonnen? Würde sich viel an der Beurteilung dieser einzigen Liebe ändern? Und hat man ein Recht, überhaupt eine

Antwort auf Fragen zu erhalten, welche die Beteiligten niemals hätten beantworten wollen? Goethe hat selbst über all dies den Schleier des Geheimnisses geworfen, und keiner Nachwelt wird es gelingen, ihn zu heben. Uns ziemt nur, in Ehrfurcht vor diesem Geheimnis einer großen und geistdurchglühten Liebe zu stehen und Eros zu ehren, ohne nach Cupido zu suchen.

Für die moralische Beurteilung der Beziehungen beider Menschen hat die aufgeworfene Frage auch wenig Bedeutung. Ihr gegenseitiges Verhältnis war so innig, ihre Liebe so tief, ihre zwölfjährige Gemeinschaft so unbedingt, daß durch jene Antwort nur noch eine Nuance hinzugefügt werden könnte. Hatte Charlotte nach einem moralischen Gesetz nicht das Recht, außer ihrem Gatten einen Mann zu lieben, so hat sie dieses Gesetz auch dann gebrochen, wenn sie dem über alles geliebten Mann den Körper verweigerte; denn ihre Seele gab sie ihm ganz.

Aber wir sind in dieser Betrachtung weder gehalten noch berechtigt, ethische Urteile zu fällen oder zu diskutieren. So allgemeinverbindlich das große Sittengesetz des Lebens auch ist, die Folgerung für das Verhalten dieser beiden Liebenden kann nur der ziehen, der alles wüßte, was beide fühlten, was sie bewegte, was sie sich und anderen schuldig waren oder zu sein glaubten. Wir wissen trotz der Fülle des Materials im Grunde wenig davon; längst nicht genug, um alle Zusammenhänge klarzustellen, alle Folgerungen ziehen zu können. Diese Liebe eines der Größten des Menschengeschlechtes können wir in ihrem menschlichen Verlauf schildern, in ihrem idealen Gehalt deuten, in ihrem symbolischen Sinn bewundern, aber die moralische Beurteilung war schließlich Sache der Beteiligten selbst; Goethe befand es für gut, und wir sind kaum befugt, den Sittenrichter über den Verfasser der ›Wahlverwandtschaften‹ zu spielen.

Und so wollen wir die Aufmerksamkeit von den intimen Dingen jener Liebe wegwenden und uns an das Große und Einmalige halten. Es bleibe Geheimnis, wie es Goethe und Charlotte wollten. Mit welchen sinnlichen und äußeren Zeichen sie auch immer ihre Liebe einander beteuerten und darboten, nicht dies ist unser Gegenstand, sondern diese Liebe selbst, ihre Flamme, ihr Zucken und Brennen, ihre Leuchtkraft und Wärme und schließlich ihr Verlöschen und Zusammensinken zu Asche und kaltem Staub.

Haß

I

Am 15. August 1786 hatte Frau von Stein von Goethe Abschied genommen. Am 18. Juni 1788 kehrte er nach Weimar zurück; es waren also fast zwei Jahre, seitdem beide sich nicht mehr gesehen hatten.

Das Wiedersehen war denkbar unglücklich, Goethe war verstimmt, Frau von Stein in schlechtester Laune. Beiden wurde es wohl im Augenblick bewußt, daß alles zu Ende war. Der Bruch war geschehen: in der Stunde geschehen, da Goethe, ohne Charlotte zu verständigen, nach Italien gegangen war; sie hatte es ihm noch nicht verziehen. Vielleicht wartete sie, daß der Liebende, wie früher so oft, sich entschuldigen, sich anklagen und sie um Versöhnung anflehen würde. Statt dessen versuchte er von Italien zu erzählen. Frau von Stein hörte gar nicht zu, sondern unterhielt sich mit ihrem Schoßhund; sie wußte genau, daß Goethe Hunde nicht leiden konnte.

Aber vor ihr stand nicht mehr der schmachtende Liebhaber, sondern ein neuer, selbstsicherer Mensch, neugeboren im Anblick der Antike. Vor ihr stand nicht mehr der schwärmerische Goethe-Tasso, sondern Goethe-Egmont. Auf das Peinliche dieser Wiedersehensszene können wir aus einer Schilderung Goethes schließen, die er viele Jahre später in einer Erzählung ›Die guten Weiber‹ einflocht und die sicherlich auf jenen Junitag des Jahres 1788 gemünzt ist: »Auch ich liebte, auch ich verreiste. Auch ich ließ eine Freundin zurück... Endlich kehrte ich zurück. Die vielen Gegenstände, die ich gesehen hatte, lebten immer fort vor meiner Einbildungskraft; ich mochte gern, wie Rückkehrende pflegen, erzählen, ich hoffte auf die besondere Teilnahme meiner Freundin. Vor allen anderen Menschen wollte ich ihr meine Erfahrungen und meine Vergnügungen mitteilen. Aber ich fand sie sehr lebhaft mit einem Hunde beschäftigt. Tat sie es aus Geist des Widerspruchs, der manchmal das schöne Geschlecht beseelt, oder war es ein unglücklicher Zufall? Genug, die liebenswürdigen Eigenschaften des Tiers, die artige Unterhaltung mit demselben, der Zeitvertreib, kurz, was alles dazu gehören mag, waren das einzige Gespräch, womit sie einen Menschen unterhielt, der seit Jahr und Tag eine weite und breite Welt in sich aufgenommen hatte. Ich stockte, ich verstummte; ich erzählte so manches andern, was ich, abwesend ihr immer gewidmet hatte. Ich fühlte ein Mißbehagen, ich entfernte mich, ich hatte Unruhe und ward noch unbehaglicher. Genug, von der Zeit an ward unser Verhältnis immer kälter, und wenn es sich zuletzt gar zerschlug, so muß ich, wenigstens in meinem Herzen, die erste Schuld jenem Hunde zumessen.« Charlottens Hund ließ Lulluchen.

Zunächst tat man beiderseits so, als sei alles beim alten geblieben. Charlotte versuchte wie früher, ihn mit Vorwürfen und Vorhaltungen gefügig zu machen. Sie mußte zu ihrem Schrecken sehen, daß ihre ehemalige Macht erloschen war. Es ist ein Brief Goethes erhalten, etwa vier Wochen nach jener Szene geschrieben. Da heißt es: »Heute früh komm ich auch noch einen Augenblick. Gerne will ich alles hören, was du mir zu sagen hast. Ich muß nur bitten, daß du es nicht zu genau mit meinem jetzt so zerstreuten, ich will nicht sagen zerrissenen Wesen nimmst. Dir darf ich wohl sagen, daß mein Inneres nicht ist wie mein Äußeres.« Zwei Tage später schrieb er: »Ich will so fortleben, wie ich kann, ob es gleich eine sonderbare Aufgabe ist.«

Frau von Stein ging etwa einen Monat nach Goethes Rückkehr nach Kochberg. Sie war verstimmt und verbittert. Sie brachte es nicht über sich, dem Freunde ein gutes Wort zu geben. Sie hatte es die zwölf vergangenen Jahre nicht über sich gebracht; aber da hatte sie es auch nicht gebraucht. Jetzt wäre es vonnöten gewesen. Aber sie konnte nicht nachgeben. Sie war ihrer Ansicht nach immer im Recht. Selbst ihr Sohn Karl hat in einem späteren Briefe an seinen Bruder diese Seite ihres Charakters getadelt: »Ich finde, daß die Mutter, wenn sie über etwas streitet, nicht allein nichts einräumt, sondern auch durch Beschuldigungen, Vorwürfe und Bemerkungen, die nicht zur Sache gehören, ihre Gegner aus der Contenance zu bringen weiß.« – »Ich nehme mich in acht, mit ihr über etwas zu disputieren, weil sie nie diskutiert, sondern gleich beleidigend wird.« Frau von Stein freilich empfand es genau umgekehrt: »Es ist von je mein Schicksal gewesen, daß die Freunde, die mich liebten, mir nie mit ihrer Liebe wohltätig waren, sondern mich wirklich eher quälten.«

Die kommenden Wochen und Monate sind im Leben der Frau von Stein von einer erschreckenden Bedeutung. Sie hatte Goethe geliebt; auf ihre Weise geliebt, aber sicherlich voll Leidenschaft und Innigkeit. Nun verkehrt sich diese Liebe in Haß. Sie konnte keinen Mittelweg finden. Sie konnte ihn, der ihr Leben ausgemacht hatte, nicht vergessen. Sie behielt auch in den kommenden Jahren das starke Gefühl, aber nicht mehr für ihn, sondern gegen ihn! Diese Verwandlung ihrer Leidenschaft bot sogar ihrer Umgebung ein häßliches Schauspiel. Herders Frau fühlte es in ihrem weiblichen Instinkt am deutlichsten. Sie fällte das Urteil über Frau von Stein: »Sie ist zu selbstisch.« Und nachdenklich fügte sie hinzu: »Sie will nicht verzeihen und er nicht um Verzeihung bitten. Ich mag nicht tiefer hineinsehen. Ich denke, er sei's wohl wert, daß man um ihn etwas leidet.«

Goethe selbst machte einige Versuche, Charlotte umzustimmen. Aber er fühlte sich in den ersten Wochen nach seiner Rückkehr geistig und körperlich elend. Unglücklicherweise war das Wetter ungünstig, und Goethe litt sein ganzes Leben in der empfindlichsten Weise unter trübem Wetter, besonders aber jetzt, da ihn Italiens und Siziliens Sonne verwöhnt hatte. Auch besaß er nun den Abstand, seine Geliebte und Angebetete von einem nüchternen Standpunkte aus zu sehen. Er äußerte sich nicht darüber, sondern schwieg wie gewöhnlich. Nur manchmal klang aus einer hingeworfenen Bemerkung sein Ärger über das Benehmen Charlottens. Als einst davon die Rede war, Frau von Stein bei einer gemeinsamen Partie mit dabei zu haben, sagte er zu Herders Frau: »Ach, mit der ist nichts anzufangen, sie ist verstimmt, und es scheint nicht, daß etwas werden will.«

Seine wirkliche Stimmung um jene Zeit hat er niedergeschrieben: »Aus Italien, dem formreichen, war ich in das gestaltlose Deutschland zurückgewiesen, heitern Himmel mit einem düstern zu vertauschen; die Freunde, statt mich zu trösten und wieder an sich zu ziehen, brachten mich zur Verzweiflung. Mein Entzücken über entfernteste Gegenstände, meine Leiden, mein Klagen über das Verlorene schien sie zu beleidigen, ich vermißte jede Teilnahme. Niemand verstand meine Sprache. In diesem peinlichen Zustand wußte ich mich nicht zu finden. Die Entbehrung war zu groß, an welche sich der äußere Sinn gewöhnen sollte.«

So entglitt er gänzlich der Macht und dem Zauber der einst vergötterten Frau. Er gab sich freilich noch einige Mühe, das alte vertrauliche Verhältnis wiederzufinden; aber da sie unzugänglich blieb, unterließ er es.

In den ›Biographischen Einzelheiten‹ findet sich unter der Überschrift ›Bedenkliches‹ eine längere Bemerkung, die vielleicht auf sein Verhältnis zu Charlotte Bezug hat: »Gar oft im Laufe des Lebens bemerken wir auf einmal, daß wir in einem Irrtum befangen sind, mitten in der größten Sicherheit des Wandels, daß wir uns für Personen, für Gegenstände einnehmen ließen, ein Verhältnis zu ihnen erträumten, das dem erwachten Auge sogleich verschwindet. Und doch können wir uns nicht losreißen, eine Macht hält uns fest, die uns unbegreiflich erscheint. Manchmal jedoch kommen wir zu völligem Bewußtsein und begreifen, daß ein Irrtum so gut als ein Wahres zur Tätigkeit bewegen und antreiben kann.«

Fühlte er sich nun erwacht, erwacht aus einem traumhaften Zustand? Hatte er nicht einst die Geliebte den ›liebsten Traum‹ seines Lebens genannt? Und hatte er nicht die rätselvollen Worte einst geschrieben: »Du und der Schlaf...« Wie weit war er jetzt von jenem traumseligen Gefühl, in dem er vor mehr als zwölf Jahren das große Gedicht geschrieben hatte: »Warum gabst du uns die tiefen Blicke!« Da hieß es noch: »Dämmernd ist um uns der hellste Tag.« Nun trat er in den hellen Tag, er mochte kein Dämmern mehr leiden.

Sooft Frau von Stein Gelegenheit hatte, machte sie ihrem Herzen Luft. An ihre Schwägerin schrieb sie: »Die Ahnung, daß der Kreis der Liebsten zerrissen und das Häuflein zerstreut wird, schwebt auch mir am Herzen. Goethe hat auf seinem Gewissen, den ersten Schritt dazu gemacht zu haben.« Und als sie in Kochberg ist, schreibt sie fast wütend an ihre Schwägerin nach Weimar zurück: »Ich habe sehr unrecht getan, Goethes wegen meine schöne Zeit in Kochberg zu versäumen«, er habe sie auf völlig fremdem Fuß entlassen, und es sei nichts als Langeweile zwischen ihnen ausgewechselt worden. Goethe selbst bekam ihre Vorwürfe ebenfalls zu hören. Resigniert und freundlich antwortete er ihr: »Wenn du es hören magst, so mag ich dir gerne sagen, daß deine Vorwürfe, wenn sie mir auch im Augenblicke empfindlich sind, keinen Verdruß und Groll im Herzen zurücklassen. Auch sie weiß ich zurechtzulegen, und wenn du manches an mir dulden mußt, so ist es billig, daß ich auch wieder von dir leide. Es ist auch so viel besser, daß man freundlich abrechnet, als daß man sich immer einander anähnlichen will, und wenn das nicht reüssiert, einander aus dem Wege geht. – Mit dir kann ich am wenigsten rechten, weil ich bei jeder Rechnung dein Schuldner bleibe. Wenn wir übrigens bedenken, wie viel man an allen Menschen zu tragen hat, so werden wir ja noch lieber einander nachsehen. Lebe wohl und liebe mich.«

Es sei also besser, sich gegenseitig zu nehmen, wie man sei, als sich einander mit Gewalt anähnlichen zu wollen! Das war keine der alten Liebesbeteuerungen mehr. Und daß auch er ihr etwas nachsehen wollte – Charlotte wollte kein Nachsehen, keine Nachgiebigkeit, keine Milde – sie war ja immer nach ihrer Ansicht die Beleidigte, die Gekränkte. Er war der Schuldner, und nur sie durfte mit ihm rechten. Er hatte es ja selbst geschrieben.

II

Es verstand sich unter diesen Umständen von selbst, daß Frau von Stein sich wieder an andere Menschen enger anschloß und in der Freundschaft das wiederzufinden suchte, was sie in der Liebe verloren hatte. Immer enger wächst ihr in jener Zeit die jugendliche Braut Schillers, Charlotte von Lengefeld, ans Herz. Und manchmal scheint es, als ob sie Schiller wenigstens an Freundschaft bieten will, was Goethe an Liebe nun nicht mehr von ihr haben soll. Eine ganz besondere Freundschaft aber verband Charlotte von Stein mit der Herzogin Luise. Und an dieser Stelle, da die Liebesgeschichte zwischen Goethe und Charlotte zu Ende ist und die neue Liebesgeschichte zwischen Goethe und Christiane noch nicht begonnen hat, ist Gelegenheit, einiges über diese bedeutende Frau zu sagen, die gleichermaßen Frau von Stein wie Goethe nahestand.

Die Frau, die sich der junge Herzog Karl August einst aus Karlsruhe geholt hatte, wurde wirklich die beste Freundin Charlottens. Das innige, sentimental und schwärmerisch empfundene Verhältnis zwischen der Fürstin und ihrer um so viel älteren Freundin endete erst der Tod. Nur noch mit der Gattin Schillers unterhielt Charlotte von Stein eine solche Freundschaft.

Die Weimarer Herzogin Luise ist eine der wichtigsten Figuren des Weimarer ›Musenhofes‹. Sie wurde viel geliebt und immer geachtet. Napoleon hat ihr gehuldigt, Goethe sie über alles gepriesen. Nur ihr Gatte Herzog Karl August stand ihr fern und kritisch gegenüber; er verstand sie nicht, so wenig, wie sie ihn verstand. Ursprünglich hatte es den Anschein, als wäre das Ehebündnis des jungen Herzogs eine regelrechte Liebesheirat. In dem Brief, den Karl August aus Karlsruhe an seine Mutter, die Herzogin Anna Amalia, schrieb, um sie offiziell um ihr Einverständnis mit der Verlobung zu ersuchen, stehen die Sätze, deren Aufrichtigkeit wir nicht bezweifeln können: »Sie sind nur damit beschäftigt, das Glück meines Lebens zu begründen; machen Sie dies vollkommen, indem Sie mir die Frau bewilligen, die ich auch unter anderen Verhältnissen gewählt haben würde.« Um das Zustandekommen dieser Ehe hatte sich in erster Linie der berühmte Erfurter Statthalter, der Prälat Freiherr von Dalberg, bemüht, ein ungemein geschäftiger, aber in seinen politischen Ambitionen nicht immer glücklicher Kirchenfürst. Das Ehebündnis zwischen dem Weimarer Herzog und der hessischen Prinzeß gehörte jedenfalls zu den negativen Erfolgen Dalbergs.

Für die Prinzeß gab es freilich viele Gründe, bei der Wahl des künftigen Gatten nicht zu anspruchsvoll zu sein. Mit siebzehn Jahren hatte sie die Mutter verloren; der Vater, Landgraf von Hessen-Darmstadt, residierte nicht in Darmstadt, sondern in Pirmasens. Er hatte als Prinz in Diensten Friedrichs des Großen als Regimentskommandeur gestanden; Luise war deshalb in Berlin geboren, 1757, im zweiten Jahre des Siebenjährigen Krieges, während der Vater mit dem preußischen Könige in Sachsen im Felde war. Als er dann nach dem Tode seines Vaters die Regierung in Darmstadt übernehmen sollte, half er sich auf seine Art: Seine Gattin, Luisens Mutter, die Landgräfin Karoline, mußte in Darmstadt residieren und regieren, während er in Pirmasens seinen militärischen Neigungen lebte. So blieb der Landgraf seiner Familie fremd, und nach dem Tode der Mutter konnte sich Luise fast als Waise betrachten; sie mußte fortan in der Fremde wohnen, in Karlsruhe, am Hofe ihrer Tante, der badischen Markgräfin. Als zwei Freier auftraten, der Prinz von Mecklenburg und der Prinz von Weimar, wählte sie den letzteren.

Luise war eine ungewöhnlch kluge Frau, aber ein schwieriger Charakter. »Luise ist nicht einfältig, aber noch unfertig und besitzt wenig Biegsamkeit des Charakters« – hatte die Mutter kurz vor ihrem Tod in einem Brief geschrieben. Diese Biegsamkeit des Charakters sollte sie nie erreichen. Sie war nicht anpassungsfähig. Zudem war sie meist ernst, zu schwermütigen Betrachtungen geneigt, in ihren menschlichen Gefühlen verschlosssen und vielleicht unsicher, was sie durch ein übertriebenes Festhalten an der Etikette zu verdecken schien. Auf den Bildern, die wir von ihr haben, erzählt ihr schöner, aber herber Mund von schmerzlichem Verzicht. Vielleicht lag schon ein Verzicht in der Wahl des Weimarer Fürsten. Luise hatte wohl Größeres geträumt.

Es ist merkwürdig und reizvoll, inmitten dieser Heiratsgeschichten die Gestalt des Alten Fritz auftauchen zu sehen und so eine sozusagen private Seite der friderizianischen Politik zu betrachten. Friedrich II. hatte in Berlin die Gattin seines hessischen Kriegskameraden und ihre Töchter kennen und schätzen gelernt. Er wählte eine der Töchter, Friederike, zur Gattin des preußischen Thronfolgers, des späteren Friedrich Wilhelm II. Die Ehe wurde nicht glücklich, aber der Preußenkönig hatte seine eigenen Ansichten über Liebe und Ehe. Kaum hatte er Friederike zur Prinzessin von Preußen gemacht, da dachte er schon über die Heiraten der anderen drei Töchter der Markgräfin nach. Er hatte einen sehr großen Plan. Eine der Töchter sollte den russischen Thronfolger heiraten.

Friedrich der Große betrieb dieses Projekt sofort mit dem größten Nachdruck. Als ein russischer Gesandter ihm den Wunsch der Zarin Katharina mitteilte, der Thronfolger möchte eine deutsche Prinzessin heiraten, ließ er sofort die Prinzessinnen von Darmstadt vormerken. Der Mutter dieser Kandidatinnen für den Zarenthron schrieb er einen erklärenden Brief. Die Zarin verlange von der künftigen Schwiegertochter »de la douceur, un maintien honnête et de la fécondité«. (»Anmut, ehrenhafte Haltung und Fruchtbarkeit.«) Und den letzten Punkt weiter ausführend, fügte Friedrich II. in seiner ein wenig zynischen Art hinzu: »Quant au dernier point, il faut s'en rapporter aux probalités, les expérience ne seraient pas admissibles sur un sujet si délicat.«

So wurden alle drei Prinzessinnen von Darmstadt mit ihrer Mutter auf die weite Reise nach Petersburg geschickt, um dem Kronprinzen und seiner kaiserlichen Mutter vorgestellt zu werden. Die große Reise ging über Erfurt (hier sah Luise zum ersten Mal ihren zukünftigen Gatten, den Erbprinzen von Weimar) und Potsdam, wo der Preußenkönig sie in Sanssouci empfing, nach Travemünde und von dort zu Schiff nach Petersburg. Die Zarin musterte die drei Mädchen aufs genaueste und bestimmte schließlich Wilhelmine zur Braut. Von Luise soll sie gesagt haben: »C'est une tête.« So wurde Luisens Schwester mit dem künftigen Zaren Paul vermählt, sie wurde aber nie Zarin, sondern starb früh. Nach ihrem Tod heiratete Paul eine württembergische Prinzessin. Wir wissen nicht, können es aber nachfühlen, wie enttäuscht Luise war, daß die Wahl nicht auf sie fiel. Kurz nach der Rückkehr starb die Mutter, und Luise mußte an den badischen Hof, wo es ihr nicht im geringsten gefiel. Einige Reisen, wie nach der Schweiz, brachten eine gewisse Abwechslung in das höfisch-steife Leben. In Zürich knüpfte sich eine Lebensfreundschaft zwischen der Prinzessin und Lavater, der von ihr in seiner enthusiastischen Art schrieb: »Prinzeß Luise – wahrlich eine große Seele. – Ich hätte sie küssen mögen.«

Der gleichen Ansicht war auch der Weimarer Herzog, als er nach Karlsruhe zur Brautschau ging. Aber die Verbindung, die sich wie eine Liebesheirat anspann, sollte nicht zum Glück ausschlagen – zu verschieden waren die Partner. Karl August schwärmte für Sturm und

Drang, Götz von Berlichingen in der Goetheschen Darstellung war sein jugendliches Ideal. Luise, in der höfisch dünnen Luft von Darmstadt und Karlsruhe groß geworden, wo Klopstock der maßgebende Schriftsteller war, empfand die derbe Art ihres Gatten als ununterbrochene Beleidung. Karl August hingegen fand nach einiger Zeit seine junge Gattin fad und langweilig.

Zunächst freilich ahnten die Beteiligten noch nichts von dieser künftigen tragischen Entwicklung. Die Reise Karl Augusts von Weimar nach Karlsruhe im Winter 1774/75 war ein großes Fest. Den Herzog begleiteten außer seinem Bruder Konstantin und dem Grafen Götz der Hauptmann von Knebel und der Stallmeister von Stein, Charlottens Gatte. In Frankfurt vermittelte der literarisch stark interessierte Knebel die erste Begegnung des Herzogs mit Goethe! In Karlsruhe lernte Karl August den Dichter Klopstock kennen. Der Brief, den der junge Herzog – er war erst siebzehn Jahre alt – über diese Begegnungen an seinen Lehrer Wieland nach Weimar schrieb, ist erhalten: »Ich machte die Bekanntschaft Goethes, der Sie sehr schätzt, und auch Klopstocks. Letzterer gefällt mir ja ganz gut, aber manchmal meine ich, daß er zu sehr davon überzeugt ist, Klopstock zu sein.«

Von seiner künftigen Gattin aber sagte Karl August in dem gleichen Brief: »Ich fand meine Luise, wie ich sie mir nur wünschen konnte. Sie ist nicht schön (!), aber wenn man sie liebt und ihr die Liebe zeigt, ist sie ungemein reizvoll. Sie ist von mittlerer Statur, hat große Augen, kleine Nase und kleinen Mund. Ihr Herz ist edel und aufrichtig. Ihr Abgott ist die Tugend. Sie ist dankbar, und sie kennt keine größere Freude, als Freude zu stiften. Sie besitzt diejenige große Eigenschaft, die Lessing so sehr veredelt, nämlich nie von einer Tugend zu reden, die sie besitzt, es sei denn die höchste Not.«

Man könnte sich einen begeisterteren Brief eines jugendlich entbrannten Liebhabers vorstellen. Aber sicherlich glaubte Karl August die richtige Lebensgefährtin gefunden zu haben. Von Weimar aus gesehen, war die

Partie nicht weiter glänzend. Politische Vorteile bot die Heirat nicht. Für damalige Begriffe war die Braut zudem arm. Das mütterliche Vermögen brachte eine jährliche Einnahme von nicht mehr als 2527 Talern; ihre eigentliche Mitgift betrug kaum 20000 Gulden, der Wert der Ausstattung 28000 Gulden. Für den Haushalt des Herzogs wie für das Land Weimar waren das betrübliche Tatsachen. Die neue Herzogin mußte eine jährliche Apanage von 11000 Talern erhalten; ihr Hofstaat umfaßte eine Oberhofmeisterin, einen Oberhofmeister, drei Hofdamen, zwei Kammerjungfern. Die Weimarer Stände mußten sogleich 40000 Taler zahlen, für die außerordentlichen Ausgaben des Jahres 1775, worunter die Hochzeit, die Empfangsfeierlichkeiten und die Einrichtung des neuen herzoglichen Haushalts zu verstehen waren. Man muß sich vorstellen, welche Zeit es ist: fünfzehn Jahre vor der französischen Revolution. Es war selbstverständlich, daß die Stände den Aufwand ihrer Fürstin zu zahlen hatten, und sie waren überdies noch verpflichtet, dem Landesherrn und seiner gesamten Familie einen loyalen Enthusiasmus entgegenzubringen, was die Weimarer auch taten, und sogar gern taten, wenn man den zeitgenössischen Berichten glauben darf. Luise hielt dies alles ebenso für selbstverständlich, wie es Charlotte von Stein für die gottgewollte und gutgefügte Ordnung der Dinge hielt.

Schon nach wenigen Wochen entwickelten sich die Dinge, wie sie fortan bleiben sollten: Die junge Herzogin wußte nichts aus ihrer neuen Lage zu machen; sie war unglücklich, fühlte sich unbehaglich und unverstanden. Was schließlich nichts als Schüchternheit war, wurde ihr als Kälte und Stolz ausgelegt. Nach vielen Jahren hat sie eine Äußerung über ihre erste Begegnung mit Wieland, ihres Gatten Lehrer, getan, die ihr schüchternes Wesen erhellt: »Als ich Wieland das erste Mal sah, glaubte ich kaum, daß er mich eines Wortes würdigen könne.« War sie nun aus solcher Haltung wortkarg, so nahm es die andere Seite als Kälte. Wieland freilich schrieb schon bald, in Anspielung auf die schnelle Entfremdung des jungen Paares: »Warum kann Karl August den Engel nicht aus meinen Augen sehen, warum kann Luise den edlen, guten, biederherzigen Karl August nicht mit meinen Augen sehen?« Und resigniert fügte der lebensweise Dichter des deutschen Rokoko hinzu: »Warum? Warum? Was helfen uns die Wenn und Warum? Es ist nun so und soll so sein.« Der Brief ging an Lavater in Zürich, und der rührselige Physiognomiker beeilte sich, seiner Kenntnis von der unglücklichen herzoglichen Ehe in folgenden Versen Ausdruck zu geben, die er an Luise sandte:

> Daß Dein erhaben Herz verborgne Leiden
> umschleichen, stille Tränen Du vergießest,
> vielleicht Du keiner schwesterlichen Seele
> den edlen Kummer nur im Blicke
> darfst ahnden lasen, o Luise,
> dies überschauert meine Seele
> mit kaltem Todesschrecken...

Die schwesterliche Seele freilich hatte Luise inzwischen gefunden: Charlotte von Stein. Und sie hatte auch einen brüderlichen Freund gefunden, der ihr nach Kräften half und alles tat, ihre Lage zu erleichtern: Goethe.

Denn keineswegs hatte die junge Frau wie so viele andere, ja wie im Grunde Frau von Stein selbst, Goethe für das ausgelassene Treiben ihres ungestümen Gatten verantwortlich gemacht. Goethe muß es sogleich verstanden haben, das Herz der Fürstin zu erobern. Es klingt ein erotischer Ton mit, wenn Goethe von ihr spricht. »Luise und ich leben nur in Blicken und Silben zusammen«, steht in einem der ersten Briefe Goethes aus Weimar. Und ein andermal: »Luise war ein Engel, ich hätte mich ihr etliche Male zu Füßen werfen müssen. Aber ich blieb in Fassung und kramte läppisches Zeug aus.« Und wieder ein andermal: »Luise ist eben ein unendlicher Engel: ich habe meine Augen bewahren müssen, nicht über Tisch nach ihr zu sehen. Die Götter werden uns allen beistehen.« Der Schlußsatz klingt wie eine Beschwörung gegen eine aufziehende Leidenschaft. Und etwas davon wird nach mehr als einem halben Jahrhundert anklingen – bei der Nachricht vom Tode Luisens (1830) sagte Goethe nur: »Wir müssen nun sehen, wie wir uns wieder mit dem Leben zurechtsetzen.« Die Herzlichkeit der Beziehungen Goethes zu der Herzogin Luise zeigt ein Umstand bei Luisens Tode: der Hof, d. h. die regierende Großherzogin, wird einen Hofbeamten zu dem alten Goethe schicken, um ihm das Beileid zu dem Tode seiner Freundin auszusprechen, die von 1775 bis 1830, fünfundfünfzig Jahre hindurch, seine Weggenossin gewesen war.

Wie innig sich die Herzogin schon in den ersten Monaten ihres Weimarer Lebens an Goethe anschloß, zeigt ein Brief an Lavater, in dem sie schrieb: »Vielleicht glauben Sie mich besser als ich bin; Goethe und der Statthalter (Dalberg) sollen Richter sein.«

Man war allenthalben von der anmutigen Herzogin entzückt. Die Grafen Stolberg schrieben nach einem Besuch in Weimar, kaum einen Monat nach der Ankunft Luisens: »Heute Mittag hatten wir die Herzogin zwischen uns! Verstand wie ein Engel und durch ihre anscheinende, nach und nach sich entnebelnde Kälte leuchtet das liebenswürdigste Herz hervor.«

Nur einer teilte das Entzücken nicht: ihr Gatte. Es war sicherlich unrecht, nur ihm die Schuld zu geben. Karl August war rechthaberisch, aber seine Gattin war alles andere als anpassungsfähig, sie kämpfte nicht nur mit harten Worten, sondern auch mit Tränen und Kälte, denn sie war ebenso rechthaberisch wie ihr Gatte. Goethe schrieb schon im Januar 1776: »Ich sah ihr in die Seele und begreife nur nicht, was ihr Herz so zusammenzieht, und doch, wenn ich nicht so warm für sie wäre, sie hätte mich erkältet. Ihr Verdruß über des Herzogs Hund war auch so ersichtlich. Sie haben eben immer beide unrecht.«

Viel trug zu der unglücklichen Lage Luisens die unfreundliche Haltung der Schwiegermutter bei. Anna

Amalia, des Herzogs Mutter, war von der Schwiegertochter nicht minder entttäuscht als ihr Sohn, und sie machte keinen Hehl daraus. Auch dankte sie nur politisch zugunsten ihres Sohnes ab. Wie konnte sie auch! Sie war damals erst sechsunddreißig Jahre alt und hatte lange genug souverän regiert. Sie war geistvoll und verstand mehr aus dem Leben zu machen als die verschlossene und kalte Luise. So blieb ihr ›Wittums-Palais‹ der gesellschaftliche Mitelpunkt Weimars und die Schwiegertochter die zweite Dame im Staate.

Desto inniger schloß sich die Herzogin an Charlotte von Stein an. Der Altersunterschied war sehr groß – vierzehn Jahre –, aber die fürstliche Distanz glich ihn in etwa aus. Luise war damals zwanzig, Charlotte vierunddreißig Jahre alt. Charlotte wurde also die liebste Vertraute der Herzogin, und sie wußte bald die intimsten Geheimnisse der fürstlichen Ehe. Das mag für die Gattin eines der ersten Hofbeamten nicht immer bequem gewesen sein, denn die Zerwürfnisse der streitbaren Gatten bargen den Keim zu manchen Intrigen und, wie man damals zu sagen pflegte, Kabalen in sich. Es ehrt Charlotte von Stein, daß sie mit Takt das Vertrauen benutzte; viel freilich half ihr Goethe, der, seinerseits des Herzogs Vertrauter, alles tat, um offene Skandale zu vermeiden und die oft lauten Szenen zu dämpfen; sie entbrannten meist um Kleinigkeiten, etwa, wie wir aus dem eben mitgeteilten Briefe entnehmen können, um einen Jagdhund, den Karl August mit in den Salon bringt und den er sich weigert herauszujagen, obwohl Luisens zarte Nerven das Gebell nicht aushalten wollen. So entschied sich die fürstliche Ehe wenig von vielen anderen Ehen; es gab Streit und es gab wieder Versöhnung. Allmählich aber wurden die Streitfälle häufiger und die Versöhnungen seltener. Es gab regelrechten Zank, und mitunter ist es beim Herzog so laut hergegangen wie in einer schlechten bürgerlichen oder bäuerlichen Ehe, in der dem polternden Mann ein zänkisches Eheweib entgegentritt. So blieb es lange, dann mochte das Alter und die Reife der Jahre die erhitzten Gemüter mildern, nicht im Sinne eines späten Glücks, sondern in Form einer müden und traurigen Resignation.

Es liegt uns fern, die anmutige Herzogin als keifendes Eheweib zu schildern. Auch der sanfteste Mensch verliert mitunter die Nerven, und wenn auch alle Weimarer nicht müde wurden, Luise als Engel zu schildern und zu loben, so war sie doch ein irdischer Engel. Vielleicht hat gerade diese engelhafte Attitüde den Gatten, der es besser wußte, geärgert und zu unnötigen Schroffheiten veranlaßt. Jedenfalls hatte er sich in seiner Ehe gründlich geirrt und sich selbst getäuscht; die kurze Bemerkung in seinem ersten Brief aus Karlsruhe: »Sie ist nicht schön« deutet schon an, daß er sie nicht wirklich liebte; je länger er mit ihr zusammen lebte, desto weniger schön schien er sie zu finden.

Andere empfanden anders. Nicht nur Frau von Stein, sondern auch ein so großer Frauenkenner wie Goethe. Das schöne Distichon L.-D. (Luise-Darmstadt), das er nach zwanzig Jahren in seine und Schillers ›Xenien‹ einfügte, beschreibt noch den ersten Eindruck, den Luise auf den Dichter machte:

> »Eine kannte ich, sie war wie die Lilie schlank
> und ihr Stolz war Unschuld;
> herrlicher hat Salomo keine gesehen.«

Die Annahme liegt nahe, daß die vertraute Freundschaft zwischen den beiden Frauen einem gemeinsamen Schicksale entsprang. Hatte Frau von Stein in ihrer eigenen Ehe ähnliche Erfahrungen gemacht, wie sie jetzt Luise beklagte? Wenn ja, so war es längst vorbei, eine fast heiter zu nennende Gleichgültigkeit hatte alle Empfindsamkeit abgelöst; Herr von Stein kümmerte sich um seine Gattin nicht mehr, als unbedingt notwendig war, und sie scheint es nicht anders gehalten zu haben. Es wäre wohl auch hier verkehrt, alle Schuld auf den Gatten zu schieben, ihn als ungebildet oder doch nur äußerlich gebildeten Mann hinzustellen, der die feine und hochgebildete Charlotte nicht verstand. Darüber kann freilich kein Zweifel sein, daß Charlotte sich als unverstandene Ehefrau fühlte. Herr von Stein aber scheint sich nicht erst die Mühe gegeben zu haben, sich ebenfalls unverstanden zu fühlen. Er hielt sich dem Hause möglichst fern, experimentierte auf Kochberg und zog sonst mit seinem herzoglichen Herrn und seinen Kumpanen, zu denen auch Goethe gehörte, im Lande umher.

Es ist schwer, sich ein rechtes Bild von Herrn von Stein zu machen. Die meisten Goethe-Biographen sind sich darüber einig, daß er ›unbedeutend‹ war. Ein nicht gerade plastischer Begriff. Er war weitgereist, hatte sich mit dem Herzog in Paris aufgehalten, kannte die große Welt; er interessierte sich lebhaft für landwirtschaftliche Dinge und widmete auf diesem Gebiete sich allen möglichen Versuchen. Nun sind Ackerbau und Viehzucht keine Lieblingsbeschäftigungen geistreichelnder Damen, und es mag sein, daß Josias von Stein sich aus Literatur nicht so viel machte wie seine schöngeistige Gemahlin. Er jedenfalls hat nicht versucht zu dichten wie Charlotte. Immerhin war der Baron musikalisch (er spielte Flöte), war ein gesuchter Gesellschafter, und auf der Weimarer Liebhaberbühne hat er nach allgemeinem Urteil den besten Eindruck gemacht. Er war ein schöner Mann; aber auch dies beweist noch nicht mit Notwendigkeit, daß er dumm war.

Erst später, kurz vor seinem Tode, scheint er etwas wunderlich geworden zu sein, er starb umdüstert, und als nach seinem Tod der Schädel geöffnet wurde, zeigte sich die Ursache: Durch einen Sturz vom Pferde hatte sich ein Knochensplitter gelöst. Wann sich dieser Unfall zugetragen hat, wissen wir nicht. In seinem 40. Lebensjahr, als Goethe Frau von Stein kennenlernte, kann davon noch nicht die Rede gewesen sein. Der junge Herzog war geradezu vernarrt in ihn; schon als Erbprinz hatte er seine Mutter gebeten, ihm Herrn von Stein zum Hofherrn zu geben. Karl August schätzte dumme Menschen, wie man weiß, keineswegs, und so bleibt wohl kein anderer

Schluß, als anzunehmen, daß auch Josias von Stein ein gescheiter Mensch war. Aus seinen religiösen Neigungen, die keineswegs in übertriebener Frömmelei bestanden, sondern ein aufrechtes und ehrliches protestantisches Christentum bedeuteten, machte er keinen Hehl. Alles in allem geht es also wohl nicht an, in ihm einen ›unbedeutenden Mann‹ zu sehen.

Es ist zuzugeben, daß dadurch das Phänomen der Liebe Charlottens und Goethes noch rätselvoller wird, als es im anderen Falle wäre. Wieviele Männer, die sich einer verheirateten Frau nähern, rechtfertigen sich selbst mit der Entschuldigung, sie sei von ihrem Gatten vernachlässigt oder in ihrer Eigenart unterdrückt, und umgekehrt lautet die geläufigste Rechtfertigung der verheirateten Frau, die einen anderen als ihren Gatten liebt, daß sie zu Hause nicht verstanden werde. Nichts dergleichen kann für den Fall der Frau von Stein zutreffen. Die einzige Entschuldigung für ihre Liebe, wenn es einer bedarf, war die – Liebe.

Und überdies – in keinem Augenblick des Verhältnisses zwischen Charlotte und Goethe machte Herr von Stein den Eindruck eines betrogenen und hintergangenen, also gedemütigten und verhöhnten Ehemannes. Im Gegenteil. Mit einem gewissen Humor beförderte er gegebenenfalls die kleinen Liebesbillette, die zwischen seiner Frau und dem Dichter hin und her gingen. »Steinen hab ich das Zettelchen gegeben«, steht in einem Briefe Goethes an Charlotte, ein andermal umgekehrt: »Steinen habe ich versäumt das Zettelchen mitzugeben.« Und in den Liebesbriefen sind plötzlich mitten zwischen den Liebesbeteuerungen Bestellungen an den Gatten. Und das »Grüßen Sie Steinen und die Kinder« wurde fast zum stehenden Satz der Goetheschen Briefe.

Das ist gewiß keine Verstellung, denn Goethe heuchelte nicht. Stein konnte nicht so unerfahren sein, die innigen Liebesbeziehungen zwischen seiner Frau und seinem Freunde zu übersehen. Also wußte er darum und duldete es. Bald wird es allen Beteiligten selbstverständlich. Wenn Goethe und Stein zusammen reisten, nahm Goethe keinen Anstand, in des Freundes Gegenwart an dessen Gattin einen Liebesbrief zu schreiben. So steht es in einem ›Zettelchen‹ aus Kaltennordheim (Rhön): »Stein spricht viel von Ökonomie, und da fast nichts weiter vorkommt, ists ihm wohl; übrigens sitzt er und macht Anmerkungen, die ich ihm an der Nase ansehe.« Stein war dem Hausfreunde ein wirklicher Freund. Goethe gestand selbst: »Steins Gutheit« rührt ihn, mehr als einmal warnt Stein ihn vor vermeintlichen Freunden, die ihm in Wirklichkeit schadeten. Umgekehrt beriet Goethe den Oberstallmeister, wo er kann: »Es wird mir recht natürlich, Steinen gefällig zu sein und ihm leben zu helfen.«

Man muß auch dies vom Menschlichen her nehmen. Über Eifersucht war der Baron längst hinaus; vielleicht daß er Charlotte kaum noch so liebte, daß es zur Eifersucht gereicht hätte. Einen Skandal brauchte er nicht zu fürchten. Im übrigen war Goethe in jeder Hinsicht ein idealer Hausfreund. Liebte er doch wirklich das ganze Haus und nicht nur die Frau. Steins Kinder fanden in Goethe einen väterlichen Freund. Besonders Fritz wurde mit Geschenken überhäuft. Mitunter kommt es zwischen den beiden ›Vätern‹, zwischen Goethe und Stein auch zu Meinungsverschiedenheiten. Sie betreffen drollige Nebensächlichkeiten. Goethe beschwert sich bei der Mutter des Fritz: »Sein Vater hat ihm wieder einmal die Haare abschneiden lassen, das ihm ein albernes Aussehen gibt.« Manchmal bremste der Vater auch einem Zuviel der stiefväterlichen Liebe, so wenn Goethe seinen Jungen zu kostbare Geschenke gab. Einmal mußte Karl schweren Herzens eine goldene Uhr zurückbringen.

Selten findet sich eine Andeutung, daß Herr von Stein störend zwischen den Liebenden stand. Wenn es einmal der Fall war, dann geschah es unabsichtlich. So klingt es etwas ärgerlich in einem Brief Goethes aus dem Jahre 1781: »Als ich mit Ihnen das Buch des Irrtums und der Wahrheit (von Saint Martin) las, gingen mir schöne

Lichter über meinen Zustand auf: Ich hatte sie eben für Sie zu schönen klaren Worten gebracht, als Stein hereinkam.« Diese Bemerkung wirft ein sehr anschauliches Bild auf das Eheleben der Frau von Stein: Der Gatte kommt und stört; sicher tat er es nicht mit Absicht.

In den späteren Jahren wirkte er freilich abermals unabsichtlich störend. Und dies ward dann ein Dauerzustand. Herr von Stein nämlich nahm 1785 nicht mehr an der Hoftafel teil; die darauffallenden Bezüge wurden ihm bar ausbezahlt, und er mußte fortan in seinem eigenen Hause essen. Dort hatte sich aber das Liebespaar seit langem daran gewöhnt, gemeinsam zu speisen. Es war sehr ärgerlich, daß der Gatte nun neben dem Hausfreund sitzen mußte, aber es ging nicht anders. Es ist nicht von der Hand zu weisen, daß auch dieser Umstand erkältend auf das Verhältnis der beiden Liebenden, wenigstens was Goethe betrifft, einwirkte. Denn was Frau von Stein bei all dem dachte, wissen wir kaum. Hier ist der Verlust ihrer Briefe wirklich unersetzlich; sie müssen ja schließlich Andeutungen über diese delikaten Dinge enthalten haben.

Wie stellte sie sich überhaupt zu ihrem Gatten? Hatte sie wenigstens vorübergehend an Scheidung gedacht? War es nur der Gedanke an die (schon fast erwachsenen) Kinder, oder war es eine gewisse Anhänglichkeit an den schnell alternden und auch kränkelnden Gatten, was sie von dieser letzten Konsequenz ihrer Liebe zu Goethe abhielt? Wir wissen es nicht.

Aus manchen Briefstellen Goethes könnte man schließen, daß er seinerseits eine Scheidung gewünscht hätte, um so ganz in das Leben der Geliebten eintreten zu können. So könnte man vielleicht mehrere Briefstellen aus Italien aus dem Frühling des Jahres 1787 verstehen; erstrebte der Dichter das bürgerlich-eheliche Band? Aber Frau von Stein hatte damals schon ihr Herz gegen den Dichter verhärtet, und selbst wenn sie es nicht getan hätte, waren wohl der Hemmungen zu viele, das Band mit ihrem Gatten zu lösen.

Die schönste Erklärung wäre, daß sie um den immer mehr Leidenden sich ernstlich sorgte. Schon 1776 hatte Herr von Stein Bad Pyrmont aufgesucht, um seine Gesundheit wiederherzustellen, was ihm auch gelang. Später aber stellten sich regelmäßig heftige Kopfschmerzen ein, die allmählich unerträglich wurden. Damals schien er reizbar und aus dem einst so fröhlichen Reitersmann ward ein melancholischer, leidender Greis. Schon während Goethes italienischer Reise verschlimmerte sich das Übel. Mit dreiundfünfzig Jahren erlitt der Kranke seinen ersten Schlaganfall, der den rechten Arm lähmte. Die Bekannten und auch die Familienangehörigen konnten nicht genug seine Güte und Milde gerade während dieser Krankheit rühmen. Aber sein Siechtum dehnte sich lange hin. Frau von Stein rechnete 1789 mit seinem Tode; denn sie sagte zu Schillers Braut, nach Steins Tode würde sie vielleicht nach Jena übersiedeln.

1790 kam der zweite Schlaganfall, ein dritter im folgenden Jahre. Charlotte klagt in einem Brief: »Mein trauriger, kranker Gesellschafter hemmt den Lauf meiner Gedanken und ich werde stumm mit ihm.« Sehr liebevoll klingt dies ja nicht, aber da auch berichtet wird, daß der nun ganz wunderlich gewordene Kranke seine Gattin zu plagen begann, so muß man ihr diese Bemerkung nachsehen. Im Juli 1791 ging sie mit ihm nach Bad Lauchstädt. Aber es war Herrn von Stein nicht mehr zu helfen. Charlotte schreibt: »Mit meinem Gatten geht es immer schlechter, und seine Krankheit ist von der Art, daß man sein Leben nicht wünschen kann. Der Medikus in Lauchstädt sagte mir auch, sein Kopf sei nicht zu kurieren. Es ist etwas, das mir nicht unerwartet kommt, und ich sehe überhaupt schon eine Weile dem Leben gleichgültig zu.« Und die Herzogin fragte in einem Brief an Charlotte: »Ist der Kopf noch immer nicht in Ordnung oder ist er besser? Ich hoffe, daß er Sie nicht quält und Sie in Ruhe läßt.«

Am Weihnachtstage des Jahres 1793 – es war Charlottens 51. Geburtstag – ereilte der letzte Schlaganfall ihren 58jährigen Gatten. Er lebte nur noch einen Tag.

III

Als Herr von Stein kurz nach Weihnachten 1793 starb, bestanden schon seit Jahren zwischen Goethe und Frau von Stein kaum noch Beziehungen. Der Bruch war vollständig und endgültig. Charlotte hatte Goethes Verhältnis mit Christiane Vulpius zum letzten Anlaß genommen; sie hat sich damit sozusagen einen guten Abgang verschafft, und der weitaus größte Teil der Weimarer Gesellschaft gab ihr recht und Goethe unrecht.

Aber nicht Christiane war die eigentliche Ursache des endgütligen Bruches. Schon im Herbst 1786, also vor zwei Jahren, hatte Charlotte ihre Briefe zurückgefordert, und wenn die Verbindung dann auch wieder in alter Herzlichkeit hergestellt schien, so war das eben doch nur künstliches Bemühen. Das hatte die häßliche Wiedersehensszene gezeigt. Und in den vier Wochen zwischen jenem Wiedersehen und Goethes erster Begegnung mit Christiane war es weder ihm noch ihr gelungen, wieder zueinander zu finden.

Das Verhältnis zwischen Goethe und seiner neuen Freundin blieb merkwürdigerweise lange geheim; Frau von Stein jedenfalls erfuhr es erst nach einem dreiviertel Jahr, durch einen reinen Zufall. Aber auch in dieser Zwischenzeit hatte sie keinen Schritt getan, eine herzliche Beziehung zu Goethe wieder herzustellen.

Am 18. Juni 1788 war Goethe nach Weimar zurückgekommen. Seinen Bund mit Christiane Vulpius pflegte Goethe später vom 13. Juli 1788 zu datieren. Eine Woche später, am 20. Juli, schrieb er den Brief an Charlotte, worin er sie bat, »es nicht zu genau mit meinem jetzt so zerstreuten, ich will nicht sagen, zerrissenen Wesen« zu nehmen. Am 22. Juli zog sich Frau von Stein nach Kochberg zurück.

Goethes Briefe nach Kochberg sind gedrückt und mißmutig. Der Herzog hatte einen Unfall gehabt und war schlecht gelaunt: »Es ist ein rechtes Probestück, wie er sich und anderen das Leben sauer macht. Ich mache ein so gutes Gesicht dazu wie als möglich und bin in einer inneren Verzweiflung, nicht über diesen besonderen Fall, sondern weil dieser Fall wieder sein und unser ganzes Schicksal repräsentiert. Ich mag nichts weiter sagen und klagen... Wie ich denn überhaupt gänzlich unnütz bin.« – »Lebe wohl, erfreue dich deiner Einsamkeit! Es wird nicht lange währen, so habe ich, wills Gott, sie auch wiedergefunden, gewonnen, um sie nie zu verlassen. Adieu.« Entsprachen diese Briefe seiner wahren Gesinnung und Stimmung? Spielte er wirklich mit dem Gedanken, Weimar ganz zu verlassen? Wollte er mit der neuen Geliebten auf und davon?

Acht Tage später, am 31. August 1788, schrieb er wieder anders: »Vergieb mir, meine Liebe, wenn mein letzter Brief ein wenig konfus war! Es wird sich alles geben und auflösen. Man muß nur sich und den Verhältnissen Zeit lassen. Ich fürchte mich dergestalt vor Himmel und Erde, daß ich schwerlich zu dir kommen kann. Die Witterung macht mich unglücklich, und ich befinde mich nirgends wohl als in meinem Stübchen; da wird ein Kaminfeuer angemacht – und es mag regnen, wie es will!« Inzwischen hatte Frau von Stein ebenfalls die schlechte Laune des Herzogs zu spüren bekommen. Er hatte ihr die Bitte, ihr einige Pferde für Kochberg zu borgen, rundweg abgeschlagen. Sie schrieb darüber gereizt an ihre Schwägerin Sophie von Schardt nach Weimar: »Sehr bös ists, daß mir der Herzog die kleine Gefälligkeit, mir den Zug Pferde von seiner Frau Mutter auf ein paar Wochen zu bewilligen, abgeschlagen hat, weil ich hier keine Pferde bekommen kann.«

Endlich konnte Goethe seinen Besuch in Kochberg nicht länger aufschieben. Er fuhr am Freitag, 5. September, zum Wochenende mit Frau von Schardt, Frau Herder und dem jungen Fritz nach Kochberg. Dorthin war auch Charlotte von Lengefeld aus Rudolstadt gekommen; sie hatte ein besonderes Anliegen: Frau von Stein sollte die Bekanntschaft Schillers, ihres Verlobten, mit dem Dichter Goethe enger gestalten. Herders Gattin hat Bemerkungen über den Empfang Goethes durch Frau von Stein hinterlassen: Frau von Stein habe ihren Freund ›ohne Herz‹ aufgenommen, und er sei darüber den ganzen Tag verstimmt gewesen. So stand die erste nähere Begegnung Schillers mit Goethe unter einem schlechten Stern.

Am Sonntag fuhr die Gesellschaft nach Rudolstadt. Schiller schilderte in einem Briefe seinem Freunde Körner diese Begegnung mit Goethe: »Endlich kann ich dir von Goethe erzählen, worauf du, wie ich weiß, sehr begierig wartest. Ich habe vergangenen Sonntag beinahe ganz in seiner Gesellschaft zugebracht, wo er uns mit der Herder, Frau von Stein und der Frau von Schardt, der, die du im Bad gesehen hast, besuchte. Sein erster Anblick stimmte die hohe Meinung ziemlich tief herunter, die man mir von dieser anziehenden und schönen Figur beigebracht hatte. Er ist von mittlerer Größe, trägt sich steif und geht auch so; sein Gesicht ist verschlossen, aber sein Auge ausdrucksvoll, lebhaft, und man hängt mit Vergnügen an seinem Blicke. Bei vielem Ernst hat seine Miene doch viel wohlwollendes und Gutes. Er ist brünett und schien mir älter auszusehen, als er meiner Berechnung nach wirklich sein kann. Seine Stimme ist überaus angenehm, seine Erzählung fließend, geistvoll und belebt; man hört ihn mit überaus viel Vergnügen; und wenn er bei gutem Humor ist, welches diesmal so ziemlich der Fall war, spricht er gern und mit Interesse. Unsere Bekanntschaft war bald gemacht und ohne den mindesten Zwang; freilich war die Gesellschaft groß und alles auf seinen Umgang zu eifersüchtig, als daß ich viel allein mit ihm hätte sein oder etwas anderes als allgemeine Dinge mit ihm sprechen können.«

Dieser ziemliche Humor hielt jedoch in Kochberg nicht lange vor. Goethe soll von Tasso erzählt und auch einige Verse aus einem (unvollendeten) Gedicht: ›Die Geheimnisse‹ vorgetragen haben. Aber es kam keine Herzlichkeit auf, und verstimmt trennte man sich am Montagmorgen. Es scheint dies der letzte Versuch beiderseits gewesen zu sein, wieder in die alten Formen ihres Umgangs zurückzufinden. Aber weder Charlotte noch er fanden sich zurecht.

Charlotte litt mehr darunter als Goethe. Denn wenn sie auch viel zu stolz war, ihm ein gutes Wort zu geben, das vielleicht alles wieder hätte gut machen können, so hing sie doch mit jeder Faser ihrer Seele an ihm. Wie grau ihr in diesem Herbst die Welt wurde, erzählen ihre Briefe an ihre Schwägerin Sophie.

Schiller, der in einem Dorfe bei Rudolstadt den Spätsommer verbrachte, kam nun öfters mit Charlotte von Lengefeld auf Besuch nach Kochberg. Frau von Stein gefiel der junge Dichter, und auf Schiller machte die Baronin schon deshalb großen Eindruck, weil sie die mütterliche Freundin seiner Braut war. Frau von Stein schilderte ihn: »Er scheint mir ein recht guter Mensch zu sein, mit dem gut umzugehen ist.« Und Schiller schrieb von ihr: »Ich habe die Stein sehr lieb gewonnen, seitdem ich ihrem Geist mehr zugesehen habe. Ich liebe den schönen Ernst in ihrem Charakter; sie hat Interesse für das, was sie für wahr hält und was edel ist. Viele Menschen sterben, ohne je was davon zu ahnen.« Auch Knebel kam einmal nach Kochberg, und im Anschluß, also unter dem Eindruck dieses Besuches, machte er eine interessante Bemerkung über Frau von Stein: »Sie ist eine gar seltene gute Frau, und lebt eigentlich bloß in der Klarheit, die ihr, bei ihrer reizbaren, feinen Natur, schon die Stelle der Wärme vertritt. Sie lebt eigentlichst im Verstand, und hat doch so gar keine Prätension vom Verstand.« Diese reizbare Klarheit hatte Goethe mehr als ein Jahrzehnt hindurch fasziniert. Jetzt sehnte er sich nach Wärme.

Nach der Rückkehr Charlottens nach Weimar kam es kaum mehr zu persönlichen Aussprachen; man traf sich eigentlich nur noch in der Gesellschaft. Um so peinlicher wurde die veränderte Atmosphäre um die beiden. Wiederum hat Frau Herder davon berichtet. Am 8. November waren einige Damen bei Goethe eingeladen, darunter Frau von Stein, ihre Schwester (die Baronin Imhoff, deren Mann vor kurzem in München gestorben war), ihre

Schwägerin von Schardt und auch Frau Herder: »Wir hofften auf diesen engen Zirkel, weil es das erste Mal war. Aber siehe, die Frau von Oertel, ihr Mann und alle Kinder waren dazu geladen, auch Voigt. Die Kalbin kam nicht, da er ihr noch nicht einmal einen Besuch gemacht hat. Es war uns allen höchst unwohl, und ein jedes ging vor 7 Uhr mit Vergnügen weg. Die Schardt erzählte mir hernach, daß er den Tag vorher auf dem tanzenden Picknick mit keiner gescheiten Frau ein Wort beinah geredet, sondern den Fräuleins nach der Reihe die Hände geküßt und ihnen schöne Sachen gesagt und viel getanzt hätte. – Kurz, er will durchaus nichts mehr für seine Freunde sein.«

Es war die Zeit, da Charlottens Gatte immer kränklicher und wunderlicher wurde. Er war melancholisch, und manche seiner Bemerkungen waren nicht dazu angetan. Charlottens Lebensfreude zu erhöhen: »Am 6. November besuchte Herders Gattin Nachmittags Charlotten. Ich fand gestern den Stein wohlaussehend – schreibt sie –, aber mager und abgesondert, als einer, der die letzte Reise vor sich hat und es auch sagt. Er räumte in seinen Papieren und Zimmern alles auf, und sagte zu seiner Frau in meiner Gegenwart: ›Ich räume auf, damit du nach meinem Tode alles in Ordnung findest.‹ Wie sie mit Goethe steht, weiß ich nicht; sie sprach sehr kalt von ihm, und ich hüte mich jetzt, diese Saite zu berühren. Es geht mich nicht an.« Schon damals schlossen sich die Weimarer Damen in einer Art Einheitsfront gegen Goethe zusammen. Die von Schiller über seine Braut zurückgesetzte Frau von Kalb, Charlottens Schwägerin Sophie, die ›kleine Schardt‹, und Frau von Stein bildeten den Kern dieses Zirkels, der Goethe noch viel zu schaffen machen sollte.

Goethe widmete sich in jenen Monaten vielen Vergnügungen; er besuchte Bälle, tanzte mit den schönsten Frauen und Mädchen und beteiligte sich sogar, gegen seine sonstige Gewohnheit, an Trinkgelagen. Man kritisierte das heftig und fand den Dichter der ›Iphigenie‹

plötzlich sinnlichen Genüssen anheimgefallen. In Wirklichkeit betrachtete Goethe dies Treiben wohl eher als einen Trick, die Aufmerksamkeit von seiner heimlichen Liebe abzulenken. Was ihm auch noch einige Monate gelang. Selbst der Herzog scheint sich über den neuen Goethe gewundert zu haben. Erst schwärmte er von Italien und machte Schwierigkeiten, nach Weimar zurückzukommen, und jetzt, da man ihm wiederum die Möglichkeit gegeben hatte, nach Italien als Reisebegleiter der Herzogin-Mutter Amalia zu gehen, schlug er es aus und blieb in Weimar, dessen düsteres Wetter er gescholten. Und nun auf einmal tanzte und trank er wie ein Student, wie in jenen, ach, so lange zurückliegenden Jahren der gemeinsamen ›tollen‹ Zeit. Jedenfalls wußte Goethe den Herzog zu beruhigen: »Ich schäme mich vor Ihnen der Studentenader nicht, die sich wieder in mir zu beleben anfängt.«

Er blieb jetzt oft einige Tage in Jena; aus einem solchen Aufenthalt schrieb er an den jungen Fritz von Stein, der allmählich seiner Obhut entwachsen war: »Ich habe mich recht wohl befunden, auf dem Balle habe ich viel getanzt, bin in Lobeda und Drakendorf gewesen, vorgestern bei Grießbach zum Abendessen, gestern im Konzert und so geht es immer fort. Du siehst, daß Jena zum lustigen Leben inspiriert. Das Fegefeuer von der anderen Seite wird auch immer gräulicher. Sage deiner Mutter, daß ich viel lerne und viel denke. Was meine Tugend betrifft, so kann ich mich nur italienisch ausdrücken: Crescono le mie virtù, ma la mia virtù cala.« Dies letzte Wort: »Meine Fertigkeiten wachsen, aber meine Tugend nimmt ab«, war eine recht unvorsichtige Bemerkung, und Frau von Stein dürfte daraus sofort eine Bestätigung ihrer Ansicht von dem neuen, sinnlichen Goethe gelesen haben.

So kam der Winter, Neujahr und der Vorfrühling, ohne daß sich viel änderte. Die Melancholie Charlottens blieb; sie schrieb von einer lebenslustigen alten Dame, einer Gräfin Pachta, die sie in Jena kennengelernt habe: Die

Gräfin hatte gesagt, das gewisse Plätzchen hier auf der Welt sei ihr lieber als das ungewisse, das da kommen solle. Und melancholisch fügte Frau von Stein hinzu: »Ich habe keine Anhänglichkeit daran und freue mich auf den Schlaf.« Noch einmal machte Goethe den Versuch, die Freundin von einst zu versöhnen. Es war ein Stück gegeben worden, ein unbedeutendes Stück von einer betrogenen und verlassenen Frau, und der Inhalt gab Charlottens Gram neue Nahrung. Goethe merkte das und schrieb ihr am 20. Februar 1789: »Gestern abend war ich einige Augenblicke recht in Sorgen, als mir die Kammerjungfer deiner Schwester, wie ich wohl merkte, ein Geheimnis machte; ich wußte nicht, aus was und warum. Es hat mir sehr leid getan, daß dich das geschmacklose, elende Stück durch Erinnerung an eine traurige Wirklichkeit so geschmerzt hat. Ich will dich diesen Abend erwarten. Laß uns freundlich Leid und Freude verbinden, damit die wenigen Lebenstage genossen werden! Lebe recht wohl und liebe mich!«

»Liebe mich!« – Es ist das letzte Mal, daß Goethe so schreibt. Denn wenige Tage später enthüllte sich ihr das Geheimnis von Goethes neuer Liebe. Es geschah in den ersten Märztagen des Jahres 1789. Fritz von Stein, nun schon 18 Jahre alt, ging in Goethes Gartenhaus, wie er es so oft in vergangenen Jahren gemacht hatte und wo er wie zu Hause war. Goethe war nicht da. Aber im Gartenhaus hielt sich ein hübsches, dunkelblondes, etwa 22jähriges Mädchen auf, das sich ebenfalls dort zu Hause zu fühlen schien. Fritz von Stein, in seinen Gefühlen als Goethes Vertrauter gekränkt, stellte sie zur Rede, was sie da zu schaffen hätte. Das Mädchen erwiderte – ob unbefangen oder verlegen, wir wissen es nicht –, sie sei hier zu Hause, denn sie wohne beim Geheimderat!

Fritz von Stein war sittlich entrüstet; er spielte sich in seinen Jünglingsjahren, wie sein älterer Bruder berichtet, überhaupt gern als Sittenrichter auf. Er ging eiligst nach Hause und erzählte seiner Mutter von der Begegnung mit der Schönen. Frau von Stein dachte sich ihr Teil, zog Erkundigungen ein und erfuhr Namen, Stand und Verhältnis des Mädchens. Es wäre ein Skandal, sagte sie sich. Und sie machte einen Skandal daraus. Jedenfalls wurde es jetzt sehr schnell Gesprächsstoff in ganz Weimar, daß Goethe in einem wilden Verhältnis mit einem Frauenzimmer lebe. Die Damen der Gesellschaft waren sich über Charakter und Herkunft des Mädchens einig. Sie sparten keine Beschimpfung.

»Er hat nun sein Klärchen.« In diese bitteren Worte kleidete Frau von Stein ihr Urteil. Denn sie war noch immer der Ansicht, daß Egmonts Klärchen eine Dirne sei.

Charlotte von Stein hatte den Trost, die maßgebende Weimarer Gesellschaft auf ihrer Seite zu wissen. Selbst die Gattin Herders, die sonst Frau von Stein kritisch gegenüberstand, schrieb ihrem Gatten nach Italien: »Er (Goethe) hat die junge Vulpius zu seinem Klärchen. Sie (Frau von Stein) verdenkt es ihm sehr. Da er ein so vorzüglicher Mensch sei, auch schon 40 Jahre alt ist, so sollte er nichts tun, wodurch er sich zu den andern so herabwürdigt.« Einige Tage später gestand Frau Herder, wiederum in einem Briefe an ihren Gatten, daß sie Mitleid mit der Stein habe.

Frau von Stein wurde nun nicht müde, Goethe anzuklagen. In einem Brief vom 30. März 1789 an Schillers Braut, Charlotte von Lengefeld, schrieb sie: »Ich war den Winter immer nicht wohl, und da wird man geneigter zum Nachdenken, das einen im Leben nicht glücklicher macht. Der andere mir mühsame Begriff von meinem ehemaligen vierzehn Jahre lang gewesenen Freund liegt mir auch manchmal wie eine Krankheit auf, und ist mir nun wie ein schöner Stern, der mir vom Himmel gefallen. Wenn ich Sie sehen werde, will ich Ihnen mancherlei darüber erzählen, das ich nicht schreiben mag.« Und Frau Herder bestätigte den unglücklichen Zustand Charlottens: »Sie ist sehr unglücklich, und Goethe beträgt sich nicht hübsch. Da die Unglücklichen immer unter der

Zahl der Heiligen bei mir sind, so steht sie jetzt auch bei mir in dieser Zahl, und ich fürchte, der Kummer verkürzt ihr Leben.«

Frau von Stein hat zwar ein Alter von 88 Jahren erreicht und ist also älter als Goethe geworden: aber in jenen Jahren (sie war jetzt 47) fühlte sie sich wirklich elend. Sie ging früher als sonst in einen Kurort; am 5. Mai 1789 verließ sie Weimar und reiste nach Frankfurt, wo sie Goethes Mutter besuchte. Leider wissen wir nicht, welchen Eindruck sie auf die Frau Rat machte. Sie selbst war entzückt von der alten Dame und berichtete ihrem Sohn: »Die Rätin Goethe hat mir ausnehmend gefallen, und ich könnte sie recht lieb haben und mit ihr leben; sie war zeither an einem bösen Geschwür am Backen krank. Sie hat dich recht lieb; schreib ihr ja fleißig; denn von ihrem Sohn zu hören ist ihr ganzes Leben. Der Ring mit seinem Kopf (den Fritz ihr geschickt) hat sie ausnehmend gefreut; sie hatte ihn am Finger. Madame La Roche und viele von ihrer Familie habe ich kennen lernen; ich war gestern den halben Tag bei ihr in Offenbach. Sie erzählt gar hübsch und interessant und würde dir gewiß gefallen. Sie hat mich bis halben Weg in die Stadt begleitet; es war ein prächtiger Abend und die Luft voller Blütengeruch.« Von Frankfurt reiste sie weiter nach Wiesbaden, wo sie vorläufig blieb, um später nach Ems zu gehen.

Charlotte hatte Goethe vor ihrer Abreise aus Weimar einen Brief zurückgelassen, eine Art Ultimatum, das von ihm die Lösung seiner Beziehungen mit Christiane Vulpius verlangte, widrigenfalls zwischen ihnen alles aus sein sollte. Goethe wartete seiner Gewohnheit gemäß einige Zeit (er schrieb nicht gern unangenehme Briefe), dann aber entschloß er sich zu seiner Antwort, in der aller Groll nachklingt, der sich in den Jahren der Liebe und der Launen Charlottens in ihm angehäuft hatte.

Der Brief trägt das Datum des 1. Juni und ist aus dem Schloß Belvedere geschrieben: »Ich danke dir für den Brief, den du mir zurückließest, wenn er mich gleich auf mehr als eine Weise betrübt hat. Ich zauderte darauf zu antworten, weil es in einem solchen Falle schwer ist, aufrichtig zu sein und nicht zu verletzen. – Wie sehr ich meine Pflicht gegen dich und Fritzen kenne, habe ich durch meine Rückkunft aus Italien bewiesen. Nach des Herzogs Willen wäre ich noch dort; Herder ging hin, und da ich nicht voraussah, dem Erbprinzen etwas sein zu können, hatte ich kaum etwas anders im Sinne als dich und Fritzen. – Was ich in Italien verlassen habe, mag ich nicht wiederholen; du hast mein Vertrauen darüber unfreundlich genug aufgenommen. – Leider warst du, als ich ankam, in einer sonderbaren Stimmung, und ich gestehe aufrichtig, daß die Art, wie du mich empfingst, wie mich andre nahmen, für mich äußerst empfindlich war. Ich sah Herdern, die Herzogin verreisen, einen mir dringend angebotnen Platz im Wagen leer; ich blieb um der Freunde willen, wie ich um ihretwillen gekommen war, und mußte mir in demselben Augenblick hartnäckig wiederholen lassen, ich hätte nur wegbleiben können, ich nähme doch keinen Teil an den Menschen usw. Und das alles, eh von einem Verhältnis die Rede sein konnte, das dich so sehr zu kränken scheint. – Und welch ein Verhältnis ist es? Wer wird dadurch verkürzt? Wer macht Anspruch an die Empfindungen, die ich dem armen Geschöpf gönne? Wer an die Stunden, die ich mit ihr zubringe? – Frage Fritzen, die Herdern, jeden, der mir näher ist, ob ich unteilnehmender, weniger mitteilend, untätiger für meine Freunde bin als vorher, ob ich nicht vielmehr ihnen und der Gesellschaft erst recht angehöre! – Und es müßte durch ein Wunder geschehen, wenn ich allein zu dir das beste, innigste Verhältnis verloren haben sollte. – Wie lebhaft habe ich empfunden, daß es noch da ist, wenn ich dich einmal gestimmt fand, mit mir über interessante Gegenstände zu sprechen! – Aber das gestehe ich gern, die Art, wie du mich bisher behandelt hast, kann ich nicht erdulden. Wenn ich gesprächig war, hast du mir die Lippen verschlossen; wenn ich mitteilend war, hast du mich der Gleichgültigkeit, wenn ich für Freunde tätig war, der Kälte und Nachlässigkeit beschuldigt. Jede meiner Mienen hast du kontrolliert, meine Bewegungen, meine Art zu sein getadelt und mich immer mal à mon aise gesetzt. Wo sollte da Vertrauen und Offenheit gedeihen, wenn du mich mit vorsätzlicher Laune von dir stießest? – Ich möchte gerne noch manches hinzufügen, wenn ich nicht befürchtete, daß es dich bei deiner Gemütsverfassung eher beleidigen als versöhnen könnte.« Und er machte noch eine Anmerkung, die vielleicht die Angelegenheit auf eine andere Bahn schieben sollte, gleichzeitig aber eins seiner Steckenpferde betraf. Er warf Charlotte ihren übermäßigen Kaffeegenuß vor! Goethe haßte diese Stimulans, und er führte die Launen seiner einstigen Geliebten auf diesen Kaffee zurück. Wie oft hatte er sie gebeten, mäßiger zu sein; aber sie hatte ihm diesen Gefallen nur kurze Zeit getan; gab sie schon Goethe zuliebe nichts Größeres, so erst recht nicht ihre kleineren Neigungen auf. Die Sache mit dem Kaffee in jenem so ernsten und schicksalsschweren Brief mag kleinlich scheinen; aber da sprach wohl auch der Groll und der Zorn Goethes mit, daß sie ihm auch nicht das kleinste Opfer gebracht hatte. Der Passus lautet: »Unglücklicherweise hast du schon lange meinen Rat in Absicht des Kaffees verachtet und eine Diät eingeführt, die deiner Gesundheit höchst schädlich ist. Es ist nicht genug, daß es schon schwer hält, manche Eindrücke moralisch zu überwinden; du verstärkst die hypochondrische, quälende Kraft der traurigen Vorstellungen durch ein physisches Mittel, dessen Schädlichkeit du eine Zeitlang wohl eingesehen und das du, aus Liebe zu mir, auch eine Weile vermieden und dich wohl befunden hast.« Der Brief enthielt noch den Satz: »Ich gebe die Hoffnung nicht ganz auf, daß du mich wieder erkennen werdest.«

Nach genau einer Woche schrieb Goethe einen zweiten Brief, und abermals, es ist das allerletzte Mal, beschwört er die einst so sehr Geliebte, ihm ihr Vertrauen zu erhalten: »Es ist mir nicht leicht ein Blatt saurer zu schreiben geworden als der letzte Brief an dich, und wahrscheinlich war er dir so unangenehm zu lesen als mir zu schreiben.

Indes ich doch wenigstens die Lippe eröffnet, und ich wünsche, daß wir sie nie gegeneinander wieder schließen mögen. Ich habe kein größeres Glück gekannt als das Vertrauen gegen dich, das von jeher unbegrenzt war; sobald ich es nicht mehr ausüben kann, bin ich ein andrer Mensch und muß in der Folge mich noch mehr verändern. – Ich klage nicht über meine hiesige Lage; ich habe mich gut hineingefunden und hoffe darin auszuhalten, obgleich das Klima schon wieder mich angreift und mich früher oder später zu manchem Guten untüchtig machen wird. – Wenn man die kalte, feuchte Sommerzeit, die strengen Winter bedenkt, wenn durch des Herzogs äußeres Verhältnis und durch andere Kombinationen alles bei uns inkonsistent und folgenlos ist und wird, wenn man fast keinen Menschen nennen kann, der in seinem Zustande behaglich wäre, so gehört schon Kraft dazu, sich aufrecht, in einer gewissen Munterkeit und Tätigkeit zu erhalten und nicht einen Plan zu machen, der einen nach und nach loslösen könnte; wenn nun aber gar ein übles Verhältnis zu den Nächsten entsteht, so weiß man nicht mehr, wohin man soll. Ich sage das so gut in deinem als meinem Sinne und versichere dich, daß es mich unendlich schmerzt, dich unter diesen Umständen noch so tief zu betrüben. – Zu meiner Entschuldigung will ich nichts sagen, nur mag ich dich gern bitten: Hilf mir selbst, daß das Verhältnis, das dir zuwider ist, nicht ausarte, sondern stehen bleibe, wie es steht! – Schenke mir dein Vertrauen wieder, sieh die Sache aus einem natürlichen Gesichtspunkte an, erlaube mir, dir ein gelassenes, wahres Wort darüber zu sagen! – und ich kann hoffen, es soll sich alles zwischen uns rein und gut herstellen.«

Es war eine eitle Hoffnung. Charlotte hat keinen dieser Briefe mehr beantwortet. Sie schrieb auf den ersten ein großes O mit drei Ausrufungszeichen. Sie hatte ihr Ultimatum gestellt. Goethe hatte es nicht erfüllt. Das Ultimatum war abgelaufen, der Krieg Charlottens erklärt. Sie hat ihn ohne Gnade, voll Haß und Rachsucht geführt.

Der Angriff galt zunächst der Geliebten des Dichters. Frau von Stein und die anderen Damen der Gesellschaft gaben sich alle erdenkliche Mühe, Ehre und Ruf des jungen Mächens zu vernichten. Sie wußten nur zu gut, daß sie damit Goethe am empfindlichsten trafen.

Frau Herder schrieb ihrem Gatten, der immer noch in Italien war: »Er (Goethe) hat sein Herz, wie sie (Frau von Stein) glaubt, von ihr gewendet und sich ganz dem Mädchen, die eine allgemeine Hure vorher gewesen, geschenkt.« Dies also war der Ton, in dem man im Salon der Baronin von Stein von Goethes junger Freundin sprach. Im übrigen war man sich darüber einig, daß Christiane aus den gemeinsten Volksschichten stammte, daß ihr Vater im Säuferdelirium gestorben, ihr Bruder ein Taugenichts und sie selbst in jeder Beziehung verderbt sei.

Und die Wirklichkeit?

Die Familie Vulpius läßt sich weit zurückverfolgen; es waren Juristen und Pfarrer. Einer von den Vorfahren dichtete und komponierte um 1600 einige Kirchenlieder. Christianens Großvater war ›Hochfürstlich-Sächsischer Hof-Advokatus Extraordinarius‹. Christianens Vater wurde ebenfalls Jurist, und zwar Amtsarchivar. Er hatte aus erster Ehe drei Kinder (darunter Christiane) und aus einer zweiten Ehe abermals vier Kinder. Nach seinem Tod blieb die Familie mittellos zurück. Die Sorge für ihren Unterhalt oblag dem ältesten Sohn, Christian August Vulpius. Er hatte das Gymnasium in Weimar und die Universitäten von Jena und Erlangen besucht. Zunächst wurde er Privatsekretär bei einem Freiherrn von Soden in Nürnberg und später beim Grafen Egloffstein. Da er aber Lust und Talent zum Schriftstellern verspürte, schuf er sich einen bescheidenen Gelderwerb, der seiner Familie zugute kam.

Aber auch Christiane mußte sich zeitig nach einem Verdienst umsehen; für Bürgermädchen von damals eine schwierige Angelegenheit. Nun hatte in Weimar der Rat Bertuch, ein Freund Goethes, ein kunstgewerbliches

Atelier gegründet, in dem künstliche Blumen nach Pariser Geschmack hergestellt wurden. Unter Leitung der Frau Rat Bertuch und einer unverheirateten Schwägerin arbeiteten hier gegen geringes Entgelt junge Mädchen, darunter, wie es in einem zeitgenössischen Bericht heißt, etliche ›Staatsjungfern vom Stand‹, das heißt von Adel. Bertuch selbst schrieb über diese Manufaktur an Knebel: »Es ist eine Entreprise meiner Frau, die nach und nach dem größten Teil unsrer leider unbeschäftigten Mädchen der mittleren Klasse sehr heilsam wird.«

Christianens Bruder, Christian August Vulpius, hatte verschiedentlich Goethe um Förderung gebeten, und Goethe hatte sich wohl auch einige Male für den talentierten jungen Mann verwandt. Über seiner italienischen Reise vergaß er ihn dann. Aber Vulpius meldete sich wieder. Im Juli 1789, wenige Wochen nach Goethes Rückkehr, bat er seine Schwester, Goethe auf seinem Heimweg zum Gartenhaus eine Bittschrift zu überreichen. Christiane tat es. Von dieser Begegnung datierte Goethes Bekanntschaft mit Christiane.

Goethe hat sich des jungen Vulpius weiter angenommen und ihn gefördert. Vulpius war kein Dichter, aber ein geschickter und phantasiebegabter Autor. Goethes Empfehlungsschreiben heben seine Bescheidenheit und sein gutes Gemüt, aber auch seine Bildung, seine Disposition zu den Wissenschaften und sonstige Talente hervor. Später stellte Goethe ihn als Archivar am Theater und an der Bibliothek an. Vulpius genoß sein Vertrauen und zeigte sich dieses Vertrauens auch würdig.

Schließlich winkte Vulpius das Glück. Einer seiner Unterhaltungsromane wurde ein großer buchhändlerischer Erfolg. Es war das Abenteurerbuch ›Rinaldo Rinaldini‹. Wenn auch keine dichterisch wertvolle Leistung (Vulpius machte ja auch nicht den Anspruch, Dichter zu sein), so ist dieser Räuberroman doch spannend und wirksam, jedenfalls nicht schlechter als andere ähnliche Erzeugnisse gewesen. Als 1806 Christian August Vulpius in der ›Allgemeinen Zeitung‹ Cottas verhöhnt wurde, nahm Goethe für ihn entschieden Partei. Ein Weimarer Mitarbeiter der Zeitung, sicherlich einer aus den Kreisen der Christiane feindlichen Gesellschaft, hatte anläßlich der Nachricht von der Schlacht bei Jena und der darauffolgenden Plünderung des Hauses von Vulpius die Geschmacklosigkeit begangen, ironisch zu fragen, »was Vulpius wohl daraus machen und wie er es literarisch verwerten würde«. Goethe schrieb sofort einen groben Brief an Cotta: »Ist es die Art, einen Geplünderten als Autor anzugreifen?« Es sei niederträchtig, fügte er hinzu.

Niederträchtig war auch die Behauptung der Weimarer Damen, daß der Vater dieses Vulpius ein notorischer Säufer gewesen und die Familie deshalb erblich belastet sei. Diese Verleumdung wird durch die weitere Geschichte der Familie widerlegt. Die Nachkommen des Schriftstellers Vulpius waren erbgesunde Menschen; C. A. Vulpius selbst wurde 65 Jahre alt, einer seiner Söhne 73, ein anderer sogar 81 Jahre. Sie waren Juristen und Ärzte.

Daß schließlich Christiane selbst ein verderbtes Geschöpf gewesen sei, wie Frau von Stein es so gerne wahrhaben wollte, war eine Beleidigung der moralischen Persönlichkeit Goethes und sollte es wohl auch sein. Christiane jedenfalls gab sich in ihrem Leben nur einem hin, dem einzigen, den sie liebte; und Goethe achtete Christiane, und das wiegt alle Verleumdung auf. Aber gerade diese Beständigkeit Goethes rief den bittersten Haß Frau von Steins hervor. Sie sah, daß es zu spät für sie sei. Hatte sie nicht ihren einstigen Freund schon, bevor das Verhältnis mit Christiane ruchbar wurde, so schlecht und kalt behandelt, daß sie kaum noch einen Einfluß auf ihn haben konnte? Sie bekam ihre Briefe wieder: Anscheinend hat sie die eigenen verbrannt; die meisten Briefe Goethes aber hob sie sorgsam auf; wieviele von Goethes Briefen sie vernichtete, ist unbekannt.

Goethe selbst versuchte, das Gerede durch Schweigen und Duldung zu mildern. Er schloß sich wieder enger an den Hof an und bemühte sich um die Freundschaft

Herders, der am 9. Juli 1789 aus Italien nach Weimar zurückkehrte. Er führte eine Aussprache mit Herders Frau herbei und erklärte ihr, daß er Christiane als die Seine betrachte, daß er sie nie verlassen werde und daß ihm ein flüchtiges Abenteuer oder die Betörung eines unerfahrenen Mädchens fernliege. Auch die Herzogin Luise wurde anscheinend eingeweiht: Sie billigte das Verhältnis nicht gerade, aber überging es schweigend, ohne sich an dem Gerede zu beteiligen. Anscheinend ging der Herzogin, als deren beste Freundin sich Frau von Stein bisher betrachten konnte, allmählich deren Art, über Goethe und sein Haus herzufallen, auf die Nerven. Jedenfalls beklagte sich Frau von Stein einmal über die Vernachlässigung durch die Fürstin. Herzogin Luise antwortete: »Erst gestern bin ich von Aschersleben zurückgekommen. Bei meiner Ankunft fand ich Ihren Brief, der mir Freude und Schmerz gemacht hat. Bin ich denn so nachlässig und unbeständig, daß Sie mich einer Veränderung gegen Sie fähig halten können? Entfernen Sie diese Vorstellung aus Ihrem Herzen; denn ich habe sie nicht verdient. Sie lieben mich, meine theure Stein, gewiß so sehr, wie ich Sie stets geliebt habe. Goethe hat deßhalb allein die Reise mit mir gemacht, weil der Herzog es wollte, und weil für eine größere Gesellschaft zu Aschersleben kein Raum war.«

Frau von Stein hatte es also der Herzogin übelgenommen, daß Goethe sie begleiten durfte! Jeder Gegner Goethes war ihr nun willkommen. Solange die Herders gegen Goethe redeten, waren sie Charlottens beste Freunde: Als sich Herder wieder zu einem besseren Verständnis seines Freundes aufraffte, kühlte sich sogleich auch die Freundschaft zwischen seiner Familie und der Frau von Stein ab. Der leicht reizbare Knebel bekam wegen einer naturwissenschaftlichen Veröffentlichung mit Goethe einen Streit. Goethe bemüht, die Zahl seiner Gegner nicht noch zu vergrößern, lenkte sofort in der nachgiebigsten Weise ein. Aber Frau von Stein wurde nicht müde, den ungerechten Worten Knebels gegen

Goethe zu lauschen und ihn in seiner zeitweiligen Abneigung zu bestärken. Alle klugen Beobachter in Weimar merkten, daß diese Haltung Charlottens nichts als umgekehrte Liebe, daß es eine Haßliebe war. Karoline, die Schwester der Braut Schillers, meinte in einem Briefe: »Ich stimmte die letzten Tage besser mit der Stein. Sie war in eine stille Trauer über ihr Verhältnis mit Goethe versunken, und da schien sie mir wahrer und harmonischer, als in der widernatürlichen Haltung von Gleichgültigkeit oder Verachtung.«

So unbegreiflich uns Charlottens Benehmen erscheinen muß, eines beweist es: daß sie Goethe leidenschaftlich, wenn auch auf ihre kühle und stolze Art, geliebt hat. Man mag alles abziehen, was gekränkter Stolz, verletzte Eitelkeit, Eifersucht und Mißgunst in ihrer neuen Haltung gewesen sein kann – übrig bleibt die Liebe. War auch etwas Reue dabei? Tat es ihr nun nicht leid, dem leidenschaftlichen Drängen ihres Dichters auf ein besseres Verständnis, auf etwas Nachsicht, auf Wärme und Güte so abweisend entgegengestanden zu haben? Hatte sie wirklich noch gehofft, in diesem Augenblick durch Laune und Drohung das zu erreichen, was in einem vergangenen Jahrzehnt der Liebende bedenkenlos und demütig ihr zu Füßen gelegt hatte? War das Ultimatum ihr letzter Versuch gewesen, die alte Macht über sein Herz auszuproben? Sie hatte das Schwerste von ihm gefordert: sein Liebstes zu lassen.

Und es war nicht nur das Schwerste, was Charlotte von Goethe fordern konnte, es war auch ein Unmögliches: Als Goethe ihr antwortete, wußte er schon, daß Christiane ein Kind von ihm erwartete.

So viel Unangenehmes und Peinliches diese Zeit Goethe brachte, eines entschädigte ihn tausendfach: Christianens Liebe. Es ist kein Zweifel, daß diese Liebe sehr sinnlich begann. Goethe, in Italien an ein freieres Leben und Lieben gewöhnt, war kein schüchterner Werber und kein schmachtender Liebhaber mehr. Christiane ihrerseits gab sich ihm ganz und ohne Bedenken – und sie sollte, was auch die Leute reden mochten, es nicht zu bereuen haben.

> Laß dich, Geliebte, nicht reun, daß du mir so schnell dich ergeben!
> Glaub es, ich denke nicht frech, denke nicht niedrig von dir.
> Vielfach wirken die Pfeile des Amor: einige ritzen,
> Und von schleichendem Gift kranket auf Jahre das Herz.
> Aber mächtig befiedert, mit frisch geschliffener Schärfe
> Dringen die andern ins Mark, zünden behende das Blut.
> In der heroischen Zeit, da Götter und Göttinnen liebten,
> Folgte Begierde dem Blick, folgte Genuß der Begier.

In diesen Wochen und Monaten entstand ein reicher Liederkranz, in dem sich das neue Glück spiegelte. Und was Charlotte absichtlich ihm versagt hatte, den gemeinsamen erinnernden und rückschauenden Genuß seiner italienischen Jahre, das gab ihm das geliebte Mädchen ohne Absicht: Nun fließt das alles zusammen, rückschauend wird Christiane zu einem italienischen Erlebnis, als sei er ihr dort schon begegnet.

Bis zum November 1789 hatte Goethe (außer im Gartenhaus) in dem Hause am Frauenplan gewohnt (dem heutigen Goethehause); aber es war nur eine Mietswohnung gewesen. Jetzt überließ ihm der Herzog Räume im sogenannten Jägerhause vor dem Frauentore, an der heutigen Marienstraße. Hierher zog Goethe mit Christiane Vulpius, und zur namenlosen Empörung der Damen um Frau von Stein nahm er auch noch Verwandte Christianens in seinen Haushalt, ihre Schwester, die lungenkranke Ernestine, und eine ältere Tante. Er selber scherzte über seine »kleine, aber nicht heilige Familie«.

Im Geist aber weilte Goethe noch immer in Italien. Die Römischen Elegien entstanden jetzt in rascher Folge. Und immer wieder verschmilzt das Bild der Geliebten mit der Erinnerung an Italien. Ihr Äußeres – braunes Haar, dunkler Teint, volle Lippen – erinnerte ihn an manche italienische Schönheit.

Einst erschien sie auch mir, ein bräunliches Mädchen, die Haare
fielen ihr dunkel und reich über die Stirne herab.
Kurze Locken ringelten sich ums zierliche Hälschen,
Ungeflochtenes Haar krauste vom Scheitel sich auf.
Und ich verkannte sie nicht, ergriff die Eilende: lieblich
Gab sie Umarmung und Kuß bald mir gelehrig zurück.
O, wie war ich beglückt! – Doch stille, die Zeit ist vorüber,
Und umwunden bin ich, römische Flechten, von euch.

Aber die Zeit war nicht vorüber; sie war holde Gegenwart, sie machte ihn glücklich. Lange Jahre hatte er sich nicht so behaglich gefühlt wie jetzt. In seinen ›Jahresbüchern‹ gesteht er von jener Zeit: »Angenehme häuslich-gesellige Verhältnisse gaben mir Mut und Stimmung, die Römischen Elegien auszuarbeiten und zu redigieren.«

Aber die Nächte hindurch hält Amor mich anders beschäftigt;
Werd ich auch halb nur gelehrt, bin ich doch doppelt beglückt.
Und belehr ich mich nicht, indem ich des lieblichen Busens
Formen spähe, die Hand leite die Hüften hinab?
Dann versteh ich den Marmor erst recht; ich denk und vergleiche,
Sehe mit fühlendem Aug, fühle mit sehender Hand.
Raubt die Liebste denn gleich mir einige Stunden des Tages,
Gibt sie Stunden der Nacht mir zur Entschädigung hin.
Wird doch nicht immer geküßt, es wird vernünftig gesprochen;
Ueberfällt sie der Schlaf, lieg ich und denke mir viel.
Oftmals hab ich auch schon in ihren Armen gedichtet
Und des Hexameters Maß leise mit fingernder Hand
Ihr auf den Rücken gezählt. Sie atmet in lieblichem Schlummer
Und es durchglühet ihr Hauch mir bis ins Tiefste die Brust.

Und in diese Elegien strömt das neue Geheimnis des Verliebten:

Schwerer wird es nun mir, ein schönes Geheimnis zu wahren;
Ach, den Lippen entquillt Fülle des Herzens so leicht!
Keiner Freundin darf ichs vertrauen; sie möchte mich schelten;
Keinem Freunde: vielleicht brächte der Freund mir Gefahr.
Mein Entzücken dem Hain, dem schallenden Felsen zu sagen,
Bin ich endlich nicht jung, bin ich nicht einsam genug.
Dir, Hexameter, dir Pentameter, sei es vertrauet,
Wie sie des Tags mich erfreut, wie sie des Nachts mich beglückt.

Das häusliche Idyll wird mit behaglicher Breite in den Elegien geschildert; wenn auch der Schauplatz nach Rom verlegt ist, so bleibt die Geliebte doch immer Christiane.

Es war ziemlich selbstverständlich, daß Frau von Stein diese Elegien mißbilligte. Selbst Herder war entsetzt, und auch der Herzog, dem sie ausnehmend gefielen, äußerte Bedenken gegen den Druck. Sie wurden aber doch veröffentlicht, und zwar später in Schillers Zeitschrift ›Die Horen‹. Frau von Stein faßte ihr Urteil in die Worte zusammen: »Ich habe für diese Gedichte keinen Sinn. In einer einzigen, der sechsten (Elegie) war etwas von einem innigen Gefühl. Ich glaube, daß sie schön sind; sie tun mir aber nicht wohl. Wenn Wieland üppige Schilderungen machte, so lief es doch zuletzt auf Moral hinaus, oder er verband es mit Ridicules, so viel ich davon gelesen habe. Auch schrieb er diese Szenen nicht von sich selbst.« Schiller war anderer Meinung: »Es herrscht darin eine Wärme, eine Zartheit und ein echt körnigter Dichtergeist, der einem herzlich wohltut unter den Geburten der jetzigen Dichterwelt. Es ist eine wahre Geistererscheinung des guten, poetischen Genius.«

Am ersten Weihnachtstag 1789 schenkte Christiane einem Knaben das Leben: August von Goethe. Der Herzog übernahm die Patenschaft. Und Herder taufte Goethes Sohn am 27. Dezember in dessen Haus.

Charlotte von Stein machte inzwischen schwere Zeiten durch. Sie grämte sich über Goethes Verlust: Sie war eifersüchtig auf Christiane; sie war vor allem erstaunt und schmerzlichst überrascht darüber, daß alle Verleumdungen und Beschimpfungen Christianens Goethe nicht dazu bewegen konnten, sich von dem Liebchen zu trennen. Dazu kamen ihre eigenen häuslichen Verhältnisse: ihr Vater starb. Herr von Stein war nun so krank, daß er ständig Pflege brauchte. Sie schrieb um diese Zeit an Schillers Gattin – Schiller hatte am 22. Februar 1790 sich trauen lassen –: »Ich sehne mich recht, mit Ihnen in Jena zu sein; aber wo mit dem Stein hin? Seine Hypochondrie benimmt ihm alle Geisteskräfte, und ich darf ihn gar nicht verlassen; aber ich suche es doch möglich zu machen.«

Charlotte schloß sich überhaupt immer mehr an Schillers Frau und auch an diesen an. Sie hatte das Brautpaar bemuttert und einige Schwierigkeiten, die ihrer Eheschließung im Wege standen, fortgeräumt. In der Beurteilung des Goetheschen Verhältnisses teilten sowohl Schiller wie seine Frau Lottchen völlig die Ansicht der Frau von Stein. Schiller schrieb von Goethes »elenden häuslichen Verhältnissen«, was genau das Gegenteil von dem war, was Goethe selbst über seine häuslichen Verhältnisse niederschrieb: »Angenehme häuslich-gesellige Verhältnisse.« Aber Schiller sprach wohl nur nach, was Frau von Stein ihm und der übrigen Weimarer Gesellschaft suggerierte.

In den ›Römischen Elegien‹ spiegeln sich diese üble Nachrede und das Geklatsche der Zirkel um Frau von Stein sehr deutlich wider. Der Dichter legt der Geliebten die klagenden Worte in den Mund:

> Wenn das Volk mich verklagt, ich muß es dulden! und bin ich
> etwa nicht schuldig? Doch, ach! Schuldig nur bin ich mit dir!

So wird Goethe mit geteilten Gefühlen im Frühling seine zweite italienische Reise angetreten haben. Er verließ Weimar Anfang März 1790, war aber schon am 20. Juni wieder zurück. Er reiste ungern. Der Abschied von Christiane habe ihn »ganz mürbe« gemacht, schrieb er am 10. März an Herder, und er fügte eine Bitte hinzu: »Da man gegen das Ende weich und sorglich zu werden anfängt, so fiel mir erst ein, daß nach meiner Abreise mein Mädchen und mein Kleiner ganz und gar verlassen sind, wenn ihnen irgend etwas zustieße, worin sie sich nicht zu helfen wüßte. Ich habe ihr gesagt, sich in einem solchen äußersten Falle an dich zu wenden. Verzeih!«

Es war jetzt genau umgekehrt wie früher. Einst war er nach Italien vor Frau von Stein geflohen; nun hielt er es in Italien nicht aus, sondern beeilte sich heimzukommen. Frau von Stein erfuhr diese Zusammenhänge natürlich sehr genau; es gab ihrem Kummer neue Nahrung. Aus Venedig schrieb Goethe über Christiane an Herder: »Ich gestehe gern, daß ich das Mädchen leidenschaftlich liebe. Wie sehr ich an sie geknüpft bin, habe ich erst auf dieser Reise gefühlt. Ich sehne mich nach Hause. Ich habe in der Welt nichts mehr zu suchen. Wenn Ihr mich lieb behaltet, wenige Gute mir geneigt bleiben, mein Mädchen treu ist, mein Kind lebt, mein großer Ofen gut heizt, so habe ich vorerst nichts weiter zu fürchten.« Sicherlich hat Frau von Stein dies gelesen. Denn Frau Herder war viel zu boshaft, als daß sie der Freundin diesen Ärger vorenthalten hätte. Von Venedig brachte er Verse mit: die ›Venezianischen Epigramme‹. Sie sind, wenn möglich, noch erotischer als die Römischen Elegien. Aber es sind keine venezianischen Erlebnisse: Es ist die Erinnerung an Christiane und die Sehnsucht nach ihr:

Ach, ich versteh mich wohl; es ist mein Körper auf Reisen,
Und es ruhet mein Geist stets der Geliebten im Schoß.

Glänzen sah ich das Meer und blinken die liebliche Welle;
Frisch mit günstigem Wind zogen die Segel dahin.
Keine Sehnsucht fühlte mein Herz; er wendete rückwärts,
Nach dem Schnee des Gebirgs, bald sich der schmachtende Blick.
Südwärts liegen der Schätze so viel! Doch einer im Norden
Zieht, ein großer Magnet, unwiderstehlich zurück.

Welch ein Mädchen ich wünsche zu haben? ihr fragt mich. Ich habe sie,
Wie ich sie wünsche; das heißt, dünkt mich, mit wenigem viel,
An dem Meere ging ich und suchte mir Muscheln. In einer
fand ich ein Perlchen; es bleibt nur mir am Herzen verwahrt.

Dieses kostbare Kleinod, die Perle war Christiane, seine Christel. Doch kaum zurück, mußte er sie schon wieder verlassen. Der Herzog rief ihn, ins Heerlager nach Schlesien. Fünf Wochen nach seiner Rückkehr aus Venedig verließ er Weimar ein zweites Mal. Er blieb bis zum Herbst, erst am 3. Oktober sah er Christel wieder. Diese

Trennung belehrte ihn über die Stärke und Art seiner neuen Liebe. So sinnlich sie begonnen, so sinnenfroh sie blieb – die Mutter seines Kindes wurde ihm mehr als eine sinnliche Leidenschaft. Rückschauend auf seine große Liebe zu Charlotte von Stein, mußte er mißtrauisch gegen sein eigenes Herz geworden sein. Diesmal war die Liebe vielleicht weniger enthusiastisch, aber sie war beglückend und nicht voll unbefriedigter Qual, wie die Liebe zu Charlotte gewesen war. Und so faßte er sein neues Gefühl oder vielmehr seine Ansicht über sein neues Gefühl in die Verse:

Oftmals hab ich geirrt und habe mich wieder gefunden,
Aber glücklicher nie; nun ist dies Mädchen mein Glück!
Ist auch dieses ein Irrtum, so schont mich, ihr klügeren Götter,
Und benehmt mir ihn erst drüben am kalten Gestad.

Und den allzu kritischen Freunden und ehemaligen Freundinnen ruft er zu:

Sage, wie lebst du? Ich lebe! Und wären hundert und hundert
Jahre dem Menschen gegönnt, wünscht ich mir morgen wie heut!

IV

Fast könnte es den Anschein haben, als ob Frau von Stein in der Freundschaft zu Schiller Vergessen suchte. Nicht als ob sie auf ein ähnliches Verstehen, eine ähnliche Seelenharmonie mit diesem jüngeren Dichter hoffen konnte, wie sie zwischen ihr und Goethe gewaltet hatten. Schiller war siebzehn Jahre jünger als sie, und sie war nun eine Frau von fünfzig Jahren. Es war hauptsächlich Frau von Steins Einfluß zuzuschreiben, daß der Weimarer Herzog Schiller ein Gehalt von 300 Talern aussetzte; auch ist ihr Einfluß bei Schillers Ernennung zum Hofrat und bei der Erteilung seines Adelsdiploms nachzuweisen. Schiller ist ihr dankbar geblieben. Wenn er auch nie in die schwärmerische Anbetung verfiel wie der junge Goethe, so verehrte doch auch er die interessante Frau in außergewöhnlicher Weise. Es muß die Baronin von Stein also doch eine sehr anziehende Persönlichkeit gewesen sein, wenn auch Deutschlands zweiter Dichter ihr in dieser Weise huldigte. Viel trug dazu bei die schwärmerische Freundschaft zwischen Schillers junger Frau und Charlotte von Stein. Lolochen oder Lottchen, wie Frau von Stein ihre jugendliche Freundin zärtlich nannte, war sehr glücklich, in der erfahrenen Baronin eine Ratgeberin und treue Helferin zu finden, von der sie und ihr Gatte begönnert wurden.

Andere freilich hatten über die Ehe Schillers ihre eigenen Ansichten. Wiederum gab es Gesprächsstoff für die klatschfreudige Weimarer Damenwelt. Manche hielten die Verbindung der beiden von seiten der Frau für eine Mesalliance; Fräulein von Lengefeld war adelig, Schiller zunächst bürgerlich, was Frau Schiller sogar der Ehre beraubte, zu Hofe gehen zu dürfen. Andere Damen meinten genau umgekehrt, daß Schiller eine geistig höher stehende Frau verdient hätte. Wenn auch diese Verbindung nicht so getadelt wurde wie Goethes Verhältnis mit Christiane, so wollten doch die Seelenfreundinnen Schillers bald ein Nachlassen seiner dichterischen Fähigkeiten feststellen, und sie schoben die Schuld auf die geistig nicht ebenbürtige Partnerin. Auch Männer beteiligten sich an solchem Gerede; Wilhelm von Humboldt schrieb seiner Braut: »Was du mir von Schiller schreibst, hat mich tief geschmerzt. Daß man die schönsten Wesen hinwelken, die größesten Menschen herabsinken sehen muß. Wenn ich ihn mir denke, wie er war, als ich die vier Tage mit ihm in Jena lebte. Wie voll glühendster Empfindungen, wie beschäftigten Herzens, und nun will er, daß man sich einengen, hemmen soll, was die Natur ungehemmt wollte, nun lächelt er über tiefempfundene Wahrheit wie über ein freundliches Wahnbild. Ich glaube gern, daß Lolo besser und mehr geworden ist. Aber genügen konnte sie Schiller nicht, wie er damals war, und nun hat sie ihn herabgestimmt. Von dieser Schuld kann ich sie nicht freisprechen.« Dazu kam, daß sich die Bekannten über die Beziehungen zu seiner Schwägerin Karoline, Lolos Schwester, aufregten. Karoline lebte in einer unglücklichen Ehe; sie war geistig regsamer als ihre jüngere Schwester, und eine Zeitlang schien es den gemeinsamen Bekannten, als ob Schillers Liebe eher der verheirateten Schwester Lolos gelte als dieser. Und Karoline selbst, im Familienkreise Li genannt, schwärmte für den Schwager, und manche sahen ein dreieckiges Verhältnis voraus. Aber es kam anders. Schiller blieb seiner Lolo treu; und Karoline fand einen neuen Schwarm im Erfurter Statthalter Freiherr von Dalberg. Als schließlich ihre Ehe getrennt wurde, entschied sie sich für noch einen anderen, für den Baron von Wolzogen, und diesen heiratete sie dann. Alle Welt, darunter ihre eigene Mutter und auch Schiller, prophezeiten eine unglückliche Ehe, aber die Propheten behielten unrecht, und Karoline von Wolzogen wurde endlich eine zufriedene und glückliche Frau.

Wie anders war das Schicksal der anderen Verehrerin Schillers, Charlotte von Kalb! Sie grollte Schiller, von dem sie sich verlassen fühlte. Aber zugleich war sie selbstbeherrscht genug, diese Entfremdung nicht sehen zu lassen. Ihre Ehescheidung mißglückte, da eine Einigung über Vermögen und Kinder nicht zustande kam. Sie verkehrte mit Schillers Frau auf scheinbar freundschaftlichem Fuße; aber sie selbst berichtet darüber: »Sie war mir stets hold erschienen, aber wie konnte ich für diese zarte Jugend die Hingebung empfinden, die man Freundschaft nennt!«

So war auch Schillers Privatleben mannigfachen Mißdeutungen und Verleumdungen ausgesetzt. Frau von Stein freilich hielt getreulich zu dem jungen Ehepaar. Diese Freundschaft war für Schiller in vieler Hinsicht fruchtbar, in einer Hinsicht aber verhängnisvoll. Denn man geht wohl nicht fehl, wenn man Goethes damalige kühle, fast unfreundliche Haltung gegenüber Schiller in dem Gefühl begründet sieht, daß dieser junge Dichter zu dem Kreise der seinem Hause feindlich gesinnten Frau von Stein gehöre. Und Schillers Äußerungen aus jener Zeit beweisen die Richtigkeit dieses Gefühls. Schiller nahm gegen Christiane die gleiche Haltung ein wie die Hofdamen Weimars.

Kurz nach seiner Hochzeit erkrankte Schiller lebensgefährlich an einer schweren Lungenentzündung. Frau von Stein besorgte für den Kranken Medikamente. Schiller wurde wieder gesund, blieb aber lange Zeit sehr schwach und konnte seine Vorlesungen zunächst nicht fortsetzen. Als Fritz von Stein nach Jena zur Universität ging, verkehrte er im Schillerschen Hause, wodurch die freundschaftlichen Beziehungen zwischen den beiden Familien noch enger wurden. Recht kühl dagegen waren die Beziehungen zwischen Lolos Schwester Karoline und Frau von Stein. Diese verursachte eine Klatscherei über den Freiherrn von Dalberg und Karoline; jedenfalls schrieb Karoline erbittert, die Stein würde »gern etwas Ungeheißenes tun, um sich geltend zu machen«.

V

Alle Äußerungen Frau von Steins über Goethe, die wir aus jenen Jahren zwischen 1790 und 1795 kennen, zeigen ihre verbitterte und feindselige Haltung. Am bittersten sprach sie sich gegenüber ihrem Sohne Fritz aus. Schon aus Ems hatte sie Fritz brieflich gebeten: »Das Bild von Goethe hänge nicht wieder in meine Stube; es ist zu tief in mein Herz gegraben, als daß ichs auf der Tapete brauchte.« Deutlicher wurde sie später. Als Fritz in Jena studierte, ermahnte ihn die Mutter: »Schreib ja dem Goethe, man hat ja mehr Briefe der Lebenden an die Toten. Das Mitleid bemächtigt mich manchmal über ihn, daß ich weinen könnte.« – Und ein andermal, wieder in Beziehung auf ihren Bruch mit Goethe: »Meistenteils schlafe ich sehr gut. Denn mich stört keine Sorge des Lebens mehr; denn ich bin in einer völligen Ergebung von allem, was da kommen könnte, und das Gegenwärtige habe ich überwunden.«

Aber das war nur Pose. In Wirklichkeit hatte sie nichts überwunden. 1793, also schon Jahre nach der Trennung, schrieb sie wiederum an ihren Sohn (mit dem Goethe weiterhin auf das freundschaftlichste umging) die bitteren und ungerechten Worte: »Wenn man kein liebendes Herz hat, verdient man mehr Mitleid als Vorwurf; denn es ist die schönste aller Empfindungen, lieben zu können, die dem Unglücklichen, der sich zurückzieht, nicht mehr zuteil wird. Das ist doch dein Fall nicht. Du bist zwar früh von einem Freunde hintergangen worden, aber es ist besser früh als spät.« So ganz drehte sich ihr Denken und Fühlen um ihre eigene Person, daß sie auch den Sohn einbezog und ohne weiteres ihre Kränkungen als die seinen identifizierte. Dabei fand Fritz von Stein ununterbrochen die wärmste Förderung von Goethe. Und wenn sich in späteren Jahren einer über Undank beklagen konnte, so sicherlich nicht Fritz von Stein, sondern höchstens Goethe. Gerade der Fall Fritz von Steins zeigt die wehmütig stimmende Tatsache, daß selbst die Erziehung durch ein Genie und der vertrauteste Umgang mit dem hervorragendsten Manne eine Mittelmäßigkeit an Geist und Charakter nicht wettmachen kann.

Später, als es Fritz gelingt, vom Herzog eine Anstellung zu erreichen, schreibt ihm die Mutter: »Schreib doch Goethe, als wenn du glaubtest, es werde ihn dein Avancement erfreuen, da er dich in die Bahn gebracht hätte; denn ich konnt es letzt in seinem Gesicht lesen, ob er mir schon kein Wort sagte. Ich muß immer in meinem Herzen sagen: Armer Goethe!« – Der ›arme Goethe‹ war aber doch gut genug, für ihre Söhne zu sorgen. So rät sie Fritz, Goethe anzugehen, aber sie kann einen häßlichen Seitenhieb nicht unterlassen: »Du kannst dies dem Goethe in einem Biefe detaillieren, wenn du noch so viel Vertrauen zu ihm hast, und ihn fragen, ob er dir nicht selbst rät, unter diesen Umständen nach Haus zu gehen. Ich habe Goethe den Stein von Teneriffa angemeldet, aber auf alles, was ich ihm sage, antwortet er mir mit Verlegenheit.« Es war wie früher: Immer hatte nur sie recht und er unrecht. Fritz bekommt zu hören, daß Goethe in ihrer Gegenwart jemand eine unhöfliche Antwort gegeben habe. Dieser jemand hatte die Aussicht ins Ilmtal bei Weimar über alle Maßen gelobt. Goethe hatte barsch geantwortet: »Das ist überhaupt keine Aussicht!« Und dazu sah er, wie Frau von Stein hinzufügt, ›dickmürrisch‹ aus.

Überhaupt beschäftigte sie sich, fast schadenfroh, des öfteren mit dem Aussehen ihres einstigen Geliebten. Einmal sah sie ihn in Gesellschaft. »Er war entsetzlich dick, mit kurzen Armen, die er ganz gestreckt in beide Hosentaschen hielt. Schiller hatte seinen schönen Tag und sah neben ihm wie ein himmlischer Genius aus; seine Gesundheit war leidlich, und die blasse Ruhe auf seinem Gesicht machte ihn interessant. Ich möchte nur wissen, ob ich dem Goethe auch so physiognomisch verändert vorkomme als er mir. Er ist recht zur Erde worden, von der wir genommen sind. Der arme Goethe, der uns sonst so lieb hatte!«

So war aus der einst so liebwerten Frau eine grämliche ältere Dame geworden, die nichts als sich selbst und ihre Neigungen und Vorurteile anerkannte. Ihre eigene Nichte, die begabte Tochter ihrer Schwester Luise, Amalia von Imhoff, hat sie so beschrieben: »Frau von Stein hielt sich meist in etwas herber Zurückgezogenheit, die vielversprechende Geistesentwicklung ihres Sohnes Fritz beobachtend. Sie war lange gebunden gewesen durch die Krankheit ihres gichtisch gelähmten Mannes. Die praktisch kluge Frau erfüllte gewissenhaft ihre häuslichen Pflichten, wenngleich ihr kühler Verstand sich dieselben erleichtern ließ. Ein alter Kammerdiener, Schach, war Faktotum im Haus; er begleitete seine Herrschaft auch auf der Promenade, wo er den von Podagra gequälten Gebieter führte. Einst bei der Heimkehr hörte die auf der Treppe vorausschreitende Hausfrau einen schweren Fall hinter sich; sie kannte die Gebrechlichkeit ihres Mannes, und ohne sich umzukehren, mit dem Daumen rückwärts deutend, ruft sie: ›Schach! heb' er mal da auf!« Für sie durchaus nicht herzlos, böse gemeint, sondern nur praktisch gedacht, da sie mit ihrer Kraft den Dienst nicht leisten konnte. Charakteristisch ist es, wie sie bei der Erziehung ihrer Kinder nicht die Sorge für alle kleinen Einzelheiten selbst übernahm, um desto weniger das weitere Ziel aus dem Auge zu verlieren, das sie sich gesteckt hatte. Auch in Handarbeiten war sie mehr genau anordnend als selbst ausführend; als der dritte Sohn schon das Haus verließ, stickte sie noch an einer Musselin-Mantille, deren sie vor der Geburt ihres Ältesten bedurft hatte. Sie blieb sich ihrer Eigentümlichkeit ganz bewußt und war sehr stetig dadurch, daß sie dieselbe nicht abzulegen strebte. Eine unbeirrte Gewissenhaftigkeit war ihr der Riegel für ihre Hausehre geblieben. Der große, aufrichtige Zug ihres Wesens versöhnte andere mit mancher egoistischen Härte. So schenkte sie einer ihrer Nichten Imhoff einst ein Paar neue Handschuhe, und als diese, tief gerührt über diese ganz unerwartete Gabe, ihr danken wollte, wehrte sie kühl ab: »Kind, wenn ich sie hätte tragen können, würdest du sie nicht erhalten haben; sie paßten mir nicht.«

Lange Zeit hegte Frau von Stein die Hoffnung, Goethe werde Christianens überdrüssig werden. Jedoch sie mußte einsehen, daß sie sich täuschte. Goethe schloß sich immer inniger der Geliebten an. Und Christiane blieb nicht nur sein Klärchen, sondern wurde auch seine Hausfrau. Christiane gebar ihm vier Kinder; alle außer dem erstgeborenen Knaben (August) starben im Säuglingsalter, von Goethe nicht minder als von der Mutter betrauert. Frau von Stein schrieb anläßlich eines solchen Todesfalles an ihren Fritz: »Er (Goethe) hat wieder einen Faulconbridgen taufen lassen, und es ist gestern wieder gestorben.« Faulconbridge ist der Bastard des Richard Löwenherz bei Shakespeare. Frau von Stein spielte also auf die Unehelichkeit des Kindes an. Es war dies jener Knabe, nach dessen Tod Goethes Mutter ihrem Sohne folgenden Brief schrieb: »Daß dem lieben kleinen Söhnchen seine

Rolle hienieden so kurz ausgeteilt war, tut mir sehr leid – freilich bleiben nicht alle Blüten, um Früchte zu werden – es tut weh – aber wenn die Saat gereift ist und kommt dann ein Hagelwetter und schlägts zu Boden, was in die Scheuern eingeführt werden sollte, das tut noch viel weher. – Wenn aber nur der Baum stehen bleibt, so ist die Hoffnung nicht verloren. Gott erhalte dich – und den lieben August und deine Gefährtin – dies ist mein innigster und herzlichster Wunsch.«

Frau Rat in Frankfurt teilte nämlich die Ansicht der Frau von Stein über Christiane keineswegs. Auch sie machte einmal eine Anspielung auf das außereheliche Verhältnis. Christiane erwartete wieder ein Kind; da schrieb Mutter Goethe ihrem ›Hätschelhans‹: »Lieber Sohn. Hier kommt der Judenkram, wünsche damit viel Vergnügen. Auch gratuliere ich zum künftigen neuen Weltbürger. Nur ärgert mich, daß ich mein Enkelein nicht darf ins Anzeigblättchen setzen lassen – und ein öffentliches Freudenfest anstellen – doch da unter diesem Mond nichts Vollkommenes zu treffen ist, so tröste ich mich damit, daß mein Hätschelhans vergnügt und glücklicher als in einer fatalen Ehe ist. Küsse mir deinen Bettschatz und den kleinen August – und sage letzterem, daß das Christkindlein ihm schöne Sachen bringen soll.«

Als dieses Kind zur Welt kam, spottete Frau von Stein in einem Briefe über Goethes Freude: »Goethe hat nun auch ein Töchterlein, seit ein paar Tagen, er hat eine entsetzliche Freude darüber; denn er ist freundlich wie ein Ohrwürmchen, hat auch sein Töchterchen selbst gehoben.« – Auch dieses Kind starb nach kurzer Zeit.

Aber nicht immer war Trauer und Kummer in Goethes Haus; zumeist herrschte dort ein vergnügter und froher Hausgeist. Goethe wohnte nun wieder in dem Haus am Frauenplan, das ihm der Herzog gekauft und geschenkt hatte. Er wohnte also wieder ganz in der Nähe von Frau von Stein – aber wie anders war alles als vor seiner italienischen Reise!

Am 17. Juni 1792 war diese Schenkung vollzogen, und Goethe blieb nun bis an sein Lebensende hier wohnen. Nur ungern verließ er sein Domizil. Er mußte es freilich des öfteren, gleich zum ersten Mal einige Wochen nach dem Umzug, um in den Krieg zu ziehen – die ›Campagne in Frankreich‹. Auf der Rückreise bereiste er das Rheinland und Westfalen und war zu Weihnachten wieder bei Christianen. Im folgenden Mai (1793) rief wieder der Krieg: Goethe nahm an der Belagerung von Mainz teil. Diesmal dauerte es bis August. Auf der Hinreise und auf der Heimreise blieb Goethe einige Tage bei seiner Mutter in Frankfurt, und bei diesem Besuch erzählte er ihr von seinen Weimarer Verhältnissen. Christiane bekam gleich ein Paket und einen Gruß von Goethes Mutter. Überglücklich schrieb Christiane an Goethe: »Lieber, ich habe alles erhalten und mich herzlich gefreut, aber der Gruß von der lieben Mutter ging mir über alles, ich habe vor Freuden darüber geweint. Ich habe was ohne dein Wissen getan, ich habe an die liebe Mutter geschrieben und mich bei ihr bedankt, mein Herz ließ es mir nicht anders zu, ich mußte schreiben, du wirst doch nicht böse darüber? Der Brief wird nun freilich nicht recht sein, aber bitte die liebe Mutter, daß sie nicht böse auf mich wird, und sage ihr, daß ich es nicht besser kann. Ach, Lieber, wenn du nur hier wärest und sähest, wie ich mich über das alles freute, aber am meisten freu ich mich, daß die liebe Mutter nicht böse auf mich ist, das macht mich sehr glücklich, denn das hat mich noch manchmal betrübt. Im Stillen habe ich darüber nachgedacht.«

Goethe antwortete ihr sogleich: »Du hast recht wohl getan, an meine Mutter zu schreiben, sie wird es ja wohl lesen können. Sie ist dir recht gut, denn ich habe ihr erzählt, wie du so brav bist und mich glücklich machst.« Auch Goethes Mutter erwiderte den Brief Christianens: »Daß Ihnen die überschickten Sachen Freude gemacht haben, war mir sehr angenehm – tragen Sie dieselben als ein kleines Andenken von der Mutter desjenigen, den Sie lieben und hochachten und der wirklich auch Liebe und

Hochachtung verdient. Zehn kurze Tage war er nur bei mir und seinen Freunden – wir lebten herrlich und vergnügt – und trösten uns auf seine Wiederkunft – und hoffen ihn alsdann etwas länger zu genießen.«

Christiane berichtete diese Tatsache sogleich in einem Brief an Goethe: »Die Frau Rätin hat mir einen rechten vergnügten Tag gemacht. Sei nur so gut und entschuldige mich wegen meinem Schreiben. Sie hat sich bei mir nach dem Kleinen erkundigt, und da habe ich ihr wieder geantwortet, ich wünsche mir nur, sie noch einmal in meinem Leben zu sehen und zu sprechen. Sie muß eine recht gute Frau sein, dich hat sie auch recht lieb.«

Aus alldem geht hervor, wie sehr sich Goethes Mutter mit der Wirklichkeit abfand; wahrscheinlich hielt sie das neue Verhältnis mit der kindlichen und einfachen Christiane trotz des Geredes der Leute für gesünder und besser als die Schwärmerei ihres Sohnes für die adlige Dame. Und in der Folgezeit wurde das Verhältnis zwischen Goethes Mutter und Goethes Geliebter nur noch besser. Alle Gehässigkeiten Frau von Steins und ihres Klüngels werden lächerlich und nichtig angesichts der Worte der alten Frau Rat. Erst 1797 lernte sie dann Christiane persönlich kennen. Goethe reiste in die Schweiz, und Christiane und der kleine August begleiteten ihn bis Frankfurt. Als Christiane wieder in Weimar war, schrieb Frau Rat ihr einen Brief: »Das Vergnügen, so ich in Ihrem lieben traulichen Umgang genossen, macht mich noch immer froh. So kurz unsre Zusammenkunft war, so vergnügt und herzlich war sie doch. Da wir nun einander kennen, so wird die Zukunft immer vergnüglicher und besser für uns werden.« Sie unterschreibt sich mit »dero treue Freundin und Mutter Elisabetha Goethe«. Und künftig steht in ihren Briefen an Goethe nicht mehr ein Gruß an den ›Bettschatz‹, sondern ein Gruß an ›meine liebe Tochter‹!

Als 1801 der 52jährige Goethe lebensgefährlich erkrankte, pflegte ihn Christiane gesund. Tiefbeglückt schreibt seine Mutter: »Liebe Tochter, Sie werden jetzt ein neues Leben mit ihm leben. Sie sollen sich erholen, stärken von der großen Mühe und von der noch größeren Angst, das sollen Sie. Tausend Dank für alle Liebe, Treue und Besorgung... Euer aller treue Mutter.« Während die Weimarer Gesellschaft klatschend und mißbilligend sich von der Tanzlust der Vulpius erzählte, schrieb Goethes Mutter ihr: »Tanzen Sie immer, liebes Weibchen, tanzen Sie, fröhliche Menschen, die mag ich gar zu gern und, wenn sie zu meiner Familie gehören, habe ich sie doppelt und dreifach lieb. Die Duckmäuser, die immer unter sich sehen, haben etwas von Kain an sich, die fürchte ich. Leben Sie wohl, vergnügt, und tanzen Sie, wo Sie Gelegenheit finden, darüber wird sich herzlich freuen, die sich nennt: Ihre treue Mutter Goethe.«

Goethe schrieb Christiane nicht die leidenschaftlichen und feurigen Liebesbriefe, wie sie einst Charlotte von ihm erhielt. Der Dichter hatte nun die Vierzig überschritten, und sein Gefühl ergoß sich nicht mehr uferlos und verschwenderisch ins Ungewisse. Dennoch halten Goethes Briefe an Christiane einem Vergleich mit den Briefen an Frau von Stein durchaus stand. Der Briefwechsel als Ganzes ist sogar reizvoller, denn hier sind auch die meisten Briefe der Partnerin erhalten. Als Goethe an Charlotte schrieb, schrieb ein junger, feuriger Mann an eine angebetete, reife Frau. Die Briefe, die Christiane von Goethe empfing, sind Äußerungen eines reifen und erfahrenen Mannes an ein junges Mädchen.

Doch welche Liebe atmen diese Briefe! Hier wirbt kein Liebender um ein ewig unerreichbares Gut, hier greift keine zitternde Hand nach den Sternen, hier klagt kein hungerndes Herz in Melancholie, hier tönt nicht die düstere, unendlich traurige Monotonie der unerfüllten, unerfüllbaren Liebe. Hier redet ein Beglückter, ein Zufriedener, ein Beruhigter. Und er redet zu einem über alles geliebten Wesen, einem zärtlich gehegten Mädchen, das fast sein Kind sein konnte. Aber sind nicht auch diese Briefe voll der zärtlichsten Liebesbeteuerungen und der schönsten Herzensbekenntnisse? Wie einst an Charlotte kehrt auch hier immer die beschwörende Formel wieder: »Liebe mich, behalte mich lieb, du mußt mich lieb behalten.« Aber wie viel zärtlicher sind die Anreden: »Liebe Kleine, liebes Kind, liebes Herz, mein Liebchen!« Und Christiane erwidert ebenso zärtlich und innig: »Lieber, Bester, Einziggeliebter.« In ihren Briefen indessen ist noch Jahre hindurch eine gewisse Schüchternheit: Für sie ist er immer noch der Geheimrat, auch wenn sie ihn ›Schatz‹ tituliert. Frau von Stein hatte einst Sorge, sich etwas zu vergeben: Christiane scheint umgekehrt Sorge zu haben, daß er sich etwas vergeben könnte.

Natürlich ist in diesen Briefen alles herzhafter als in dem durchgeistigten Dialog von einst. Hier ist das Kind, der Bub, der immer ein gemeinsames Band herstellt und ein nie versagendes Thema der Zwiesprache bildet. Hier ist vor allem auch der Haushalt, der von Christiane aufs beste versorgt wird und um den sich das briefliche Gespräch zum großen Teil dreht. Hier sind überhaupt viele Dinge, die besprochen werden mußten und besprochen wurden. Aber dazwischen werden auch ideale Dinge beredet. Das idealste Thema freilich bleibt auch hier die Liebe selbst: »Heute hab ich Deinen Brief erhalten, meine liebe Kleine, und schreibe Dir nun auch, um Dir wieder einmal zu sagen, daß ich Dich recht lieb habe und daß Du mir an allen Ecken und Enden fehlst.« – »Es ist doch nichts besser, als wenn man beisammen ist.« – »Solange ich Dein Herz nicht hatte, was half mir das Übrige, jetzt, da ichs habe, möcht ichs gern behalten.« – »Du bist mein Liebstes auf der Welt.«

In den Briefen der ersten Jahre deutet manche Zeile auf Goethes Eifersucht: »Behalte mich ja lieb! Denn ich bin manchmal im Gedanken eifersüchtig und stelle mir vor: daß Dir ein andrer besser gefallen könnte, weil ich viele Männer hübscher und angenehmer finde, als mich selbst. Das mußt Du aber nicht sehen, sondern Du mußt mich für den besten halten, weil ich Dich ganz entsetzlich lieb habe und mir außer Dir nichts gefällt. Ich träume oft von

Dir, allerlei confuses Zeug, doch immer daß wir uns lieb haben. Und dabei mag es bleiben.«

Und ein andermal: »Du mußt mich aber nur lieb behalten und nicht mit den Äugelchen so verschwenderisch umgehen.«

Für dergleichen Ermahnungen revanchierte sich Christiane: »Lebe recht wohl und denke an Dein Christelchen, das Dich recht zärtlich liebt, und mache nicht so viel Äugelchen.« Gelegentlich weist sie auch die Vorwürfe und Befürchtungen Goethes zurück, mitunter mit sehr realistischen Gründen: »Mit mir ist nichts zu befürchten, denn ich sehe erbärmlich aus, und habe Dich auch gar sehr lieb.« Als sie einmal über seine Eifersucht gekränkt war, beruhigte sie der Dichter: »Wenn ich Dir etwas schrieb, was Dich betrüben könnte, so mußt du mir verzeihen. Deine Liebe ist mir so kostbar, daß ich sehr unglücklich sein würde, sie zu verlieren. Du mußt mir wohl ein bißchen Eifersucht und Sorge vergeben.«

Sie vergab ihm alles: Sie war für alles, was ihr Liebes von ihm kam, unendlich dankbar. Sie war nie gekränkt, wie Charlotte es fast jeden zweiten Tag gewesen war. Sie war nie schwierig. Sie war immer und immer nur für ihn da. Er war ihre Welt. – »Itzo fehlt mir nichts als Du, mein Lieber, daß ich mich mit Dir freuen könnte und ich Dich an mein Herz drücken könnte und Dir sagen könnte, wie ich Dich immer herzlicher liebe und Du mein einziger Gedanke bist, denn jede Freude ist nur halb, wenn Du nicht dabei bist.« – »Habe mich lieb und denke an mich, ich habe Dich ja jeden Augenblick im Sinn und denke nur immer, wie ich im Haushalt alles in Ordnung bringen will, um Dir mit etwas Freude zu machen, weil Du mich so glücklich machst!« – Von einem Badeaufenthalt in Lauchstädt schrieb sie ihm: »Behalte mich lieb. Denn hier unter all denen ist kein Mann wie Du. Wenn man sie näher kennt, kann man sie alle nicht achten.« – Und: »Mir ist, als finge ich erst an zu leben. Und im Stillen danke ich Dir, Lieber, immer dafür und bitte Gott, daß er Dir für diese Güte wieder allerlei Gutes erzeigen möchte. Denn ich weiß sehr gut, daß es kein andrer Mann tät. Du sollst mich aber auch noch in der Ewigkeit dankbar finden.« – »Wie Du gibt es keinen Mann in der ganzen Welt.«

Es waren keine Redensarten. Ein Brief Christianens vom Jahre 1803 an einen Freund in Bremen ist erhalten, ein rührender Brief, in dem sie ihm ihre Angst um Goethe gesteht: »Der Geheimrat (Goethe) hat nun seit einem Vierteljahr keine gesunde Stunde gehabt, und immer Perioden, wo man denken muß, er stirbt. Denken Sie also an mich, die ich außer Sie und dem Geheimrat keinen Freund auf dieser Welt habe. Hier (in Weimar) ist kein Freund, dem ich alles, was mir am Herzen liegt, sagen könnte.«

Natürlich war Christianens Leben nicht leicht. Nur ihr prächtiges Temperament half ihr immer wieder, die mannigfachen Kränkungen zu überwinden, denen sie ausgesetzt war. So schrieb sie an einem Novembertage des Jahres 1798 an Goethe, der sich in Jena aufhielt: »Ich danke Dir vor das Rehebrätchen. Itzo gehen bei uns die Winterfreuden an, und ich will mir sie durch nichts lassen verbittern. Die Weimarer täten es gerne, aber ich achte auf nichts. Ich habe Dich lieb und ganz allein lieb, sorge für mein Bübchen und halte das Hauswesen in Ordnung und mache mich lustig. Aber sie können einen gar nicht in Ruhe lassen. Vorgestern in der Komödie kommt Meisel und fragt mich ohne Umstände, ob es wahr wäre, daß Du heuratst, Du schaffest Dir ja schon Kutsche und Pferde an. Ich wurde den Augenblick so böse, daß ich ihm eine recht maliciöse Antwort gab, und ich bin überzeugt, der fragt mich nicht wieder. Weil ich aber immer daran denke, so habe ich heut Nacht davon geträumt. Das war ein schlimmer Traum, den muß ich Dir, wenn Du kommst, erzählen. Ich habe dabei so geweint und laut geschrien, daß mich Ernestine aufgeweckt hat, und da war mein ganzes Kopfkissen naß. Ich bin sehr froh, daß es nur ein Traum war. Und Dein lieber Brief macht mich wieder froh und zufrieden.«

Goethe tröstete sie, so gut er konnte: »Betrübe Dich nicht über das, was außer Dir vorgeht. Die Menschen sind nicht anders gegen einander, im Großen wie im Kleinen. Denke, daß ich Dich liebe und keine andere Sorge habe, als Dir eine unabhängige Existenz zu verschaffen; es wird mir ja das auch so wie manches andere gelingen. Tue nur jeden Tag das Nötige, weiter bleibt uns in guten und bösen Zeiten nichts übrig.« – »Laß die Menschen reden, was sie wollen, Du weißt ja, die Art des ganzen Geschlechts, daß es lieber beunruhigt und hetzt, als tröstet und aufrichtet.« – »Das ist in der Welt nun mal nicht anders, keiner gönnt dem andern seine Vorzüge, von welcher Art sie auch seien. Und da er sie ihm nicht nehmen kann, so verkleinert er oder leugnet sie, oder sagt sogar das Gegenteil. Genieße also, was Dir das Glück gegönnt hat, und was Du Dir erworben hast, und suche Dirs zu erhalten. Wir wollen in unserer Liebe verharren und uns immer knapper und besser einrichten, damit wir nach unserer Sinnesweise leben können, ohne uns um andere zu kümmern.«

VI

Frau von Stein gab nicht nach. Für sie lag der Fall ganz klar: Goethe war tief in Sinnlichkeit und Genußsucht versunken; das alles hatte dieses Frauenzimmer, die Vulpius, zuwege gebracht. Die ›Römischen Elegien‹ bewiesen ihrer Ansicht nach auch dichterisch seinen Niedergang. Frau von Stein war, nicht zuletzt durch ihre lange Freundschaft mit dem Dichter, für Weimar in Sachen Literatur und des Geschmacks eine Autorität. Es gab genug Frauen und auch Männer, die ihr alles nachbeteten. Einer von ihnen, eine der unsympathischsten Figuren der Weimarer Gesellschaft, war der Gymnasialdirektor Böttiger; er schrieb über den Eindruck, den die in Schillers ›Horen‹ veröffentlichten Elegien machten, diese giftigen Zeilen: »Alle ehrbaren Frauen sind empört über die bordellmäßige Nacktheit. Herder sagt sehr schön, er habe der Frechheit ein kaiserliches Siegel aufgedrückt. Die Horen müßten nun mit einem u gedruckt werden.«

Goethes Antwort bildete ein Zweizeiler der ›Venezianischen Epigramme‹:

> Frech wohl bin ich geworden; es ist kein Wunder. Ihr Götter
> wißt und wißt nicht allein, daß ich auch fromm bin und treu.

Diejenige aber, die es aus der Vergangenheit am besten wissen sollte, will es nicht mehr wissen. Ihr Haß gegen Goethe und Christiane hat keine Grenzen. Sie will ihn verletzen, will sich rächen. Es reift ein Entschluß in ihr. Sie wird ihn mit eigenen Waffen, auf seinem eigensten Schlachtfeld bekämpfen. Hat er nicht immer sich seine Gefühle von der Seele geschrieben – sie wird ein gleiches tun. Sie wird dichten und ihm einen Spiegel vor das Auge halten, damit er sieht, was aus ihm geworden ist, seit er sie nicht mehr hat. Und so entstand das Drama ›Dido‹ von Charlotte von Stein.

Das Stück behandelt eine kümmerlich ersonnene Fabel in afrikanisch antikem Gewande. Edle Frauen treten darin auf, Selbstverherrlichungen Charlottens. Die Männer dagegen sind größtenteils Schurken und Barbaren. Einer von ihnen heißt Ogon; es ist Goethe!

Und Frau von Stein nahm nun kein Blatt vor den Mund. Sie spottete nach Herzenslust, vielmehr nach Herzenshaß. »Ich möchte meine Sicherheit nicht in deine Hände legen«, so sagte einer der Edelfrauen zu Ogon-Goethe, »da deine Moral von deiner Küche abhängt.«

Und in einem Selbstgespräch läßt sie dieses Zerrbild ihres großen Geliebten von einst folgendes stammeln: »Die Schauspielergebärden, mit denen ich mich sonst bei ihnen (den Edelfrauen) übte, taten immer die beste Wirkung: wenn ich ihnen in einer moralischen Stellung zu Füßen fiel. Jetzt, da mein innerer Geistesreichtum auch von außen anlegt, ist mein sonst schlanker Körper zu unbiegsam geworden. Große Lust hätte ich alleweile, meiner Ruhe zu pflegen. Mich brachte nie in der stürmischsten Leidenschaft das Andenken einer Geliebten um eine Stunde Schlaf.«

Sie nahm keinen Anstoß, auch andere seiner einstigen Worte an sie nachträglich herabzuziehen und zu verhöhnen. Einst hatte er von der Schlangenhaut gesprochen, die er immer abstreifen müsse, um neugeboren zu sein. Es war ein Gleichnis gewesen; sein Inneres wachse so rasch, daß er wie die Schlange die Haut wechseln müsse. Auch das bekommt Goethe nun zu lesen: »Die menschliche Natur ist schlangenartig; eine alte Haut muß sich nach Jahren einmal wieder abwerfen! Die wäre nun bei mir herunter!« Selbst Worte aus seinem letzten Briefe an sie benutzt sie zur Persiflage: »Es ist schwer die Wahrheit zu sagen, ohne zu beleidigen.« Und damit schien sie die Bosheiten rechtfertigen zu wollen, die sie auf ihren großen Freund losließ.

Vielleicht gab sich Charlotte der fast wahnsinnigen Hoffnung hin, Goethe durch dieses Dichtwerk aus den vermeintlichen ›Niederungen‹ seiner Sinnlichkeit in die Höhe ihrer Ideale zurückzurufen. Und so muß dieser Ogon-Goethe sagen: »Ich war einmal ganz im Ernst nach der Tugend in die Höhe geklettert, ich glaubte oder wollte das erlesene Wesen der Götter sein, aber es bekam meiner Natur nicht; ich wurde so mager dabei. Jetzt seht mein Unterkinn, meinen wohlgerundeten Bauch, meine Waden! Sieh, ich will dir freimütig ein Geheimnis offenbaren! Erhabene Empfindungen kommen von einem zusammengeschrumpften Magen.«

Konnte Frau von Stein ihre große Liebe ärger in den Staub ziehen als durch diese Schimpfreden? Sie schonte auch Christiane nicht. Ogon hat zu sagen, daß auch der mittelmäßigste Dichter ein Weib finden könne, das ihm huldige; er höre sich gerne loben, auch wenn es aus Albernheit geschehe. Am liebsten besinge er aber sein Mädchen oder den Wein. Sie selbst läßt sich als die edle Frau Dame Elissa zu diesem Ogon also reden: »Einmal betrog ich mich in dir, jetzt aber sehe ich allzugut, ohngeacht des schönen Kammstrichs deiner Haare und deiner wohlgeformten Schuhe, dennoch die Bockshörnerchen, Hüfchen und dergleichen Attribute des Waldbewohners, und diesen ist kein Gelübde heilig.« Worauf Ogon, zum Teil fast mit Goethes eigenen Worten im vorletzten Briefe an sie, erwidert: »Diese falschen Vorstellungen kommen von einem dir ungesunden Trank her, den ich dir immer verwies. Gönne dir nur von dem rechten geistigen Erdensaft und du wirst dich bald mit dem schönen Bild, das du dir von mir machst, vertragen.« So brachte sie den neuen Zustand auf die Formel ›Kaffee oder Wein‹. Der Vorwurf wegen des Kaffees hatte sie tief getroffen.

Nun war also Goethe für sie ein mittelmäßiger Dichter. Und in der Tat: Über ›Wilhelm Meister‹ wußte sie nichts anderes zu schreiben als: »Goethes Wilhelm Meister ist heraus. Er hat mich, ich weiß nicht, wie ich dazu komme, mit einem Exemplar bereichert. Es sind schöne Lettern, schön Papier, ein schöner Stil, und hat mich interessiert, weil ers geschrieben hat und sich seine eigene Moral liest.« Und ein andermal schrieb sie über den gleichen Roman: »Es sind mitunter schöne Gedanken drin, besonders auf politische Verhältnisse des Lebens, und fängt mit einem Gefühle an, das ich Goethe als völligem Erdensohn gar nicht mehr zutraute. Auch glaube ich, es ist aus alten Zeiten. Übrigens sind seine Frauen drin alle von unschicklichem Betragen, und wo er edle Gefühle in der Menschennatur dann und wann in Erfahrung gebracht, die hat er all mit einem Bißchen Kot beklebt, um ja in der menschlichen Natur nichts Himmlisches zu lassen. Es ist immer, als wenn einen der Teufel zurechtwiese, daß man sich ja nicht etwa in seinen Gefühlen irre und sie für etwas Besseres halte, als sie wären.«

›Dido‹ entstand 1794; aber noch 1796, mehr als acht Jahre nach dem Bruch, war ihr Haß so groß, daß sie dieses ›Drama‹ allen, die es haben wollten, zum Lesen gab, so daß es sicherlich auch Goethe zu Gesicht bekam. Was mag er empfunden haben? Seine einst vergötterte und zu den Sternen erhobene Lida; die Verfasserin dieser ›Dido‹.

Eines freilich ist heute noch unbegreiflich: Schillers Urteil über dieses Drama seiner Freundin. Ihm konnten die groben und mehr als plumpen Anspielungen auf Goethe nicht verborgen bleiben, und dennoch schrieb er einen lobenden Brief an Frau von Stein: »Ungern gebe ich Ihre Komposition aus den Händen. Sie hat mich unbeschreiblich interessiert und in jeder Rücksicht. Außer dem schönen, stillen, sanften Geist, der überhaupt darin atmet, und außer dem Vielen, was im Einzelnen vortrefflich gedacht und ausgesprochen ist, ist es mir, und zwar vorzüglich, durch die Lebendigkeit teuer geworden, womit sich eine zarte und edle weibliche Natur, womit sich die ganze Seele unserer Freundin darin gezeichnet hat. Ich habe weniges, ja vielleicht noch nie etwas in meinem Leben gelesen, was mir die Seele, aus der es floß, so rein und so klar und so prunklos überliefert hätte, und darum rührte es mich mehr, als ich sagen kann. Aber so individuell und wahr es auch ist, daß man es unter die Bekenntnisse rechnen könnte, die ein edles Gemüt sich selbst und von sich selbst macht, so poetisch ist es bei dem allen, weil es wirklich eine produktive Kraft, nämlich eine Macht beweist, sein eigenes Empfinden zum Gegenstand eines heitern und ruhigen Spiels zu machen und ihm einen äußern Körper zu geben. Von dieser Seite, ich gestehe es, hat es mich auch überrascht: denn ob ich gleich diese Empfindungsweise in meiner Freundin garnicht neu finde, so war mir die Entdeckung doch in der Tat neu, daß sie ihren Gefühlen so viel poetisches Leben einhauchen, so viel Gestalt geben könnte.«

Für Frau von Stein in diesen Jahren gilt ihr eigenes Wort, das sie in einem Briefe schrieb: »Ich glaube, mein Herz versteint nach und nach; ich fühle, wie mir der Ausdruck immer mehr und mehr versagt, Liebe und Wohlwollen zu erkennen zu geben.«

In jener Zeit vermehrte sich die Zahl der Weimarer Dichter um zwei: Der eine, ein Sohn der Stadt Weimar selbst, war Kotzebue; der andere kam aus Bayreuth: Richter, der sich Jean Paul nannte.

Goethe und Schiller, die endlich den Weg zueinander gefunden hatten, hielten keinen von beiden für würdig und wichtig genug, ihr Tischgenosse zu sein. Jean Paul begnügte sich mit dem Beifall der schönen und klugen Damen vom Hofe und war es zufrieden. Kotzebue dagegen zürnte und beschloß, sich zu rächen. Seine verletzte Eitelkeit und angeborene Bosheit richteten sich besonders gegen den größeren des olympischen Dichterpaares, gegen Goethe.

Goethe und Schiller wurden seit langem von vielen Seiten literarisch und auch persönlich angefeindet. Sie stellten, wie man weiß, diesen meist törichten und oft geschmacklosen Angriffen eine poetische Abwehrschrift entgegen, die sie gemeinsam verfaßten: die ›Xenien‹, kurz treffende Zweizeiler, die nun wie Pfeile durch Deutschland schwirrten, trafen, Heiterkeit oder Unwillen erregend. »Es ist zwischen Goethe und mir förmlich beschlossen, unsere Eigentumsrechte an den einzelnen Epigrammen niemals auseinanderzusetzen, sondern es in Ewigkeit auf sich beruhen zu lassen", schrieb Schiller an Humboldt über die Verfasserschaft.

Unter denen, die sich (mit Recht) getroffen fühlten, war Kotzebue, der Verfasser von mehr als zweihundert, meist erfolgreichen Theaterstücken. Er heulte auf. Aber auch Herder, Claudius, Gleim nahmen erbittert Anstoß. Sofort entstanden in allen literarischen Zeitschriften Gegenxenien, von denen Goethes und Schillers in Ton und Stil durch einen Abgrund getrennt.

Jugenhaft nahm er sich immer, der Goethe, und wird sich so nehmen,
Fünfzig ist er, und noch wirft er die Leute mit Kot.

Meint denn der Himmel in Jena, wir wären so dumm, daß wir glaubten,
Er nur habe allein in dem Kalender gestutzt?
Ein mitstutzender Bock aus Weimer hat ihm geholfen;
Ohne den stößigen Bock fehlts dem Eunuchen an Kraft.

Der ›Bock‹ sollte Goethe, der ›Eunuch‹ Schiller sein. Derart waren die Erwiderungen.

Frau von Stein war über die Gegenangriffe geradezu vergnügt, besonders darüber, »daß man den zwei Herren, welche glaubten allein auf dem Parnaß zu befehlen, in ihrer Manier geantwortet habe«. Seit Schiller freundschaftlich mit Goethe verbunden war, nahm Charlotte auch keine Rücksicht mehr auf den Gatten ihrer Freundin. Aber am besten gefiel es ihr, daß Goethes häusliche Verhältnisse in den Schmutz gezogen wurden. Sie fand es durchaus, wie sie schrieb, in der Ordnung, daß die Gegner Goethe seine »unsittliche Verbindungen mit Christianen nicht geschenkt haben«.

Wie anders urteilte wiederum Goethes Mutter, als sie an Goethe schrieb: »Eure Werke bleiben vor die Ewigkeit, und diese armseligen Wische zerreißen einem in der Hand.«

Frau von Stein machte aus ihrer Verehrung für Kotzebue kein Hehl: »Ich habe leider den Geschmack des Publikums, also eigentlich den gemeinen, denn ich kann die Kotzebueschen Stücke nicht so übel finden.« Über Goethes Verse aus Rom und Venedig hatte sie sich aufgehalten, aber die Kotzebuesche Reisebeschreibung entzückte sie: »Kotzebues Reisen nach Italien sind sehr unterhaltend. Alle so oft wiederholten italienischen Reisebeschreibungen haben mich ennuyiert, diese aber nicht.«

Goethe selbst leugnete übrigens Kotzebues Talente nicht (er gab ja im Weimarer Theater viele Kotzebuesche Stücke, schon weil es das Publikum, wie Frau von Stein, wollte); aber er betrachtete ihn eben nur als Handwerker der Literatur. Der Mensch Kotzebue war einem Goethe zu unsauber. Zu den Mittwochgesellschaften Goethes fand Kotzebue keinen Zutritt. Goethe begründete es sogar in einer Zeichnung und einem Gedicht, das er freilich beides vorerst nur für sich, sozusagen privat, anlegte: In einer Säulenhalle wandelt er mit seinen Freunden; drunten aber hockt Kotzebue in einer kaum näher zu beschreibenden Stellung; was er sich denkt, ist in der Unterschrift gesagt:

Ach, könnt ich doch nur dort hinein,
Gleich sollts voll Stank und Unrat sein.

Dafür machten sich die Gegner über Goethes Steifheit lustig. 1800 trug Goethe noch den Zopf des Rokokos; dann bequemte er sich zu kurzen Haaren, die er leicht puderte. In Gesellschaft war er stets äußerst sorgsam gekleidet. 1810 wurde er beschrieben: »Ganz in Gala; schwarzer Frack, worauf der große Stern des Falkenordens prangte; schwarze Pantalons nebst Stiefeln; weiße Weste und sehr feine Manschetten.« Gern empfing er auch am Tage seine Gäste, mit einem pompösen seidenen Schlafrock angetan. Noch 1830 ließ er sich sorgsam frisieren, wenn er Gäste erwartete. Kotzebue fand also die Mittwochabende Goethes steif und fade. So gründete er selbst Donnerstagskränzchen, die er pompöser und geistreicher als die im Hause am Frauenplan zu gestalten suchte. Die Damen um Frau von Stein beteiligten sich gern. Auf einem dieser Abende entstand der Plan, Schiller gegen Goethe auszuspielen, um die Freunde zu entzweien. Man wollte für Schiller eine große Feier und Huldigung veranstalten, um Goethe eifersüchtig zu machen. Der schmähliche Plan mißlang. Schiller selbst war dafür, daß die Feier unterblieb.

Nach kurzer Zeit jedoch machte sich Kotzebue in Weimar unmöglich: er mußte die Stadt verlassen. Er ging nach Berlin, wo er gemeinsam mit seinem Gesinnungsgenossen Merkel den ›Freimütigen‹ herausgab, der unaufhörlich gegen Goethe polemisierte. In Weimar ließ Kotzebue nur Verwirrung und Ekel zurück. Immerhin hatte er es fertiggebracht, für kurze Zeit sogar die Herzogin-Mutter Anna Amalia gegen Goethe einzunehmen. Der lebhaften Fürstin gefiel, wenigstens vorübergehend, der anekdotenreiche Erzähler Kotzebue.

Diese drei, Böttiger, Kotzebue und Merkel, haben Goethe manche unangenehme Stunde bereitet. Doch schüttelte er, seiner großzügigen Veranlagung gemäß, die Angriffe ab, ja, er setzte sie in neue Tatenlust um:

Wir reiten in die Kreuz und Quer
nach Freuden und Geschäften;
doch immer kläfft es hinterher
und bellt aus allen Kräften.
So will der Spitz aus unserem Stall
uns immerfort begleiten,
und seines Bellens lauter Schall
beweist nur, daß wir reiten.

Harmloser war Jean Paul. Er wurde von den Weimarer Damen vergöttert, und die Herzogin-Mutter Anna Amalia bevorzugte ihn. Doch fühlte auch er sich in Weimar nicht wohl, da Goethe und Schiller ihn gleichermaßen ignorierten. So verließ er 1800 nach dreijährigem Aufenthalt die Stadt der Musen, zum Bedauern derjenigen, die gerne einen Rivalen Goethes an Ort und Stelle gehabt hätten. Frau von Stein jedenfalls teilte damals diese Wünsche. Vielleicht hat Goethe Jean Paul Unrecht getan; aber seine Natur war zu sehr der Jean Paulschen ›tränenreichen Wehmut‹ und spielerischen Verworrenheit abhold, als daß er ihn in seiner Nähe hätte leiden mögen. Jean Paul rächte sich nicht durch Gehässigkeiten wie Kotzebue; er bewunderte vielmehr aufrichtig den großen Dichter. Aber auch er wehrte sich schließlich gegen die Goethesche Ablehnung, indem er das Wort prägte, das ganz im Sinne von Frau von Stein gemeint war: Goethe gehöre, so sagte der Verfasser des ›Titan‹, zu jenen Ästheten, die für niemand ein Herz hätten; er sei episch, weil er lieblos und weil er im Grunde ein Menschenverächter sei. Goethe hinwiederum nannte noch in seinem Alter gegenüber Eckermann Jean Paul einen Philister. Jedenfalls hatte Goethe keinen Sinn für jene Art bizarrer Romantik, und nachdrücklich verspottete er in dem Gedicht ›Der Chinese in Rom‹ Jean Paul:

Einen Chinesen sah ich in Rom; die gesamten Gebäude
alter und neuerer Zeit schienen ihm lästig und schwer.
Ach, so seufzt er, die Armen! Ich hoffe, sie sollen begreifen,
wie erst Säulchen von Holz tragen des Daches Gezelt,
daß an Latten und Pappen, Geschnitz und bunter Vergoldung

sich des gebildeten Augs feinerer Sinn nur erfreut.
Siehe, da glaubt ich im Bilde so manchen Schwärmer zu schauen,
der sein lustig Gespinst mit der soliden Natur
ewigem Teppich vergleicht, den echten, reinen Gesunden
krank nennt, daß ja nur er heiße, der Kranke, gesund.

So hatten die Weimarer Damen ihre Sorgen. Gar zu gern hätten sie, schon der lieben Abwechslung halber, einen anderen Lieblingsdichter gegen Goethe ausgespielt. Karl von Stein, Fritzens älterer und vernünftigerer Bruder, sah es ganz richtig, als er seinem Bruder schrieb: »Kotzebue gehört unter die Damengesellschaften, doch lieben ihn auch die Herren (vom Hofe), nicht aber die Schiller und Goethe.« Und Goethe und Schiller ließen auch, so fügt er mit leiser Schadenfreude hinzu, »den Jean Paul verächtlich umherkriechen«. Kotzebue war zu unsympathisch, Jean Paul zu weltfremd, als daß sie auf lange Zeit Bundesgenossen der goethefeindlichen Damenwelt hätten sein können.

VII

Für Frau von Stein blieb Goethes Gefährtin immer günstigstenfalls die Demoiselle Vulpius. Es fielen auch schärfere Ausdrücke. In Anlehnung an die Übersetzung des lateinischen Wortes ›vulpius‹ nannte man im Hause Charlottens die Demoiselle auch doppelsinnig die Füchsin. Noch 1806 schrieb Frau von Stein in einem Brief an ihren Sohn Fritz: »Seine Demoiselle, sagt man, betrinkt sich alle Tage, wird aber dick und fett; der arme Goethe, der lauter edle Umgebungen hätte haben können.«

Gegen Kotzebue und Konsorten konnte sich Goethe wohl verteidigen; er tat es, von Schiller unterstützt, mit Geist und Erfolg. Aber die Angriffe der Weimarer Gesellschaft gegen Christiane beantwortete er nur mit Schweigen. Es nimmt wunder, aber es ist auch bewundernswert, wie groß Goethe im Schweigen war. ›Dido‹ fand keine Entgegnung. Das pharisäerhafte Gebaren der Hofdamen wurde übersehen. Und alle die Gehässigkeiten der Geliebten von einst nahm der Dichter mit vornehmer Ruhe und Ritterlichkeit hin, ohne sich zu wehren. Ihm jedenfalls war das Andenken seiner großen Liebe, trotz allem, zu heilig, als daß er von seiner Seite es in Zank und Klatsch hätte untergehen lassen. Allem Klatsch setzte er seine Beharrlichkeit entgegen. Er antwortete auf keine Vorwürfe und Anklagen, aber er blieb seiner Liebe treu. Schließlich hätte er mancherlei erwidern können. War er auch nicht im bürgerlichen Sinne verheiratet, so war er doch Christiane treu und sie ihm.

Manches freilich verstehen wir nur schwer. Warum machte Goethe Christiane nicht gleich zu seiner Frau? Warum gestaltete er das Verhältnis nicht von vornherein legitim? War der Widerstand des Hofes gegen einen solchen Ehebund zu groß? War es nur Bequemlichkeit? Oder lag dieser Ehescheu insgeheim der Gedanke zugrunde, daß er das Verhältnis, wenn es ihm lästig zu werden beginne, leicht lösen könne?

Dieser Annahme steht ein feierliches Bekenntniswort Goethes entgegen. Im Jahre 1796 riet Goethe einem Freund zur Ehe; auf dessen erstaunte Frage, warum er denn nicht selbst heirate, entgegnete Goethe: »Ich bin verheiratet, aber nicht mit Zeremonie.« Es spricht für Christiane, daß sie keinesfalls zu einem Schritt drängen wollte, den er nicht ganz freiwillig und aus eigener Initiative tat. Hätte es ihr nicht bald gelingen können, Goethe zur Heirat zu bewegen? Ihrer beider Sohn August wuchs heran; er war nun, 1796, sieben Jahre alt. Sie besorgte Goethes Haushalt, und wie die erhaltenen Briefe zeigen, war sie wirklich die Hausfrau, die Goethes Besitztum sorgsam und klug verwaltete.

Auch das geistige. Christiane war seine Schülerin geworden, und ihr konnte er seine naturwissenschaftlichen Theorien erklären und seine Bemühungen um Erkenntnis auseinandersetzen. Sie half ihm bei seinen Experimenten und ordnete seine Sammlungen. Daß sie es nicht mechanisch tat, dafür gibt es ein wunderschönes

Oben:
Anna Amalia von Sachsen-Weimar, Mutter Karl Augusts,
Gemälde von Tischbein, 1795.

Unten:
Karl August, Herzog von Sachsen, Weimar und Eisenach.
Lithographie nach einem Gemälde von G. M. Kraus.

Amalie von Seebach, Schwiegertochter von Frau von Stein. Aquarell von J. H. Meyer.

Unten: Teestunde bei der Herzogin Anna Amalia im Wittumspalais zu Weimar, 1783, Gemälde von H. W. Schmidt. Von links nach rechts: Herzog Karl

Fritz von Stein, Charlottes Sohn. Zeichnung von J. Schneller.

August, Goethe, Graf Wedel, Herzogin Anna Amalia, Herder, Herzog, Wieland, Knebel, Graf von Seckendorff, Frau von Stein, Fräulein von Göchhausen.

Johann Wolfgang von Goethe,
Gemälde von Heinrich Kolbe.

Zeugnis. Es ist das Gedicht von der ›Metamorphose der Pflanzen‹, das an sie gerichtet ist – ein Lehrgedicht und ein Liebesgedicht zugleich:

Dich verwirret, Geliebte, die tausendfältige Mischung
Dieses Blumengewühls über den Garten umher:
Viele Namen hörest du an, und immer verdränget
Mit barbarischem Klang einer den andern im Ohr.
Alle Gestalten sind ähnlich, und keine gleichet der andern;
Und so deutet das Chor auf ein geheimes Gesetz,
Auf ein heiliges Rätsel. O könnt' ich dir, liebliche Freundin,
Überliefern sogleich glücklich das lösende Wort! –
Werdend betrachte sie nun, wie nach und nach sich die Pflanze,
Stufenweise geführt, bildet zu Blüten und Frucht.
Aus dem Samen entwickelt sie sich, sobald ihn der Erde
Stille befruchtender Schoß hold in das Leben entläßt
Und dem Reize des Lichts, des heiligen, ewig bewegten,
Gleich den zärtesten Bau keimender Blätter empfiehlt.
Einfach schlief in dem Samen die Kraft; ein beginnendes Vorbild
Lag, verschlossen in sich, unter die Hülle gebeugt,
Blatt und Wurzel und Keim, nur halb geformet und farblos;
Trocken erhält so der Keim ruhiges Leben bewahrt,
Quillet strebend empor, sich milder Feuchte vertrauend,
Und erhebt sich sogleich aus der umgebenden Nacht.
Aber einfach bleibt die Gestalt der ersten Erscheinung,
Und so bezeichnet sich auch unter den Pflanzen das Kind.
Gleich darauf ein folgender Trieb, sich erhebend, erneuet,
Knoten auf Knoten getürmt, immer das erste Gebild.
Zwar nicht immer das gleiche; denn mannigfaltig erzeugt sich,
Ausgebildet, du siehst's, immer das folgende Blatt,
Ausgedehnter, gekerbter, getrennter in Spitzen und Teile,
Die verwachsen vorher ruhten im untern Organ.
Und so erreicht es zuerst die höchst bestimmte Vollendung,
Die bei manchem Geschlecht dich zum Erstaunen bewegt.
Viel gerippt und gezackt, auf mastig strotzender Fläche,
Scheint die Fülle des Triebs frei und unendlich zu sein.
Doch hier hält die Natur, mit mächtigen Händen, die Bildung
An und lenket sie sanft in das Vollkommenere hin.
Mäßiger leitet sie nun den Saft, verengt die Gefäße,
Und gleich zeigt die Gestalt zärtere Wirkungen an.
Stille zieht sich der Trieb der strebenden Ränder zurücke,
Und die Rippe des Stiels bildet sich völliger aus.
Blattlos aber und schnell erhebt sich der zärtere Stengel,
Und ein Wundergebild zieht den Betrachtenden an.
Rings im Kreise stellet sich nun, gezählet und ohne

Zahl, das kleinere Blatt neben dem ähnlichen hin.
Um die Achse gedrängt, entscheidet, der bergende Kelch sich,
Der zur höchsten Gestalt farbige Kronen entläßt.
Also prangt die Natur in hoher, voller Erscheinung,
Und die zeiget, gereiht, Glieder an Glieder gestuft.
Immer staunst du aufs neue, sobald sich am Stengel die Blume
Über dem schlanken Gerüst wechselnder Blätter bewegt.
Aber die Herrlichkeit wird des neuen Schaffens Verkündung;
Ja, das farbige Blatt fühlet die göttliche Hand,
Und zusammen zieht es sich schnell; die zärtesten Formen,
Zwiefach streben sie vor, sich zu vereinen bestimmt.
Traulich stehen sie nun, die holden Paare, beisammen,
Zahlreich ordnen sie sich um den geweihten Altar.
Hymnen schwebet herbei, und herrliche Düfte, gewaltig,
Strömen süßen Geruch, alles belebend, umher.
Nun vereinzelt schwellen sogleich unzählige Keime,
Hold in den Mutterschoß schwellender Früchte gehüllt.
Und hier schließt die Natur den Ring der ewigen Kräfte.
Doch ein neuer sogleich fasset den vorigen an,
Daß die Kette sich fort durch alle Zeiten verlänge
Und das Ganze belebt, so wie das Einzelne, sei.
Wende nun, o Geliebte, den Blick zum bunten Gewimmel,
Das verwirrend nicht mehr sich vor dem Geiste bewegt.
Jede Pflanze verkündet dir nun die ewgen Gesetze,
Jede Blume, sie spricht lauter und lauter mit dir.
Aber entzifferst du hier der Göttin heilige Lettern,
Überall siehst du sie dann, auch im veränderten Zug:
Kriechend zaudre die Raupe, der Schmetterling eile geschäftig,
Bildsam ändre der Mensch selbst die bestimmte Gestalt.
O, gedenke denn auch, wie aus dem Keim der Bekanntschaft
Nach und nach in uns holde Gewohnheit entsproß,
Freundschaft sich mit Macht aus unserem Innern enthüllte
Und wie Amor zuletzt Blüten und Früchte gezeugt.
Denke, wie mannigfaltig bald die, bald jene Gestalten,
Still entfaltend, Natur unsern Gefühlen geliehn!
Freue dich auch des heutigen Tags! Die heilige Liebe
Strebt zu der höchsten Frucht gleicher Gesinnungen auf,
Gleicher Ansicht der Dinge, damit in harmonischem Anschaun
Sich verbinde das Paar, finde die höhere Welt.

Dieses Gedicht zeigt die kameradschaftliche Einstellung der Geliebten auch zu Goethes Arbeit. Goethe selbst hat es (nach Jahrzehnten) noch so betont: „Höchst willkommen war dieses Gedicht der eigentlichen Geliebten, die das Recht hatte, die lieblichen Bilder auf sich zu beziehen, und auch ich fühlte mich sehr glücklich, als das lebendige Gleichnis unsere schöne und willkommene Neigung steigerte und vollendete: von der übrigen Gesellschaft aber hatte ich viel zu dulden.«

Die Hofdamen und die ästhetischen Besucherinnen des Kotzebueschen Salons konnten es freilich nicht begreifen, wie der große Dichter sein geistiges Erleben mit der einfachen Christiane teilen konnte. Aber mochte ihre Bildung auch Mängel haben, eines hatte sie offenbar vielen Damen, vielleicht sogar vor Frau von Stein voraus – sie konnte zuhören. Sie konnte die ›gleichen Gesinnungen‹ in sich entwickeln, wenn sie das auch nicht zu formulieren vermochte. Die ›gleiche Ansicht der Dinge, damit im harmonischen Anschaun sich verbinde das Paar, finde die höhere Welt‹ – dieses höchste geistige Liebeserlebnis hatte Goethe in Christianen gefunden.

Das Entscheidende für den Dichter bleibt die Produktivität. An Christianens Seite ward sie Goethe wieder zuteil. ›Hermann und Dorothea‹ und viele Gedichte sind an ihrer Seite entstanden; vor allem aber gab sie ihrem Gefährten die geistige Ruhe und sinnliche Sicherheit, den größten Sang seines Lebens abzurunden und zu gestalten: den ›Faust‹.

Und so versteht man den jubelnden Ausruf des Dichters:

> Götter, wie soll ich euch danken! Ihr habt mir alles gegeben,
> was der Mensch sich erfleht!

Wir wollen es aber auch nicht verschweigen, daß Goethe die Gefahr, die ihm aus diesem Verhältnis zu Christiane drohte, nicht übersah. Er kannte die menschliche Natur wie kein anderer, er kannte seine eigenen Schwächen und wußte auch um die Unzulänglichkeiten seiner Geliebten.

Es gibt ein merkwürdiges und bedeutungsvolles Gedicht Goethes, das dies in allen schmerzlichen Schattierungen und allen bedrohlichen Folgerungen zum Ausdruck bringt. Es ist das Gedicht ›Amynthas‹, welches im Jahre 1797 auf der Schweizer Reise entstand. (In seinem

Tagebuch heißt es unter dem 19. September 1797: »Wir fuhren einen Teil des gestrigen Weges. Der Baum und der Efeu Anlaß zu Elegie.«)

Die Elegie wird von manchen als Antwort an die Freunde, besonders an Schiller, auf ihre stummen oder beredten Vorwürfe wegen seines Verhältnisses zu Christiane angesehen. Sie lautet:

Nikias, trefflicher Mann, du Arzt des Leibs und der Seele,
Krank ich bin es fürwahr; aber dein Mittel ist hart.
Ach, mir schwanden die Kräfte dahin, dem Rate zu folgen!
Ja, und es scheint der Freund schon mir ein Gegner zu sein.
Widerlegen kann ich dich nicht; ich sage mir alles,
Sage das härtere Wort, das du verschweigest, mir auch.
Aber ach! Das Wasser entstürzet der Steile des Felsens
rasch, und die Welle des Bachs halten Gesänge nicht auf.
Rast nicht unaufhaltsam der Sturm? Und wälzet die Sonne
Sich von dem Gipfel des Tags nicht in die Wellen hinab?
Und so spricht mir rings die Natur: Auch du bist, Amyntas,
Unter das strenge Gesetz ehrner Gewalten gebeugt.
Runzle die Stirn nicht tiefer, mein Freund, und höre gefällig,
Was mich gestern ein Baum dort an dem Bache gelehrt.
Wenig Äpfel trägt er mir nur, der sonst so beladne,
Sieh, der Efeu ist schuld, der ihn gewaltig umgibt.
Und ich faßte das Messer, das krummgebogene, scharfe,
Trennte schneidend und riß Ranke nach Ranke herab;
Aber ich schauderte gleich, als tief erseufzend und kläglich
Aus den Wipfeln zu mir lispelnde Klage sich goß:
O, verletze mich nicht! Den treuen Gartengenossen,
dem du als Knabe, so früh, manche Genüsse verdankst.
O, verletze mich nicht, du reißest mit diesem Geflechte,
Das du gewaltig zerstörst, grausam das Leben mir aus.
Hab ich nicht selbst sie genährt und sanft sie herauf mir erzogen?
Ist wie mein eigenes Laub nicht mir das ihre verwandt?
Soll ich nicht lieben die Pflanze, die, meiner einzig bedürftig,
Still, mit begieriger Kraft mir um die Seite sich schlingt?
Tausend Ranken wurzelten an, mit tausend und tausend
Fasern senket sie fest mir in das Leben sich ein.
Nahrung nimmt sie von mir; was ich bedürfte, genießt sie,
Und so saugt sie das Mark, sauget die Seele mir aus.
Nur vergebens nähr ich mich noch; die gewaltige Wurzel
Sendet lebendigen Safts, ach! nur die Hälfte hinauf.
Denn der gefährliche Gast, der geliebteste, maßet behende
Unterwegs die Kraft herbstlicher Früchte sich an.

Nichts gelangt zur Krone hinauf; die äußersten Wipfel
Dorren, es dorret der Ast über dem Bache schon hin.
Ja, die Verräterin ists! Sie schmeichelt mir Leben und Güter,
Schmeichelt die strebende Kraft, schmeichelt die Hoffnung mir ab.
Sie nur fühl ich, nur sie, die umschlingende, freue der Fesseln,
Freue des tötenden Schmucks fremder Umlaubung mich nur.
Halte das Messer zurück, o Nikias, schone den Armen,
Der sich in liebender Lust, willig gezwungen, verzehrt!
Süß ist jede Verschwendung. O, laß mich der schönsten genießen!
Wer sich der Liebe vertraut, hält er sein Leben zu Rat?

War nicht Goethe reich genug, daß sich die Geliebte ganz aus seinem Reichtum ernähren und aus seinem überquellenden Leben erhalten konnte! Ein im Geist Ärmerer wäre in jener Umarmung vielleicht erstickt und verdorrt. Aber der überreiche, der lebensvollste unter allen Dichtern konnte verschwenden, und welche Verschwendung war süßer und freudenreicher als diese!

Süß ist jede Verschwendung. O, laß mich der schönsten genießen!

1792 wurde Goethes Haushalt durch den Künstler und Kunstgelehrten Heinrich Meyer vergrößert, der ins Haus am Frauenplan zog und dort bis 1802 wohnte. 1802 nahm Goethe an seine Stelle den Philologen Riemer auf, der ebenfalls fast ein Jahrzehnt dort sein Hausgenosse blieb. Beide, Meyer und Riemer, verehrten Christiane als Goethes und – ihre Hausfrau. Meyer wurde, als er in Goethes Abwesenheit einmal zu Tode krank darniederlag, von Christiane aufopfernd und sorgsamst gepflegt. Christiane ihrerseits hatte, wenn Goethe abwesend war, männlichen Schutz und Beistand im Hause – was angesichts der gehässigen Nachbarschaft vielleicht nicht unnötig war. So enstand auf beiden Seiten treueste Freundschaft.

Meyer und Riemer haben denn auch alles getan, Christiane gegen ihre Verleumder zu verteidigen. Noch im hohen Alter, lange nach Christianens und Goethes Tode, beschrieb Riemer ausführlich Christianens Erscheinung. Riemer lernte sie erst in ihrem 47. Lebensjahre kennen.

Sie müsse in ihrer Jugend sehr hübsch, sogar reizend gewesen sein. »Wer sie als junges Mädchen, von naivem, freundlichem Wesen, mit vollem runden Gesicht, langen Locken, kleinem Näschen, schwellenden Lippen, zierlichem Körperbau und niedlichen tanzlustigen Füßchen gekannt hätte, würde Goethes Wahl nicht mißbilligt haben.« Von Riemer stammt denn auch die Mitteilung, daß Heinrich Meyer, der oben erwähnte Künstler, sie »in einer der Madonna della Sedia verständig nachgebildeten Situation, als Mutter mit ihrem Erstgeborenen im Arm« gemalt habe.

Riemers Urteil über die moralische Seite des Verhältnisses lautet (Riemer war fast 70, als er es niederschrieb): »Übrigens ist es merkwürdig, wie gerade die Frommen nichts so sehr unterhält, als ein nicht auf die gewöhnliche Weise eingeleitetes Liebesverhältnis. Ist es doch, als spräche sich auch darin nur der Neid aus, daß einer sich herausnehme zu tun, was die andern nur gar zu gern auch tun möchten... Goethe, der nicht in diesem Wachspuppenzustand lebte, sondern ein eigenes Herz hatte, gab nichts auf dergleichen Gerede und tat, was er vor Gott und seinem eigenen Gewissen verantworten zu können glaubte.« – »Möge man von diesem Verhältnis denken, was man will, möge man es nach einer strengen theoretischen Moral oder nach einer praktisch modifizierten Moral betrachten, so viel bleibt ausgemacht, daß in diesem Zusammenleben nicht die gewöhnlichen Eheszenen und Gardinenpredigten vorfielen, die selbst in dem legitimsten Ehestande seiner nächsten Freunde nicht selten waren. Von Eifersucht und Schmollen konnte nie unter Personen die Rede sein, wovon der eine Part eine übergroße Fülle von Vernunft, Anstand und Sitte besaß, der andere aber, voller Anhänglichkeit und Pietät, zu keiner Zeit vergaß, daß sie diese ihre Existenz nur ihm zu danken hatte. Goethe schätzte und liebte wirklich seine Frau.«

Diese Zeilen enthalten offensichtlich noch nachträglich einen Hinweis auf Schillers Ehestand. Schiller hat, auch in seiner Freundschaft mit Goethe, Christiane völlig ignoriert; es kann dies nur unter dem Einfluß seiner Gattin, Frau von Steins intimster Freundin, geschehen sein, die sich lieblos und gehässig gegen Goethes Lebensgefährtin benahm und deren Einfluß Schiller in dieser Beziehung völlig unterlag. Christiane erleichterte die prekäre Situation Schillers, wenn er zu Besuch bei Goethes weilte; sie ließ sich nicht sehen, damit Schiller nicht in die Unannehmlichkeit kam, trotz seiner Gattin die Gefährtin seines Freundes respektieren zu müssen. Charlotte von Schiller aber, ganz und gar auf seiten Frau von Steins, betrat Goethes Haus überhaupt nicht. Sie begründete dies 1801 in einem Brief: »Obgleich Schiller selbst nie die Dame des Hauses als Gesellschafterin sieht und sie nie bei Tische erscheint, so könnten doch andere Menschen es nicht glauben, daß sie sich verbärge, wenn Unsereins auch diese Gesellschaft teilte, Sie wissen am besten«, fügte die Dame hinzu, die ›unsereins‹ nicht ohne Absicht groß schrieb, »wie die Menschen hier sind und wie sie lauern.«

Am meisten lauerte aber wohl Charlotte von Schiller selbst, gemeinsam mit Charlotte von Stein. In diese Jahre fällt auch eine Briefstelle Frau von Steins: »Vorgestern saß ich mit Frau von Trebra in der ehemaligen Rosenhecke. Goethe kam mit seiner Kammerjungfer an seiner Seite an uns vorbeigegangen. Ich schämte mich in seiner Seele und hielt mein Sonnenschirmchen vor, als hätte ich ihn nicht bemerkt.«

Die Herzogin Luise ihrerseits beurteilte alles vernünftiger und natürlicher. Sie war auch die einzige, die Frau von Stein die Wahrheit sagte. Charlotte berichtete es voller Unwillen: »Letzt sagte sie (die Herzogin) mir, sie könne sich recht vorstellen, daß Goethe mich nicht hätte lieb behalten können.« Frau von Stein fügte hinzu, daß sie diese Beleidigung nur aus Mitleid mit der Herzogin erduldete. »Beinahe nie verlaß ich sie, ohne daß sie mir nicht mit etwas weh getan. Ich gehe nur zu ihr, weil sie mich dauert. Da es ein so langes Verhältnis ist, so will ich es nicht in meinen alten Tagen brechen.« Herzogin Luise als Frau beurteilte ihre Freundin, die sie nun schon an die 25 Jahre hindurch kannte, kritisch und richtig. Im Gegensatz zu Charlotte von Schiller, der anderen Freundin der Frau von Stein, besaß sie die Reife und den Anstand, die Verhältnisse zu durchschauen.

Der Menschen Vorzüge pflegen leider meist mit ihren Mängeln unzertrennlich verbunden zu sein. Deshalb ist es so schwer, einen Menschen, ja sich selbst zu bessern, das heißt von den Fehlern zu befreien, ohne gleichzeitig auch die Vorzüge zu beseitigen. Denn oft bilden die Tugend und der Mangel ein einziges Ganzes im Charakter. Der Liebende liebt deshalb auch die Mängel der Geliebten, weil seine Leidenschaft nur das Ganze, das er liebt und schätzt, zu erkennen vermag. Die von dem jugendlichen Goethe so leidenschaftlich verehrte geistige Selbständigkeit Charlottens, ihre Selbstsicherheit und adlige Festigkeit war ja nur die eine Seite: Die andere Seite aber bestand in geistiger Verengung, Anmaßung und völliger Unfähigkeit, ja Mangel an Bereitschaft, einen anderen Standpunkt zu verstehen. Goethe zwischen seinem 26. und 36. Lebensjahre hatte es liebend gelitten und sich mit der eigenwilligen und geistvollen Frau aufs beste vertragen. Der 40jährige Mann, noch mehr der 50jährige, konnte es nicht mehr, zumal da der jugendliche Zauber der 30jährigen und der frauliche Charme der 40jährigen der herben und hypochondrischen Art der 50jährigen gewichen war. Er selbst war zu ernst geworden, als daß ihm der matronenhafte Ernst und die unentwegte Vornehmheit der Baronin noch eine Ergänzung seines eigenen leichten und fröhlichen Lebensmutes von einst hätten sein können.

Christiane dagegen war leichten Sinnes, lebenslustig, sie vergaß Sorgen und trübe Gedanken rasch; aber sie machte auch schnell den ernsten Geliebten die Sorgen und solche Gedanken vergessen; sie war mit ihrem heiteren und fröhlichen Temperament eine angenehme und wilkommene Ergänzung des reifen Mannes. Sie war gewiß nicht geistig selbständig und konnte aus ihrem eigenen Geist dem Dichter nichts schenken; dafür aber schmiegte sie sich ganz und vorbehaltlos ihm an, wurde in jeder Hinsicht seine gelehrige Schülerin und hingebende Gefährtin.

Der junge, im tollen Treiben der Genieperiode dahinstürmende Goethe hatte dankbar die Hand der feinen Hofdame geküßt und war willig auf ihren förmlichen und höfisch abgezirkelten Ton eingegangen. Der Geheimrat Goethe war nun selbst ein wenig steif geworden, war förmlich und leicht gelangweilt; er spürte Hemmungen, war nur schwer zu leichterer Sinnesart mehr zu bekehren. Eine vermochte es, spielend und liebend, voller Zärtlichkeiten und Liebkosungen. Seine Christel.

Man weiß, wie kindlich, ja mitunter wahrhaft kindisch erwachsene und ernste Männer in der Familie sein können. Auch der würdevollste Mann empfindet, selbst im fortgeschrittenen Alter, mitunter das Bedürfnis, im Hause diese Würde abzustreifen und ein wenig albern zu sein. Es tut der Größe Goethes keinen Abbruch, daß er auch so war, ja es ist für viele Männer vielleicht ein Trost, zu wissen, daß er auch so war. Bei Frau von Stein hatte Goethe das Lachen verlernt, bei seiner Christel lernte er es wieder. Christiane war wie Goethes Mutter eine Frohnatur. Das hatte sicher einige Schattenseiten; sie tanzte gern, sie liebte ein Gläschen Wein, sie mochte frohe und junge Menschen um sich. Die Weimarer Gesellschaft übertrieb in verleumderischer Weise diese Unarten; Goethe ertrug sie gern, ja ermutigte sie noch. Die feinen Damen erzählten sich empört, daß Goethes Gefährtin oder, wie sie boshaft sagten, sein ›Fräulein‹ in einer Nacht ein Paar Schuhe durchtanzte. Goethe schenkte ihr gleich ein Paar neue und bat sich die durchtanzten als Liebespfand aus.

In dieser Lebensgemeinschaft Goethes herrschte ein eigener Ton, der erst durch die Briefe Christanens und Goethes bekanntgeworden ist. Es gab einen eigenen Sprachschatz, und bei Lichte besehen waren die Wortbildungen dieses Liebespaares etwas albern – wenigstens wären sie Frau von Stein und ihresgleichen so erschienen. Für Goethe und Christel aber war das Vokabular ihrer Liebe eine eigene und heimlich-süße Welt für sich. Und auf die Gefahr hin, daß der eine oder andere besonders ernste Leser daran Anstoß nimmt, sei hier einiges aus diesem Vokabular mitgeteilt. Es ist notwendig, schon um das Entsetzen sich auszumalen, das Frau von Stein überfallen hätte, wäre ihr etwas davon bekannt geworden.

Mitgebrachte oder besorgte Geschenke sind ›Judenkrämchen‹ für den ›Küchenschatz‹ oder ›Hausschatz‹. Und wenn er verreist ist, schreibt sie voller Bedauern, daß sie die ›Schlampamps-Stündchen‹ heftig entbehre. Goethe nennt das ebenfalls in seinen Briefen an Christel die ›Schlender- und Hätschelstündchen‹. Ist sie guter Hoffnung, so spricht man von ›Krabskrälligkeit‹ oder gar vom ›Pfuiteufelchen‹. Schlechte oder elegische Stimmung haben heißt in der Goetheschen Haussprache ›kramseligen‹. Schreibt Christiane von sich und ihrem Kinde, so redet sie von den ›beiden Hasen‹; in ähnlichem Zusammenhang wird das Wort ›Häsigkeit‹ für Verliebtheit gebraucht. Gott Amor wird bei Goethes etwas respektlos ›Schönfuß‹ genannt. Was ›Gakala‹ in der Goetheschen Geheimsprache bedeutet, haben auch die gelehrtesten Goetheforscher noch nicht entdeckt.

Es ist selbstverständlich, daß alle Bekannten mehr oder weniger liebevolle Spitznamen erhielten. Wenn von Frau von Stein die Rede ist, heißt es einfach ›an der Ackerwand‹ (so hieß die Straße, in der sie wohnte).

Und von der Ackerwand blies meist ein häßlicher Wind in Goethes Heim. Aber die Jahre sollten allmählich mildern, was an Haß und Eifersucht von der Ackerwand in das Haus am Frauenplan herüberwehte; und all die Jahre sollten auch Christianen Genugtuung schaffen für all die Unbill, welche ihr die Liebe zu Goethe eingetragen.

Ausklang

I

Im Jahre 1796 begann endlich wieder ein loser und förmlicher Verkehr zwischen Goethe und der Frau von Stein. Vieles verband die beiden aufs neue. Schiller kam von Jena des öfteren nach Weimar, wohnte bei Goethe, während Schillers Gattin bei Frau von Stein Logis nahm. Fritz von Stein erfreute sich nach seiner Rückkehr aus Schlesien wieder der Obhut Goethes. Und schließlich kam ab und zu der kleine August Goethe, nun ein Knabe von sieben Jahren, zu Frau von Stein, bestellte Grüße von seinem Vater, brachte Blumen und kleine Geschenke.

Seit 1789 war kein Brief mehr zwischen Frau von Stein und Goethe gewechselt worden. Nun begann ein neuer Briefwechsel, spärlich freilich und in einem ganz anderen Ton. Das förmliche ›Sie‹ ist wieder eingekehrt, und von Zuneigung und Liebe ist natürlich keine Rede mehr. Aber man ersieht aus dem Inhalt dieser Briefe das Bemühen Goethes, die Freundin von einst zu versöhnen und die Erinnerung an seine große Leidenschaft nicht weiter durch den Haß der Gegenwart zu verderben.

»Liebe Freundin«, beginnt der erste Brief nach so langer Zeit. Er handelt von Fritz, der alles versuchte, um wieder hinaus in die Welt zu gehen und aus dem Weimarer Hofdienst loszukommen. »Bei mir ist Fritz ganz entschuldigt. Wer gern leben mag, und ein entschiedenes Streben in sich fühlt, einen freien Blick über die Welt hat, dem muß vor einem kleinen Dienst wie vor dem Grabe schaudern.«

Dann springt der Brief auf seinen eigenen Sohn über, den er offensichtlich als Friedenspostillon benutzt:

»Leben Sie recht wohl. Erlauben Sie auch künftig meinem armen Jungen, daß er sich Ihrer Gegenwart erfreuen und sich an Ihrem Anblick bilden dürfe. Ich kann nicht ohne Rührung daran denken, daß Sie ihm so wohlwollen.«

Ein paar Tage danach schickt er wieder mit dem kleinen August einen Briefgruß: »Hier bringt indes der kleine Bote drei Stücke ›Horen‹, wenn Sie etwa die Fortsetzung des ›Cellini‹ lesen wollen. Geben Sie dem Kleinen noch einen freundlichen Wunsch auf die Reise. Ich will ihn mitnehmen.«

Frau von Stein schrieb ihrem Sohn von den häufigen Besuchen des kleinen August Goethe: »Sein kleiner August kommt jetzt oft als Spielkamerad vom kleinen Schiller zu mir. Er scheint ein gutes Kind. Ich schenkte ihm einige Spielereien, die ihn sehr freuten, und nach drei verschiedenen Pausen, wo er sich vermutlich einzeln die Geschenke in seinem Köpfchen rekapitulierte, sagte er allemal ein recht ausgesprochenes: ›Ich bedanke mich!‹ Ich kann manchmal in ihm die vornehmere Natur des Vaters und die gemeinere der Mutter unterscheiden. Einmal gab ich ihm ein neu Stück Geld; er drückte es an seinen Mund vor Freuden und küßte es, welches ich sonst am Vater auch gesehen habe. Ich gab ihm noch ein zweites dazu, und da rufte er aus: Alle Wetter!«

Im Sommer 1796 erzählte Frau von Stein, daß Goethe einmal mit dem kleinen August an der Hand an ihrem Haus vorbeikam, als sie gerade »auf ihrer Lieblingsbank unter den Orangenbäumen« saß. Er setzte sich neben sie, und sie plauderten lange – wie einst. Und Charlotte fühlte einen Augenblick die alten Gefühle in sich aufsteigen. »Es ist mir noch immer unbegreiflich, daß er mir so fremd werden konnte«, fügte sie ihrem, Berichte bei.

Aber bald hatten ihr Haß und ihre Eifersucht wieder die Oberhand. Sie wollte nicht vergessen, nicht verzeihen. Eine häßliche Szene ereignete sich. Goethe schickte ihr durch eine Magd zu ihrem Geburtstage Weihnachten 1796 einen Kuchen; die Magd brachte den Kuchen, als gerade die Geburtstagsgäste bei Tische saßen, in das

Zimmer und bestellte einen ›Gruß von Mademoiselle Vulpius‹ statt vom Geheimrat, wie es ihr natürlich aufgetragen worden war. Frau von Stein war aufs heftigste sittlich empört. Sie fühlte sich bloßgestellt vor ihren Gästen. Man werde sie auslachen, meinte sie. Und sie erklärte, die eben so vorsichtig wieder angebahnte Verbindung mit Goethe zu lösen. Aber sie machte diese Drohung dann doch nicht wahr, und so blieb es bei dem höflichen Verkehr auch fürderhin. Sie wurde sogar in Goethes Haus eingeladen. Natürlich ließ sich Christiane nicht vor ihrer erbitterten Feindin sehen. Denn vorläufig beteiligte sich Frau von Stein noch an aller Ohrenbläserei über Christiane. Obwohl sie den kleinen August nun als häufigen Gast bei sich hatte und den Freundinnen gestand, er und der gleichaltrige Karl Schiller seien ihre kleinen Liebhaber, hetzte sie doch weiter gegen Augusts Mutter, der sie ein Verhältnis mit einem jungen Mediziner nachsagte – was erlogen war. Als (kurz vor Schillers Tod) Goethe selbst sterbenskrank wurde, nahm sie zwar leidenschaftlichen Anteil an seiner Krankheit, aber kaum war der alte Freund einigermaßen gesund, so begann sie wiederum ihre Rankünen und kleinen Gehässigkeiten.

Schillers Tod, Goethes neue gefährliche Krankheit und die kriegerischen Ereignisse ließen dann alles andere in den Hintergrund treten. Die Katastrophe von Jena, 1806, hatte für Frau von Stein und ganz Weimar furchtbare Folgen; auch ihr Haus wurde geplündert, ihr Wohlstand auf Jahre vernichtet. Dies alles schien ihr jedoch übertroffen zu werden von einem Begebnis, das sie nicht glauben wollte und das sie wie ein Schlag traf: Goethe hatte unmittelbar nach den Schreckenstagen sich mit Christiane trauen lassen. Ein Wutausbruch schlimmster Art ist in Charlottens Briefen zu verzeichnen: »Während der Plünderung hat er sich mit seiner Maitresse in der Kirche öffentlich trauen lassen.«

Noch schlimmer sind die Äußerungen ihrer Freundin, der Witwe Schillers, die rundweg behauptete, Goethes Schritt sei durch eine Panik angesichts der Ereignisse veranlaßt worden; Frau von Schiller nannte die Trauungszeremonie eine grauenhafte Sache.

Ihre eigene Mutter, Frau von Lengefeld, teilte dies Urteil nicht, sondern meinte gelassen, als ihre Tochter einen Besuch in Goethes Haus machen mußte: »Mit Goethe war es nicht anders zu machen. Ich sehe auch nichts Unrechtes darin, da sie einmal seine Frau ist.«

II

So hatte also Goethe endlich eine vollendete Tatsache geschaffen. Und wenn wir etwas an dieser ›Zeremonie‹ nicht begreifen, so nur das, daß sie nicht viel früher vorgenommen wurde.

Unmittelbarer Anlaß waren in der Tat die Kriegsereignisse 1806 gewesen. Drei Frauen bewährten sich in Weimar in jenen Schreckenstagen aufs höchste: die Herzogin Luise, Charlotte von Stein und Christiane Vulpius. Die Herzogin behielt in der Abwesenheit des an der Seite Preußens kämpfenden Gatten die Regierung des kleinen Landes in ihren Händen und rettete durch ihre kühne Haltung, was zu retten war. Als ihr Napoleon entgegentrat und sie schroff fragte, wo ihr Gatte, der Herzog, sei, hatte sie die Kühnheit zu antworten: »Bei seiner Pflicht, Sire«, also zu betonen, daß er bei Napoleons Feinden sei, wo er hingehöre. Dadurch imponierte die Herzogin dem Korsen; er verhandelte mit ihr – und Karl Augusts Herzogtum war gerettet. Nicht minder hat sich auch Charlotte von Stein in der Schreckensnacht bewährt. Sie mußte viel ausstehen, die plündernden französischen Soldaten zerstörten ihre Wohnung völlig und raubten sie aus. Dennoch brachte sie es fertig, einen verwundeten preußischen General, den Grafen Schmettau, bei sich zu verbergen und vor den Franzosen zu retten. Freilich waren die Wunden des Unglücklichen so schlimm, daß er einige Tage später starb.

Auch Goethes Haus hatte schwer zu leiden. Des Dichters Leben wurde von betrunkenen Plünderern bedroht.

Die Besonnenheit Christianens rettete Goethe vor Mißhandlung und vielleicht vor Schlimmerem.

Goethes Hausgenosse Riemer hat eine Schilderung jener Nacht hinterlassen: »Dienstag, den 14. Oktober 1806 des Morgens um 7 Uhr hörte man in Weimar ganz deutlich die Canonade der Schlacht bei Jena. Unter Angst und Erwartung der Dinge, die da kommen sollten, unter Hin- und Widerrennen der Hausleute und Wegschaffen von zurückgelassenen Effecten der bisherigen preußischen Einquartierung, war vielleicht eine Stunde vergangen, als eine furchtbare Stille die Straßen und den Platz vor Goethes Hause erfüllte. Da kamen einzelne französische Husaren ans nahe Frauentor gesprengt, spähend, ob Feinde in der Stadt wären. – Goethe ließ uns vom Schloß ins Haus sagen, wir würden zur Einquartierung den Marschall Ney bekommen und außerdem noch einige Cavalleristen, sollten aber sonst Niemand hereinlassen. – Es lagerten sich auch bald sechzehn derselben, meist Elsässer, in das Bedientenzimmer, waren aber so ermüdet von dem sechzehnstündigen Ritt aus Franken bis nach Jena zur Schlacht, wie sie sagten, daß sie nach Nichts als Streu verlangten und das angebotene Essen und Trinken beinahe ablehnten, und sich rasch nur an einigen Bouteillen Weins und Biers erquickten. – Goethe war indes zurückgekommen, allein der Marschall erschien noch immer nicht, ohngeachtet die Tafel für ihn und seine Begleiter schon lange bereit war. Die Elsässer schliefen indessen fest. Das Haus war verriegelt. Ich hielt mich auf der Hausflur hin- und hergehend auf, um gleich zur Hand zu sein, wenn der Marschall komme, indessen aber anderes Volk, das sich eindrängen wollte abzuhalten, und im Notfall die Hilfe der schlafenden Reiter anzurufen. – Während ich so allein auf der Diele des Hauses auf- und abgehend verweilte, ohne Licht und nur von den hochaufleuchtenden Flammen der in der Ferne brennenden Häuser die nötige Hellung empfangend, waren in einem der Zimmer des Hinterhauses eine Menge Personen aus der Stadt zusammengedrängt, die geflüchtet vor der Wut und den Mißhandlungen der Plünderer hier Schutz und Verborgenheit zu finden hofften. Einige derselben waren der Wirtin in Bereitung der Speisen und der Heranschaffung des nötigen Kellervorrates für den erwarteten Marschall und sein Gefolge behilflich; andere jammerten über das wie ein Blitz hereingebrochene noch nie erfahrene Unglück und Elend, und vermehrten so die Bestürzung und Unruhe der Hausgenossen, die den Kopf zusammenzunehmen hatten, um das Nötigste und Geeignetste in dieser Bedrängnis nicht zu verfehlen. – Es war schon tief in der Nacht, der Lärm auf den Straßen dauerte immer fort; ich hatte bisher meinen Posten unangefochten behauptet, als plötzlich fürchterliche Kolbenstöße an der Haustür donnerten und auf mein endliches ›Wer – da?‹-Rufen, Einlaß verlangt wurde. – Es waren zwei kleine Kerls, von der damals spottweis sogenannten Löffelgarde, eigentlich Tirailleurs in voller Bewaffnung. – Ich holte Licht aus der nahen Küche und einiges Getränk und Speise, und setzte es auf einem bereitstehenden Tisch ihnen vor. – Sie schienen zufrieden und beruhigt, und sprachen den Flaschen von Neuem zu; bald aber schienen sie schläfrig sich nach einer Ruhestatt umzusehen, und da ihnen die bloßen Dielen nicht genügen mochten, verfolgten sie die nahe Treppe, auf der sie den Hausherrn hatten kommen und gehen sehen. Ich eilte ihnen nach, sie nahten dem Zimmer, worin die Betten für die Begleitung des Marschalls standen, und drangen hinein. Widerrede half nichts, Widerstand war so unmöglich wie töricht, ich mußte es geschehen lassen, in der einzigen Hoffnung, daß einer der auf jeden Fall angekündigten Adjutanten wenigstens und erfolgreich sie vertreibe. Er kam auch, aber als bereits der Tag angebrochen war; mein erstes Wort bei seinem Eintritt ins Haus war die Meldung, daß sein Zimmer und Bett bereits von zwei Marodeurs eingenommen worden sei, die sich auf keine Weise davon hätten abhalten lassen. Wütend stürzte er die Treppe hinauf, und in das Zimmer dringend, fuchtelte er mit flacher Klinge die Kerls aus den Betten heraus, die nicht eilig genug Zimmer und Haus verlassen konnten. Ich sehe sie noch vorübereilen, und war damals nicht ohne Besorgnis, sie möchten noch etwas von Silbergeschirr und dergleichen haben mitgehen heißen. – Es war nun völlig Tag geworden, der Marschall, der die Nacht anderswo geblieben, kam an; augenblicklich trat Sauvegarde vor das Haus, größere Ruhe und Ordnung stellten sich ein, und ich erfuhr in der ersten Unterredung mit den übrigen Hausgenossen, daß, während ich die beiden Marodeurs in den Betten glaubte, sie dem Hausherrn auf das Zimmer gerückt wären und sein Leben bedroht hätten. Da habe seine Frau einen der mit ins Haus Geflüchteten zu Hilfe gerufen, dieser habe Goethe von den Wütenden befreit, sie hinausgejagt, die Türen seines Zimmers und Vorgemachs verschlossen und verriegelt. Goethe selbst ließ sich nie etwas davon merken; ich aber war nicht wenig bestürzt über die Gefahr, in welcher er ohne mein Wissen und Gedenken geschwebt hatte. – Indeß bewahrte Goethe von diesem Tage an eine treue Dankbarkeit sowohl gegen seinen Retter, als gegen die Frau, die überhaupt in diesen Schreckenstagen sich mit großer Standhaftigkeit und Gewandtheit, ohnerachtet sie nicht französisch sprach, zu nehmen wußte, und trotz des furchtbaren Aufwandes an Lebensmitteln, den sowohl die Soldaten als der Marschall und seine verschwenderischen Köche verursachten, ihr Hauswesen doch so zusammenhielt, daß sie noch anderen Bedürftigen aushelfen und ihren Schützlingen aus der Stadt etwas zuwenden konnte. – Dieses Dankgefühl, dieses Anerkennen, daß er ihr in diesem Augenblick des Lebens schuldig geworden, war das Hauptmotiv, eine Handlung zu beschleunigen, die er bereits länger im Sinne habend, nur an den zur Ausführung schicklichen Moment knüpfte, wo sie als natürlich, sich von selbst verstehend, weniger befremdend, und ohne Aufsehen zu erregen sich vernehmen ließ.«

An den Geistlichen schrieb Goethe ein Billett: »Dieser Tage und Nächte ist ein alter Vorsatz bei mir zur Reife gekommen; ich will meine kleine Freundin, die so viel an mir getan und auch diese Stunden der Prüfung mit mir durchlebte, völlig und bürgerlich anzuerkennen, als die Meine...«

Die Trauung fand am 19. Oktober statt. Der erwähnte Riemer und Goethes nun 17jähriger Sohn waren die Trauzeugen.

Die gesellschaftliche Stellung Christianens als Frau von Goethe war nun in Ordnung, aber die feindlichen Heerscharen kapitulierten noch immer nicht. Noch 1808 findet es Goethe für notwendig, sich an Frau Karoline von Wolzogen, die vernünftigere Schwester der Witwe Schillers, zu wenden, um ihre Vermittlung zu erbitten. Karoline versprach es gern. Goethe bedankte sich sogleich: »Nehmen Sie meinen Dank für Ihre freundliche Erklärung. Werden Sie wohl gleiche Gesinnungen in den Gemütern Ihrer Schwester und der Frau von Stein erwekken?«

Karoline konnte es nicht. Für Schillers Witwe blieb Frau von Goethe bis zu ihrem Tode die ›dicke Hälfte‹, und auch Frau von Stein gab ihren Haß nie völlig auf, wenn sie auch in der Form milder und höflicher wurde. Der Form freilich wurde Genüge getan. Ende 1808 gab Christiane einen Tee, wozu auch Frau von Stein geladen wurde. Sie konnte nicht umhin, zu kommen. »Angenehm ist es mir freilich nicht,« schrieb sie über diese Einladung ihrem Sohne, »indessen da er das Kreatürchen so sehr liebt, kann ichs ihm wohl einmal zu Gefallen tun.«

III

Niemand hatte sich mehr über die kirchliche Trauung gefreut als Goethes Mutter. Sie schrieb: »Lieber Sohn, mein erstes Geschäft nach Erhalt des Briefes war, Gott dem Allmächtigen auf den Knien zu danken. Ja, lieber Sohn, das war wieder eine Errettung. Vergiß es nie, wie ich es auch nie vergesse. Zu deinem neuen Stand wünsche ich dir allen Segen, alles Heil, alles Wohlergehen. Da hast du nach meines Herzens Wunsch gehandelt. Meinen Segen habt ihr hiermit in vollem Maß. Grüße meine Tochter herzlich. Sage ihr, daß ich sie liebe, schätze, verehre. Lebt wohl. Behaltet lieb Eure treue und hocherfreute Mutter Goethe.« Goethes Mutter lebte nur noch zwei Jahre; am 13. September 1808 starb sie im Alter von 77 Jahren. Goethe schickte, den Nachlaß zu ordnen, seine Frau nach Frankfurt. Sie tat es mit gewohnter Umsicht.

In den folgenden Jahren konnte die Weimarer Gesellschaft nicht umhin, Goethes Gemahlin als solche zu respektieren. Was auch die vornehme Welt unter sich klatschte, im Hause Goethes wurde auf Form und sogar auf Freundlichkeit gesehen. So geschah es jetzt sogar, daß, wenn Goethe in Jena, Karlsbad oder sonst auf Reisen war, Frau von Schiller oder die eine oder andere Hofdame zur Frau von Goethe kam, sich nach ihrem Befinden zu erkundigen. Besonders Frau Schopenhauer, des Philosophen Mutter, eine vielgelesene Roman-Autorin ihrer Zeit, nahm sich der Gattin Goethes an. Einmal aber wurde in jenen Jahren die Ruhe Christianens und Goethes gründlich gestört. Bettina von Arnim, geborene Brentano, erschien auf dem Plan und brachte Unruhe ins Haus. Es war kurz nach Bettinas Hochzeit, als das junge Paar in Weimar erschien. Goethe und die Brentanos, besonders Sophie La Roche, Bettinas Mutter, verbanden alte freundschaftliche Beziehungen. Diesmal aber kam es zu einer widerwärtigen Szene. Bettina von Arnim, über alle Maßen von sich eingenommen, hatte am 8. September 1811 einen heftigen Auftritt mit Goethes Frau. In einer Bildersammlung, die der Freund Goethes, Meyer, veranstaltet hatte, waren die beiden Damen gemeinsam erschienen. Über irgend etwas kam es zum Wortwechsel, der in Tätlichkeiten überging. Bettina bewies ihre Taktlosigkeit, indem sie allen Klatsch, den sie über Frau von Goethe in Weimar gehört hatte, von sich gab und Christianen das Schimpfwort, das von ihren Feindinnen in Weimar propagiert wurde, ins Gesicht schleuderte: ›Blutwurst!‹ Christiane scheint ihr darauf eine Ohrfeige gegeben zu haben, die zweifellos nicht unverdient war. Goethe nahm sofort Partei für seine Frau und verbot kurzerhand Frau Bettina sowie ihrem Gatten sein Haus. Bettina gab sich nicht zufrieden. Sie fühlte die Blamage zu deutlich, als daß sie nicht den Versuch gemacht hätte, die Situation für sich zu retten. Sie war bereit, sich zu entschuldigen. Aber Goethe wollte von nichts mehr wissen. Er schrieb, er sei froh, die ›Tollhäuslerin‹ ein für allemal los zu sein. Und sein Hausgenosse Riemer meinte zu Bekannten: Goethe habe einem Verhältnis, das nicht Freundschaft sein konnte, sondern nur Verlegenheiten brachte, für immer ein Ende gemacht.

Da griff Frau von Stein ein. Sie versuchte zu vermitteln. Ihr schlossen sich die übrigen Damen des Hofes an, auch Frau von Schiller. Sie alle fühlten das Bedürfnis, der Feindin Christianens zu helfen; eine Aussöhnung wäre ja nur auf Kosten des Ansehens Christianens möglich gewesen. Doch Goethe ließ sich auf nichts ein. Frau von Schiller schrieb einer Freundin von dem Vorfall: »Bettina liebt den Meister auf eine rührende Art. Aber denken Sie nur, daß ihr die dicke Hälfte das Haus verboten hat! Seit diesem Vorfall nimmt auch er (Goethe) keine Notiz mehr von ihr. Sie hat ihm vorgestern geschrieben, gesagt, sie wolle der Frau ihr Betragen ganz vergessen, er würde ihr immer lieb bleiben, – und er antwortet nicht.«

Noch nach zwei Monaten schrieb Frau von Stein in der Angelegenheit ein Billett an Goethe: »Haben Sie der Arnim noch nicht gedacht?« Aber Goethe dachte wirklich nicht daran. Bettina hat sich auch weiterhin in dieser Sache nicht schön benommen. Ihren Freunden erzählte sie, in Weimar sei eine Blutwurst toll geworden und hätte sie gebissen. Wilhelm Grimm schrieb damals: »Die Geschichte von Goethes Frau wußte ich schon. Es ist eine gemeine Person. Die Frau von Arnim hat ihr eine Ehre angetan, wenn sie mit ihr gesprochen.«

Jedenfalls hatte aber gerade dieser Vorfall der Weimarer Gesellschaft und auch Frau von Stein gezeigt, daß in dieser Beziehung mit Goethe nicht mehr zu spaßen war. Erst viel später ist es Bettina noch einmal gelungen, bei Goethe Eingang zu finden. Aber sie wurde, was sie auch Gegenteiliges behaupten mochte, kalt abgefertigt. Und Goethe schrieb in sein Tagebuch (August 1830): »Frau von Arnims Zudringlichkeit abgewiesen.«

Frau von Goethe wurde von nun ab bei Hofe empfangen, und auch Herzogin Luise zog sie ostentativ öfters ins Gespräch, so daß ihre gesellschaftliche Stellung allmählich unangreifbar wurde. Dennoch konnte man es ihr nicht verdenken, wenn sie ihren freundschaftlichen Verkehr nicht in den Adelskreisen, wo ihr Ruf so mißhandelt worden war, suchte, sondern in anderen Zirkeln. Das waren vor allem die Schauspieler. Christiane war eine begeisterte Theaterbesucherin. Sie verstand auch etwas vom Theater. Goethe verließ sich in vielem auf ihr Urteil. Und einen Teil ihrer Briefe an Goethe machen kritische Bemerkungen über Theateraufführungen und die Leistungen der Schauspieler aus. Vielen Schauspielern war sie eine Gönnerin, und manchen von ihnen hat sie durch ein gutes Wort bei Goethe, ja durch eine Gabe oder Geschenk geholfen. Vor allem aber verehrten sie die Kinder der Schauspieler; ihre Kinderfeste im Hause am Frauenplan waren berühmt, manchmal freilich auch so laut, daß Goethe freundlichen Einspruch erheben mußte.

IV

Als Goethe seiner Lebensgemeinschaft mit Christiane die bürgerliche Form gab, war er siebenundfünfzig, sie einundvierzig Jahre alt. Er hatte vorher achtzehn Jahre mit ihr zusammengelebt, also von seinem neununddreißigsten und von ihrem dreiundzwanzigsten Lebensjahre ab.

Christiane, die im ganzen siebenundzwanzig Jahre Goethes Lebensgefährtin war, hat sein Dichten nicht so auffällig, wie einst Frau von Stein, beeinflußt. Aber die äußere Form darf nicht täuschen. Sie gab nicht nur die Muße und Ruhe für Goethes dichterisches Schaffen, sie gab auch ihr eigenes, ihr frohes und liebendes Wesen hinzu.

Zunächst freilich die äußere Ruhe. Sie hielt sein Haus in Ordnung, nahm ihm die häuslichen Sorgen ab und schaffte ihm in aller Zurückhaltung die Umgebung, in der sein Werk am besten gedieh. Man kann sich Frau von Stein kaum in einer solchen Tätigkeit vorstellen, keinesfalls in solcher Zurückhaltung. Christiane drängte sich nie zwischen Goethe und die Welt, Charlotte hätte es ununterbrochen getan.

Im übrigen hat Goethe das Urteil und die Kritik seiner Frau nicht nur geachtet, sondern sogar gesucht. Als der Dichter die ›Wahlverwandtschaften‹ in selbstgewählter Einsamkeit in Jena geschrieben hatte, ging ein Teil des Manuskriptes sogleich nach Weimar zu Christiane mit der Bitte es zu lesen, niemand außer dem Hause etwas davon zu sagen, es ihm bald zurückzugeben und dazu ihre ausführlichen Bemerkungen zu machen. Und als sie das getan, schrieb er ihr: »Weil Ihr (Christiane und ihre Freundin und Gesellschafterin, Riemers Braut) Euch über den ersten Teil des Romans so freundlich geäußert habt, so soll die Hälfte des zweiten bis die nächste Woche unter eben den Bedingungen zu Euch gelangen. Du schickst mir den Band wieder, den Du in Händen hast, und wir hoffen nun, das Ende bald zu erreichen. Doch brauchen wir, wenn kein Hindernis dazwischen kommt, immer noch zehn Tage. Wenn Du etwas hören solltest, daß jemand zu mir herüberkommen will, so lehne es ja ab.«

Einst hatte der Dichter sein Wunschbild von einer vollkommenen Hausfrau in die Verse gekleidet:

> Ich wünsche mir eine hübsche Frau,
> die nicht alles nähme gar zu genau.
> Doch aber zugleich am besten verstände,
> wie ich mich selbst am besten befände.

Konnte eine Frau dieses Ideal besser verkörpern als Goethes Christiane? Und hätte eine Frau diesem Ideal schärfer widersprechen können als Charlotte von Stein?

Christiane ist einundfünfzig Jahre alt geworden; sie starb am 6. Juni 1816, merkwürdigerweise an ihrem Geburtstag und zugleich in ihrer Geburtsstunde. Schon 1815 hatte sie einen Schlaganfall erlitten. Ihre letzte Krankheit dauert nur neun Tage. Sie starb einen sehr schweren Tod, und Goethe selbst litt während der letzten Tage seiner Frau an einem heftigen Fieber.

Besser als alle Schilderungen zeichnen die kurzen Tagebucheintragungen Goethes diese schwersten Stunden: »Meine Frau in äußerster Gefahr. Mein Sohn Helfer, Ratgeber und einziger haltbarer Punkt in dieser Verwirrung.« Und am Todestag: »Nahes Ende meiner Frau. Letzter fürchterlicher Kampf ihrer Natur. Sie verschied gegen Mittag. Leere und Totenstille außer mir.« Der Arzt berichtet, daß Goethe am Bette der Sterbenden niedergesunken und gerufen habe: »Du sollst, du kannst mich nicht verlassen.«

In den folgenden Tagen entstanden die wehen Verse:

> Du versuchst o Sonne vergebens
> durch die dünstern Wolken zu scheinen!
> Der ganze Gewinn meines Lebens
> ist, ihren Verlust zu beweinen.

Manche Frauen haben des Dichters Weg gekreuzt. Geliebt aber, wie Christiane, hat ihn wohl keine; und sicherlich hing auch er mit einer so steten und im Grunde doch unendlich treuen Leidenschaft an keiner anderen Frau weder vorher noch nachher, auch nicht an Frau von Stein. Mag die Leidenschaft ein andermal stürmischer und lauter sein, beglückender und bei aller Stille und trotz aller Anfeindungen beharrlicher war keines seiner Gefühle als diese unwandelbare Zuneigung zu seiner Gefährtin, der einzigen wirklichen Gefährtin seines Lebens.

V

Charlotte von Stein überlebte ihre Feindin Christiane noch um ein volles Jahrzehnt. Sie ist ihres Lebens freilich nie mehr recht froh geworden. Die Plünderung durch die französischen Soldaten hatte ihr große Vermögensverluste zugefügt; das Alter brachte ihr ein schweres Augenleiden, fast Blindheit; und zeit ihres Lebens waren ihr Krankheit und Geldmangel die beiden schlimmsten Geißeln. Von ihren beiden Söhnen lebte Fritz in Schlesien; er hatte wenig Glück, seine erste Frau starb früh, die zweite verließ ihn nach kurzer Zeit. Übrigens machte er sich später einen Namen als Wohltäter und Stifter einer großen Blindenanstalt. Der älteste Sohn Charlottens, Karl von Stein, lebte nun ganz auf Kochberg, das er so gut wie es in den kriegerischen und verwirrten Zeitläuften möglich war, verwaltete und bewirtschaftete. Seine Mutter war trotzdem häufig mit ihm unzufrieden. Sie liebte nun einmal ihren Fritz mehr und glaubte ihn in einem fort von seinem Bruder benachteiligt.

Von ihren Verwandten war eine nach der andern ins Grab gesunken. Ihre Schwägerin, Sophie von Schardt, jene von Goethe so gepriesene ›liebe Unschuld‹, die Freundin Herders, starb 1819. Ihre Schwester, Luise von Imhoff, war schon 1803 an der Schwindsucht gestorben. Von ihren Kindern erlangte Amalie eine gewisse Berühmtheit; sie war schriftstellerisch begabt, und Goethe und Schiller protegierten die talentierte Nichte Charlottens, deren Gedichte in den ›Horen‹ Eingang fanden. Das Gerücht, Goethe wolle Amalie heiraten, wurde von ihm selbst dementiert; aber es warben andere bedeutende Männer um sie: Alexander von Humboldt, Friedrich Gentz, Heinrich Meyer; doch sie schenkte ihr Herz einem schwedischen Major, Karl von Helvig, an dessen Seite sie nicht glücklich wurde und den sie bald verließ. Wie schon erzählt, war Amaliens Vater, der Baron von Imhoff, in erster Ehe mit der späteren Lady Hastings verheiratet gewesen. Deren Sohn, Amaliens Stiefbruder, Sir Charles Imhoff, erschien eines Tages, 1802, als englischer Offizier mit seiner Gattin in Weimar und nahm sich der deutschen Verwandten aufs beste an. Aber die napoleonischen Kriege zerrissen bald dieses vielversprechende Verwandtschaftsverhältnis. Sir Charles starb als britischer General.

Über Frau von Steins Beziehungen zu Goethe in den Jahren nach der Entfremdung wurde berichtet, was zu berichten war. Es war also der kleine August gewesen, der die ersten freundschaftlichen Beziehungen zwischen den beiden Menschen, die sich so heiß geliebt hatten, wiederum flocht. Goethe bat Frau von Stein, für den ›armen Kleinen‹ etwas zu sorgen, und Charlottens mütterlicher Instinkt erwachte angesichts des Kindes ihres einstigen Geliebten. Schon früh, im Herbst 1796, schrieb sie Goethe ein milderes Wort. Sie wollte verreisen. In dem Brief, mit dem sie sich von Goethe verabschiedete, schrieb sie: »August ist bei mir recht artig; es tut mir ordentlich weh, mich so lange von ihm zu trennen. Sie müssen meinem Herzen eigentlich sehr natürlich finden, daß ich Ihr Kind so lieb haben muß.«

Und doch konnte sie es sich auch jetzt nicht versagen, kleine Spitzen in ihre Worte hineinzuflechten – nur Gott weiß, wieviel Schmerz und Leid unter dieser Ironie verborgen war! »Da Sie manchmal, lieber Goethe, übermäßig gut sein können, so...« In diese halb ernst, halb ironisch gemeinten Floskeln kleidete sie eine Bitte an Goethe.

Goethes Briefe lagen als Kostbarkeit in ihrem Schreibtisch. Die vertraute Freundin, Charlotte von Schiller, bekam sie einmal (1812) zu Gesicht: »Wie interessant war der Meister ehemals, wie weich! Wie hat er geliebt, und wie konnte sich das ändern! Es ist mir ein Rätsel, diese Natur! Wie hat die arme Charlotte leiden müssen.«

Je älter die beiden wurden – Goethe war über sechzig, Charlotte über siebzig Jahre –, desto mehr freilich verblaßte das einstige Leid. Ein ruhiges Altersverhältnis bahnte sich an. Wäre Frau von Stein etwas großzügiger gewesen, hätte sie wenigstens in ihren alten Tagen mehr vergessen, verziehen und verstanden – es hätte eine Altersfreundschaft werden können, die der feurigen, jungen Liebe der vergangenen Jahre in nichts nachgab – eine

Seelenfreundschaft, wie sie einst zwischen zwei wirklich großen Menschen im Alter geherrscht hatte: zwischen Michelangelo und der Fürstin Vittoria Colonna. Aber nur einer der Partner, Goethe, war wirklich groß; Frau von Stein blieb bis zuletzt kleinlich und nachtragend. So war es schließlich Goethes Verdienst, wenn doch noch eine Freundschaft den Horizont ihres Lebens wie ein schönes Abendleuchten bekränzte.

Allmählich festigte sich das Freundschaftsband so, daß sogar gefahrlos die alten Unstimmigkeiten wiederkehrten; abermals tauchte, jetzt mehr scherzend, doch nicht ganz im Scherz, der – böse Kaffee auf. Frau von Stein schreibt im Frühling 1812 an Goethe: »Möge es Ihnen auch so wohl und heiter wie meinem Vögelchen sein. Heute Abend bin ich bei der Herzogin zum Kaffee, der mir leider immer besser schmeckt, je teurer er wird. Dem Kaffee-Feind hätte ich das nicht sagen sollen, aber man sagt doch gerne seinen Freunden, was einem Gutes begegnet. Adieu, lieber Goethe! v. St.«

Weihnachten, sonst das Fest der Kinder, wurde nun recht das Fest dieser beiden alten Freunde: war es doch Charlottens Geburtstagsfest, und an diesen Tag knüpften sich so viele gemeinsame und schöne Erinnerungen. Wie einst begann Goethe wieder Geschenke in das Haus an der Ackerwand zu schicken, und wie einst erwies auch Frau von Stein ihm einige Aufmerksamkeiten. Da kam zu Weihnachten 1814 ein Billett von Goethe mit einem Vers, zierlich auf ein Blatt Papier aufgemalt, wie es sonst wohl Kinder zum Schönschreiben benutzten; es war ein Dank und eine Ankündigung zugleich:

Gegen so viel schöne Dinge
weiß ich nicht, was ich dir bringe,
Späne, die sich leicht entzünden;
Licht, in dunkler Nacht zu finden;
Becher, die den Wein verbessern,
Feinde von gefüllten Fässern;
Süßigkeit auf Süßigkeiten!
Dies also im nächsten Jahre,
Holde Geberin, erfahre!

Charlotte von Stein antwortete: »Tausend, tausend Dank, allerbester, liebenswürdigster Geheimrat, für allerliebsten Witz auf dem zierlichen Blatt. Ihre, Sie mit der Beständigkeit des siècle d'Or verehrende Freundin von Stein.«

Im nächsten Jahr kam von Goethe eine große Geburtstagstorte zu Weihnachen; wieder lagen Verse bei:

Daß du zugleich mit dem heiligen Christ
an diesem Tag geboren bist,
und August auch, der werte Schlanke,
dafür ich Gott im Herzen danke,
dies gibt in tiefer Winterzeit
erwünschteste Gelegenheit,
mit einigem Zucker dich zu grüßen,
Abwesenheit mir zu versüßen,
der ich, wie sonst, in Sonnenferne,
im Stillen liebe, leide, lerne.

Und zehn Jahre später, im Sommer 1825, hatte Goethe ihr ein Geschenk übersandt: die Dreiundachtzigjährige antwortete mit zittriger Hand: »Lieber, verehrter Geheimderat! Für das schöne Medaillon mit Ihrem Bildnis wollte ich Ihnen sogleich herzlich danken. Aber ich wurde durch viele Besuche gehindert und so fort durch mancherlei, bis eben ein Augenblick einer Ruhestunde erscheint. Könnte ich Ihnen nur etwas Gutes dafür erweisen! Vielleicht, wenn wir uns in dem großen Weltall so wiederfinden. – Ihre treue Verehrerin v. St.« Im folgenden Jahr feierte Goethe seinen 77. Geburtstag. Er konnte gar nicht alle Glückwünsche beantworten. So verfaßte er in Versen einen Dank, der an alle Freunde ging. Auch Frau von Stein erhielt das Gedicht. Der Dichter hatte ein paar persönliche Zeilen hinzugefügt: »Neigung aber und Liebe unmittelbar-nachbarlich-angeschlossen Lebender durch so viel Zeiten sich erhalten zu sehen, ist das Allerhöchste, was dem Menschen gewährt sein kann. Und so für und für!«

Der Glückwunsch der Frau von Stein zu diesem letzten Geburtstag Goethes, den sie erleben sollte, hatte gelautet: »Tausend Glück und Segen zum heutigen Tag! Mögen die Schutzgeister auf dem himmlischen Reichstage befehlen, daß alles Liebliche und Gute Ihnen, geliebter Freund, erhalten werde und mit aller Hoffnung aufs Künftige, ohne Furcht, verbleibe. Mir aber erbitte ich, verehrter Freund, Ihr freiwilliges Wohlwollen auf meiner noch kurzen Lebensbahn!« Sie schrieb dies im August 1826. Im Spätherbst schon wurde sie bettlägerig, und am 5. Januar 1827 starb sie einen sehr sanften und leichten Tod. Sie war im 85. Lebensjahr, also älter, als Goethe werden sollte.

In ihrem letzten Willen soll sie angeordnet haben, daß ihr Leichenzug nicht an Goethes Haus vorüberginge; aber man hielt sich nicht daran. Goethe ließ sich bei dem Begräbnis durch seinen Sohn vertreten.

Frau von Stein wurde auf dem (damals neuen) Friedhof beerdigt, in dessen Mitte die Fürstengruft steht; deren Gewölbe sollten fünf Jahre später Goethes sterbliche Reste aufnehmen. Als der Friedhof erneuert wurde, legt man einen breiten Weg über Frau von Steins Grab; heute ist es wiederhergestellt, aber nur Gott weiß, ob es ihre Gebeine sind, die unter dem prunkvollen Grabmal ruhen. Wenige Schritte entfernt ist das Grab der Familie Goethe, wo Goethes Schwiegertochter und seine Enkel ihre letzte Ruhe fanden. Während Christiane an der Jakobskirche begraben liegt, ist ihr Bruder Christian August Vulpius auf dem gleichen Friedhof beigesetzt wie Goethe und Frau von Stein.

Angesichts der Majestät des Todes werden die kleinlichen Streitigkeiten lächerlich; Frau von Steins Haß und Eifersucht gegen die Sippe der Vulpius sind wohl nie ganz verschwunden, aber wieviel milder urteilte die sonst so resolute und energische Greisin in den letzten Jahren vor ihrem Tod als ehedem! »Er wird uns sein Christelchen auch interessant zu machen wissen in seiner poetischen Vorstellung«, hatte sie spöttisch, aber resigniert noch zu Christianens Lebzeiten geäußert, freilich noch schnell hinzugefügt: »So wenig sie es auch in der Tat ist.«

Und auch ihre Ansicht über Goethes Werke änderte Charlotte von Stein im Alter. Hatte sie einst so viel gegen ›Tasso‹ zu sagen gewußt, nur weil ihr die italienische, fern von ihr entstandene Fassung fremd und die Vollendung der Dichtung nach dem Bruch mit ihr unbehaglich war – jetzt hörte sie mit tiefster Ergriffenheit die herrlichen Verse. Sie schrieb: »Er (Tasso) ist mir so in die Seele übergegangen, er ist jede Zeile Goldes wert.« Und vom ›Faust‹ sagte sie in ihren späteren Jahren (sie kannte schon Teile des Faust II.): »Es ist ein sehr genialisches Stück.« Ja, welches Wunder, sogar ›Egmont‹ fand schließlich ihren Beifall, und die in Christianens Atmosphäre gedichteten und vollendeten ›Wahlverwandtschaften‹ erweckten ihre größte Bewunderung: »Wieviel Kenntnis des menschlichen Herzens!«

Goethes Beharrlichkeit hatte Charlottens Haß besiegt, wenn auch nicht ausgelöscht. In seines Lebens großer Symphonie war eigentlich nie ein Mißklang gegen Charlotte zu vernehmen gewesen. Ihren Haß hatte er nicht erwidert. Er verstand sie zu gut, als daß er ihr ernstlich hätte zürnen können. So viel Leid sie auch seiner Liebsten, Christianen, und damit ihm selbst zugefügt hatte, er vergaß zu keiner Stunde, was ihm einst zwölf Jahre lang diese Frau gewesen war. Mitunter scheint er freilich seine einstige Leidenschaft für einen grandiosen Irrtum gehalten zu haben; aber das bezog sich wohl eher auf die Maßlosigkeit seiner Liebe als auf diese selbst.

Mit welcher Beharrlichkeit und Zärtlichkeit Goethe seine Christiane liebte, haben wir an vielen Zeichen gesehen. Daß er aber auch der großen, entsagenden Liebe seines Lebens nie wirklich untreu wurde, zeigen jene Verse, die er im 71. Lebensjahre, 1820, niederschrieb, ein Menschenalter nach dem Bruch mit Charlotte:

Einer einzigen angehören,
einen einzigen verehren,
wie vereint es Herz und Sinn!
Lida! Glück der nächsten Nähe,
William! Stern der schönsten Höhe,

Euch verdank ich, was ich bin.
Tag und Jahre sind verschwunden,
und doch ruht auf jenen Stunden
meines Wertes Vollgewinn.

Bedarf das Gedicht einer Erklärung? Ist ein Irrtum möglich? Es ist keine Absage an die Liebe zu Christiane, wenn er sagt: einer einzigen! Es ist ja nur die Erinnerung an jene Jahre, da er, entsagend und entbehrend, Lida,

dieser einzigen, anhing, wie er, ebenfalls in jener Zeit, ganz ausschließlich einem Vorbild nachging: Shakespeare. Diese Zeit der seelischen und geistigen Konzentration habe, so ruft der Greis, ihn gebildet, seinen Wert und sein Wort gestaltet. Da hat er die ungeheure Kraft des Wesens und des Dichtens in sich gesammelt, die er seitdem verschwenderisch ausbreiten konnte, eine Welt zu beglücken.

Silhouetten der
Frau von Stein und Goethes
mit seinem Schützling
Fritz von Stein.

ANHANG

Zeittafel

1742	24. Januar: Kurfürst Karl Albrecht von Bayern als Karl VII. zum römisch-deutschen Kaiser gewählt. 12. Februar: Kaiserkrönung in Frankfurt. 11. Juni/28. Juli: Friede von Breslau und Berlin. Ende des Ersten Schlesischen Krieges (seit 1970). Der größte Teil Schlesiens kommt an Preußen. 1. Juli: Georg Christoph Lichtenberg geboren. *25. Dezember: Charlotte Albertine Ernestine von Schardt als zweite Tochter des Hofmarschalls Johann Wilhelm Christian von Schardt und seiner Frau Konkordia, geb. Irving of Drum, in Eisenach geboren.* Der schwedische Astronom Anders Celsius führt die einhundertteilige Thermometerskala ein. Georg Friedrich Händels Oratorium »Der Messias« wird uraufgeführt.
1743	*Umzug der Familie nach Weimar.* *Charlottes Vater wird Erzieher des Erbprinzen Konstantin von Sachsen-Weimar-Eisenach.*
1744/45	Zweiter Schlesischer Krieg.
1744	5. Juni: Bündnis zwischen Preußen und Frankreich. August: Friedrich II. marschiert in Böhmen ein und erobert Prag. Ausbruch des Krieges zwischen Preußen und Österreich. 25. August: Johann Gottfried Herder geboren.
1745	20. Januar: Kaiser Karl VII. gestorben. 4. Oktober: Franz Stephan von Lothringen wird in Frankfurt zum römisch-deutschen Kaiser gekrönt. Der Kaisertitel fällt wieder an das Haus Habsburg. 25. Dezember: Friede von Dresden. Ende des Zweiten Schlesischen Krieges. Friedrich II. von Preußen behält Schlesien und erkennt Franz I. als Kaiser an. Ewald Jürgen von Kleist baut die »Leydener Flasche«, einen elektrischen Kondensator.
1746	12. Januar: Johann Heinrich Pestalozzi geboren. 2. Juni: Österreichisch-russisches Bündnis.

1748	18. Oktober: Der Friede von Aachen beendet den österreichischen Erbfolgekrieg (seit 1740). Die »Pragmatische Sanktion« wird anerkannt; Schlesien bleibt in preußischem Besitz. Montesquieu: »De l'Esprit des lois« (»Vom Geist der Gesetze«). Friedrich Gottlieb Klopstock: »Der Messias«, Epos (1748–73).
1749–1804	George-Louis Leclerc, Comte de Buffon: »Histoire naturelle« (»Naturgeschichte«).
1749	28. August: Johann Wolfgang Goethe geboren. Georg Friedrich Händel: »Feuerwerksmusik«.
1750–1753	Voltaire am Hof König Friedrichs II. von Preußen.
1750	28. Juli: Johann Sebastian Bach in Leipzig gestorben.
1751–1780	Denis Diderot und (bis 1758) Jean-Baptiste le Rond, genannt d'Alembert, geben die »Encyclopédie« heraus.
1752	Benjamin Franklin erfindet den Blitzableiter.
1754	9. April: Christian Freiherr von Wolff, deutscher Philosoph der Aufklärung, gestorben
1755	10. Februar: Montesquieu (Charles-Louis de Secondat, Baron de La Brède et de Montesquieu) gestorben. 1. November: Lissabon durch Erdbeben zerstört. Herzog Konstantin (Ernst August II. Konstantin) tritt in Weimar die Regierung an. Johann Joachim Winckelmann: »Gedanken über die Nachahmung der griechischen Werke in der Malerei und Bildhauerkunst«. Jean-Jacques Rousseau: »Discours sur l'origine et les fondements de l'inégalité parmi les hommes« (»Abhandlung über den Ursprung und die Grundlagen der Ungleichheit unter den Menschen«).
1756–1763	Siebenjähriger Krieg.
1756	16. Januar: »Westminster-Konvention« zwischen Preußen und England. 27. Januar: Wolfgang Amadeus Mozart in Salzburg geboren. 16. März: Herzog Konstantin von Weimar heiratet Anna Amalia von Braunschweig-Wolfenbüttel. 1. Mai: »Erster Versailler Vertrag«. Französisch-österreichisches Verteidigungsbündnis. 29. August: Friedrich II. von Preußen fällt in Sachsen ein.
1757	2. Februar: Allianz von Sankt Petersburg. Österreichisch-russisches Bündnis gegen Preußen. Frühjahr: Eroberung Sachsens durch Friedrich II.

	1. Mai: »Zweiter Versailler Vertrag«. Bündnis zwischen Frankreich und Österreich.
	Frankreich tritt in den Siebenjährigen Krieg ein. Große Koalition Österreich-Frankreich-Rußland-Schweden gegen Preußen.
	3. September: Erbprinz Karl August von Weimar geboren.
	5. November/5. Dezember: Preußische Siege bei Roßbach und Leuthen.
	Joseph Black entdeckt das Kohlendioxid.
	Christian Fürchtegott Gellert: »Geistliche Oden und Lieder«.
1758	28. Mai: Herzog Konstantin (Ernst August II. Konstantin) gestorben. Herzogin Anna Amalia führt die Regentschaft für den Erbprinzen Karl August (bis 1775).
	Charlottes Vater wird aus den herzoglichen Diensten entlassen.
	8. September: Prinz Konstantin (Friedrich Ferdinand Konstantin) von Weimar geboren.
	François Quesnay, Leibarzt Ludwigs XV., begründet mit seiner Schrift »Tableaux économiques« die physiokratische Wirtschaftstheorie.
	Claude-Adrien Helvétius: »De l'Esprit« (»Über den Geist«).
1759	März: »Dritter Versailler Vertrag« zwischen Frankreich und Österreich.
	14. April: Georg Friedrich Händel in London gestorben.
	12. August: Friedrich II. von Preußen unterliegt bei Kunersdorf den französischen und russischen Truppen.
	13. September/18. Oktober: Englischer Sieg über die Franzosen in Kanada. Kapitulation von Quebec.
	10. November: Friedrich Schiller in Marbach geboren.
	Voltaire: »Candide«, Roman.
seit 1760/70	Industrielle Revolution in England.
1760	*Charlotte von Schardt wird Hofdame (nach anderen Quellen 1757).*
	15. August/3. November: Friedrich II. siegt bei Liegnitz und Torgau über die Österreicher.
	25. Oktober: Georg II. von England gestorben. Sein Enkel Georg III. wird englischer König und Kurfürst von Hannover.
1761	15. August: Französisch-spanisches Bündnis (»Lateinische Union«).
1762	5. Januar: Zarin Elisabeth von Rußland gestorben.
	Peter III. wird ihr Nachfolger.

	5. Mai: Zar Peter schließt Frieden mit Preußen.
	19. Mai: Johann Gottlieb Fichte geboren.
	Juli: Staatsstreich Katharinas. Peter III. ermordet. Katharina II. wird Zarin von Rußland.
	5. Oktober: Christoph Willibald Glucks Oper »Orpheus und Euridike« wird uraufgeführt.
	Jean-Jacques Rousseau: »Du Contrat social« (»Über den Gesellschaftsvertrag«); »Émile«, Roman.
1763	10. Februar: Friede von Paris zwischen England/Portugal einerseits und Frankreich/Spanien andererseits. Frankreich verliert den größten Teil seines nordamerikanischen Gebiets. England wird führende Kolonialmacht.
	15. Februar: Der Friede von Hubertusburg zwischen Österreich, Preußen und Sachsen beendet den Siebenjährigen Krieg. Schlesien bleibt in preußischem Besitz.
	21. März: Jean Paul (Johann Paul Friedrich Richter) geboren.
	5. Oktober: Kurfürst Friedrich August II. von Sachsen, als August III. zugleich König von Polen, gestorben.
	17. Dezember: Friedrich Augusts II. Nachfolger Friedrich Christian gestorben. Unter der Regentschaft Xavers wird Friedrich August III. Kurfürst von Sachsen.
	Voltaire: »Traité sur la tolérance« (»Abhandlung über die Toleranz«).
1764 – 1767	Johann Joachim Winckelmann: »Geschichte der Kunst des Altertums«.
1764	11. April: Preußisch-russisches Verteidigungsbündnis.
	8. Mai: Charlotte von Schardt heiratet Josias (Gottlob Ernst Josias Friedrich) Freiherrn von Stein, Erbe auf Kochberg bei Rudolstadt.
	6. September: Stanislaus II. Poniatowski zum König von Polen gewählt.
1765 – 1768	Goethe in Leipzig.
1765	*8. März: Sohn Karl geboren.*
	18. August: Kaiser Franz I. gestorben. Sein Sohn Joseph II. wird römisch-deutscher Kaiser und in den österreichischen Erblanden Mitregent Maria Theresias.
	James Watt baut die erste Dampfmaschine.
1766/67	Christoph Martin Wieland: »Die Geschichte des Agathon«, Roman.
1766	*Geburt und baldiger Tod einer Tochter.*
	23. Februar: Mit dem Tod des einstigen Polenkönigs Stanislaus Leczinski fällt das Herzogtum Lothringen an Frankreich.

12. Dezember: Johann Christoph Gottsched in Leipzig gestorben.
Henry Cavendish weist das Wasserstoffgas nach.

1767 4. Mai: Russisch-preußische Geheimkonvention von Moskau.
22. Juni: Wilhelm von Humboldt geboren.
25. Juni: Tod des Komponisten Georg Philipp Telemann.
8. September: August Wilhelm Schlegel geboren.
29. September: Geburt des zweiten Sohnes Ernst von Stein.
Gotthold Ephraim Lessing: »Minna von Barnhelm«, Lustspiel.

1768 – 1774 Russisch-türkischer Krieg.

1768 8. Juni: Johann Joachim Winckelmann in Triest ermordet.
Oktober: Die Türkei erklärt Rußland den Krieg.
21. November: Friedrich Schleiermacher geboren.

1769 *Geburt und Tod der zweiten Tochter.*
15. August: Napoleon Bonaparte in Ajaccio/Korsika geboren.
13. Dezember: Tod Christian Fürchtegott Gellerts in Leipzig.
Richard Arkwright konstruiert eine Baumwoll-Spinnmaschine und gründet später in Nottingham die erste moderne Fabrik.
Gotthold E. Lessing: »Hamburgische Dramaturgie«.

1770/71 Goethe in Straßburg.

1770 *Dritte Tochter geboren und im Säuglingsalter gestorben.*
20. März: Geburt Friedrich Hölderlins.
19. April/16. Mai: Der französische Thronfolger Ludwig heiratet Marie Antoinette von Österreich. Hochzeitsfeiern in Wien und Versailles.
17. Dezember: Ludwig van Beethoven geboren.
James Cook entdeckt die australische Ostküste und nimmt sie für England in Besitz.

1771/74 Joseph Priestley und Karl Wilhelm Scheele entdecken unabhängig voneinander den Sauerstoff.

1771 Die »Encyclopaedia Britannica« erscheint.
Johann Gottfried Herder: »Abhandlung über den Ursprung der Sprache«.
Friedrich Gottlieb Klopstock: »Oden«.

1772 *Dritter Sohn Fritz von Stein geboren.*
10. März: Geburt Friedrich Schlegels.
Mai – September: Goethe in Wetzlar.

2. Mai: Novalis (Friedrich von Hardenberg) geboren.
5. August: Erste Teilung Polens zwischen Österreich, Preußen und Rußland.
Christoph Martin Wieland wird als Lehrer des Erbprinzen an den Weimarer Hof berufen.
Gotthold Ephraim Lessing: »Emilia Galotti«.

1773 31. Mai: Geburt Ludwig Tiecks.
11. Juli – 3. August: Charlotte von Stein in Bad Pyrmont.
21. Juli: Aufhebung des Jesuitenordens durch Papst Clemens XIV.
Johann Wolfgang Goethe: »Götz von Berlichingen« (Neubearbeitung der Fassung von 1771).

1774 *Geburt und Tod der vierten Tochter.*
10. Mai: Ludwig XV. gestorben. Sein Enkel Ludwig XVI. wird König von Frankreich.
Juli/August: Reise Goethes an Lahn und Rhein.
21. Juli: Friedensschluß zwischen Rußland und der Türkei.
11. Dezember: Goethe trifft in Mainz erstmals die Prinzen Karl August und Konstantin von Sachsen-Weimar-Eisenach.
Johann Wolfgang Goethe: »Clavigo. Ein Trauerspiel«; »Die Leiden des jungen Werthers«, Roman.
Johann Gottfried Herder: »Auch eine Philosophie der Geschichte zur Bildung der Menschheit«.
Christoph Martin Wieland: »Die Abderiten, eine sehr wahrscheinliche Geschichte« (fortgesetzt 1779/80).

1775 – 1783 Nordamerikanischer Unabhängigkeitskrieg.

1775 – 1778 Johann Caspar Lavater: »Physiognomische Fragmente«.

1775 27. Januar: Friedrich Wilhelm Schelling geboren.
2. Februar: Charlotte von Steins Schwester Luise von Schardt heiratet Baron Karl von Imhoff.
19. April: Beginn des nordamerikanischen Freiheitskrieges gegen England.
Frühjahr/Sommer: Erste Schweizer Reise Goethes.
3. September: Regierungsantritt Karl Augusts von Sachsen-Weimar-Eisenach.
Goethe wird nach Weimar berufen.
3. Oktober: Karl August heiratet Luise von Hessen-Darmstadt.
Freundschaft Charlotte von Steins mit Herzogin Luise.
7. November: Ankunft Goethes in Weimar.
6. Dezember: Goethe besucht erstmals Charlotte von Stein auf Kochberg bei Rudolstadt.

Johann Wolfgang Goethe: »Urfaust«; »Stella. Ein Schauspiel für Liebende« (1774/75).

1776 *Charlotte von Stein verfaßt das humoristische Schauspiel »Rino«. Sohn Ernst gestorben.*

2. Januar: In Österreich wird die Folter abgeschafft.

16. Januar: Beginn des Briefwechsels mit Goethe.

24. Januar: E. T. A. Hoffmann geboren.

Februar: Johann Gottfried Herder wird als Generalsuperintendant nach Weimar berufen.

24. März – 4. April: Goethe in Leipzig.

14. April: »Warum gabst du uns die tiefen Blicke«, Gedicht Goethes an Charlotte von Stein.

18. Mai: Goethe bezieht sein Gartenhaus am Stern.

11. Juni: Der Herzog ernennt Goethe zum »Geheimen Legationsrat«.

23. Juni – 5. August: Charlotte von Stein in Bad Pyrmont.

4. Juli: Unabhängigkeitserklärung der dreizehn nordamerikanischen Kolonien (»Vereinigte Staaten von Amerika«).

August: Luise von Imhoffs Tochter Amalie geboren.

1. Oktober: Herder trifft in Weimar ein.

24. November: Erstes Auftreten der Schauspielerin Corona Schröter in Weimar.

1. – 21. Dezember: Goethe in Leipzig.

Adam Smith: »Inquiry into the Nature and Causes of the Wealth of Nations« (»Untersuchungen über das Wesen und die Ursachen des Volkswohlstandes«).

Jakob Michael Reinhold Lenz:
»Die Soldaten«, Lustspiel.

1777 *16. Juni: Goethe in Kochberg bei Charlotte von Stein.*

23. Juni – 29. Juli: Aufenthalt in Pyrmont.

September: Goethe auf der Wartburg bei Eisenach.

7. Oktober: Im Nordamerikanischen Unabhängigkeitskrieg Niederlage der englischen Truppen bei Saratoga/New York.

18. Oktober: Heinrich von Kleist in Frankfurt an der Oder geboren.

29. November – 19. Dezember: Erste Harzreise Goethes.

Antoine Laurent erklärt den Verbrennungsvorgang als chemische Reaktion eines Elements mit Sauerstoff (Oxidation).

Johann Heinrich Jung (gen. Jung-Stilling): »Heinrich Stillings Jugend«.

1778/79 Bayerischer Erbfolgekrieg.

1778	17. Januar: Das Hoffräulein Christiane von Laßberg ertränkt sich nahe Goethes Gartenhaus in der Ilm.
	6. Februar: Handels- und Bündnisverträge zwischen Frankreich und den Vereinigten Staaten. Frankreich tritt in den Krieg gegen England ein.
	10. Mai – 1. Juli: Goethe reist mit Herzog Karl August nach Berlin.
	30. Mai: Voltaire (François-Marie Arouet) gestorben.
	2. Juli: Tod Jean-Jacques Rousseaus.
	September/Oktober: Charlotte von Stein in Kochberg.
	8. September: Clemens Brentano geboren.
	James Cook entdeckt die Hawaii-Inseln.
1779	6. April: Aufführung von Goethes »Iphigenie auf Tauris« (erste Fassung).
	13. Mai: Mit dem Frieden von Teschen endet der Bayerische Erbfolgekrieg. Österreich erhält das Innviertel von Bayern.
	5. September: Ernennung Goethes zum »Geheimen Rat« (Minister).
	11. September: Goethe reist mit dem Herzog in die Schweiz (Zweite Schweizer Reise bis 13. Januar 1780).
	Spanien tritt in den Nordamerikanischen Unabhängigkeitskrieg ein.
	Gotthold Ephraim Lessing: »Nathan der Weise«.
1780 – 1784	Seekrieg zwischen England und den Niederlanden.
1780	*Juni/Juli: Charlotte von Stein reist zu ihrer Schwester Luise von Imhoff nach Mörlach bei Nürnberg.*
	4. – 10. Oktober: Goethe in Kochberg bei Charlotte von Stein.
	29. November: Kaiserin Maria Theresia gestorben.
	Christoph Martin Wieland: »Oberon«, Verserzählung.
1781	26. Januar: Achim von Arnim geboren.
	15. Februar: Gotthold Ephraim Lessing in Braunschweig gestorben.
	September/Oktober: Charlotte von Stein in Kochberg, Goethe in Leipzig und Dessau.
	14. Oktober: Goethe besucht Charlotte von Stein in Kochberg.
	19. Oktober: George Washington siegt bei Yorktown. Kapitulation der englischen Armee.
	6. – 16. Dezember: Goethe in Eisenach.
	Beginn der Josephinischen Reformen in Österreich.
	Friedrich Wilhelm Herschel entdeckt den Planeten Uranus.
	Immanuel Kant: »Kritik der reinen Vernunft«.

	Johann Heinrich Voß überträgt Homers »Odyssee« ins Deutsche (Übersetzung der »Illias« 1793).
	Johann Wolfgang Goethe: »Iphigenie auf Tauris« (zweite Prosa-Fassung).
1781 – 1787	Johann Karl August Musäus: »Volksmärchen der Deutschen«.
1782	13. Januar: Schillers »Räuber« in Mannheim uraufgeführt.
	10. April: Kaiser Joseph II. erhebt Goethe in den Adelsstand.
	1. Juni: Goethe zieht in das Haus am Frauenplan (erneut nach den Italienaufenthalten 1792).
	11. Juni: Goethe wird zum Leiter der Kammer (Finanzminister) berufen.
	September: Charlotte von Stein in Kochberg.
	Jean-Jacques Rousseau: »Les Confessions« (»Die Bekenntnisse«), posthum.
1783	23. Januar: Stendhal (Henri Beyle) geboren.
	Februar: Erdbeben in Messina.
	25. Mai: Goethe nimmt Charlotte von Steins jüngsten Sohn Fritz zu sich und sorgt für seine Erziehung.
	5. Juni/21. Oktober: Erster Aufstieg eines Heißluftballons der Brüder Jacques und Joseph Montgolfier (»Montgolfière«); Jacques Charles startet einen Wasserstoffballon (»Charlière«).
	3. September: Friede von Versailles. England erkennt die Unabhängigkeit der Vereinigten Staaten an.
	6. September – 6. Oktober: Goethe reist mit Fritz von Stein in den Harz und nach Kassel (Zweite Harzreise).
	12. November: Goethe schließt das vierte Buch von »Wilhelm Meisters theatralischer Sendung« ab.
	Friedrich Schiller: »Luise Millerin« (»Kabale und Liebe«), Uraufführung 1784.
1784 – 1791	Johann Gottfried Herder: »Ideen zur Philosophie der Geschichte der Menschheit«.
1784	27. März: Goethe entdeckt den Zwischenkieferknochen des Menschen.
	20. Mai: Friede von Paris. Ende des englisch-niederländischen Seekrieges.
	31. Mai – 2. August: Charlotte von Stein in Kochberg.
	31. Juli: Denis Diderot gestorben.
	7. August – 15. September: Aufenthalt Goethes in Braunschweig und dritte Harzreise.
	2. – 4. Oktober: Goethe besucht Charlotte von Stein in Kochberg.

	15. Oktober: Fünftes Buch von Goethes »Wilhelm Meister« fertiggestellt.
1785–1790	Karl Philipp Moritz: »Anton Reiser«, Roman.
1785	4. Januar: Geburt Jacob Grimms.
	4. April: Bettine Brentano geboren.
	20. Juni – 2. August: Charlotte von Stein in Karlsbad.
	23. Juni – 21. August: Aufenthalt Goethes in Karlsbad.
	23. Juli: Gründung des »Deutschen Fürstenbundes«.
	September/Oktober: Charlotte von Stein in Kochberg.
	Erste Überquerung des Ärmelkanals im Freiballon.
	»Halsband-Affäre« um die französische Königin Marie Antoinette.
	In Preußen wird die erste deutsche Dampfmaschine gebaut.
1786–1788	Italienische Reise Goethes.
1786	24. Februar: Geburt Wilhelm Grimms.
	2. Juli – 14. August: Charlotte von Stein in Karlsbad.
	27. Juli: Goethe trifft in Karlsbad ein.
	14. August: Abschied Goethes von Charlotte von Stein in Schneeberg.
	17. August: Friedrich II., der Große, in Sanssouci gestorben. Sein Neffe Friedrich Wilhelm II. wird König von Preußen.
	2./3. September: Brief Goethes an Charlotte von Stein. Abreise nach Italien.
	29. Oktober: Goethe in Rom.
	Ende November: Erster Brief Goethes aus Italien an Charlotte von Stein.
	Fritz von Stein kehrt ins Haus Charlottes zurück.
	E. Cartwright erfindet den mechanischen Webstuhl.
	Wolfgang Amadeus Mozart: »Figaros Hochzeit«.
	Johann Wolfgang von Goethe: »Iphigenie auf Tauris. Ein Schauspiel» (endgültige Vers-Fassung).
1787–1792	Letzter Krieg Rußlands und Österreichs (1788–1791) gegen die Türkei.
1787/88	Adelsrevolution in Frankreich. Wirtschaftskrise.
1787	22. Februar – 25. Mai: Französische Notabelnversammlung in Versailles (erstmals seit 1626).
	Ende Februar – Ende März: Aufenthalt Goethes in Neapel.
	2. – 17. April: Goethe in Palermo.
	13. Mai – 6. Juni: Goethe wiederum in Neapel.
	8. Juni: Ankunft Goethes in Rom.
	11. Juni – 23. August: Badereise Charlotte von Steins nach Karlsbad.

18. Juni: Sohn Ernst auf der Fahrt nach Karlsbad gestorben.
Sommer 1787 (oder 1788): Schwager Karl von Imhoff verläßt seine Familie und geht nach München.
21. Juli: Friedrich Schiller kommt nach Weimar.
Charlotte von Stein lernt Schiller kennen.
17. September: Die Verfassung der Vereinigten Staaten wird vom amerikanischen Kongreß verabschiedet.
Oktober: Goethe macht in Mailand die Bekanntschaft Maddalena Riddis.
15. November: Christoph Willibald v. Gluck gestorben.
Josias von Stein auf Kur in Pyrmont.
Wolfgang Amadeus Mozart: »Don Giovanni«.
Johann Wolfgang von Goethe: »Egmont. Ein Trauerspiel in fünf Aufzügen«.
Friedrich Schiller: »Don Carlos«.

1788 *Enge Freundschaft zwischen Charlotte von Stein und Charlotte von Lengefeld.*
22. Februar: Arthur Schopenhauer in Danzig geboren.
18. Juni: Goethe kehrt aus Italien zurück.
13. Juli: Beginn der Bekanntschaft Goethes mit Christiane Vulpius.
August – Oktober: Charlotte von Stein in Kochberg.
Anfang September: Charlotte von Kalb kommt nach Weimar.
5. September: Goethe bei Charlotte von Stein in Kochberg
7. September: Erste Begegnung Goethes mit Schiller in Rudolstadt.
Karl von Imhoff in München gestorben (oder 1789).
Immanuel Kant: »Kritik der praktischen Vernunft«.

1789 *8. März: Goethes Beziehung zu Christiane Vulpius wird öffentlich bekannt.*
Charlotte von Stein verlangt von Goethe die Lösung des Verhältnisses.
30. April: George Washington zum ersten Präsidenten der Vereinigten Staaten gewählt.
5. Mai – Juli: Badereise Charlotte von Steins nach Wiesbaden und Ems.
5. Mai: Charlotte von Stein bei Frau Rätin Goethe. – In Versailles treten die französischen Generalstände zusammen (erstmals seit 1614).
26. Mai: Antrittsvorlesung Schillers in Jena zum Thema »Was heißt und zu welchem Ende studiert man Universalgeschichte?«

8. Juni: Letzter Liebesbrief Goethes an Charlotte von Stein.
15./17. Juni: Der Dritte Stand konstituiert sich in Versailles als Nationalversammlung.
14. Juli: Sturm auf die Pariser Bastille. Beginn der Französischen Revolution.
Sommer: Charlotte von Stein bricht endgültig mit Goethe.
4. August: Die französische Nationalversammlung schafft die Standesprivilegien ab.
26./27. August: Erklärung der Menschen- und Bürgerrechte in Frankreich.
8. Oktober: Marschall Laudon erobert mit seinen Truppen Belgrad für Österreich.
November: Umzug Goethes ins Jägerhaus beim Frauentor.
25. Dezember: Goethes Sohn August geboren.
Abbé Sieyès veröffentlicht die Schrift »Qu'est-ce que le tiers-état?« (»Was ist der Dritte Stand?«).
Luigi Galvani entdeckt das Phänomen der Berührungselektrizität.
Johann Wolfgang von Goethe: »Torquato Tasso. Ein Schauspiel«.

1790 Jahresanfang: Unabhängigkeitserklärung der Österreichischen Niederlande (»Vereinigte Belgische Staaten«).
20. Februar: Kaiser Joseph II. gestorben. Sein Bruder Leopold II. wird Nachfolger auf dem Thron.
22. Februar: Friedrich Schiller heiratet Charlotte von Lengefeld.
15. März – 20. Juni: Zweite Italienische Reise Goethes.
20. Juli – 6. Oktober: Goethe in Schlesien.
27. Juli: »Reichenbacher Konvention« zwischen Preußen und Österreich.
9. Oktober: Kaiserkrönung Leopolds II. in Frankfurt am Main.
2. Dezember: Österreichische Truppen besetzen Brüssel.
Josias von Stein erleidet einen Schlaganfall.
Schwere Erkrankung Schillers.
Wolfgang Amadeus Mozart: »Cosi fan tutte«.
Immanuel Kant: »Kritik der Urteilskraft«.
Johann Wolfgang von Goethe: »Römische Elegien«; »Venezianische Epigramme«; »Faust. Ein Fragment«.

1791 *Februar: Erneuter Schlaganfall Josias von Steins.*
31. März: Goethes »Egmont« in Weimar uraufgeführt.

20. – 25. Juni: Die französische Königsfamilie flieht aus Paris und wird in Varennes zur Rückkehr in die Tuilerien gezwungen.
Juli: Charlotte von Stein zur Kur in Bad Lauchstädt.
4. August: Friedensschluß zwischen Österreich und der Türkei.
27. August: In der »Pillnitzer Deklaration« kommen König Friedrich Wilhelm II. von Preußen und Kaiser Leopold II. überein, die französische Monarchie zu unterstützen.
30. September: Auflösung der französischen Nationalversammlung.
1. Oktober: Einberufung der Gesetzgebenden Versammlung (Legislative) in Frankreich.
Wolfgang Amadeus Mozart: »Die Zauberflöte«; »Requiem«.
5. Dezember: Mozart in Wien gestorben.

1792 – 1797 Krieg Frankreichs gegen Österreich und Preußen (Erster Koalitionskrieg).

1792 9. Januar: Friedensschluß von Jassy zwischen Rußland und der Türkei.
7. Februar: Österreichisch-preußisches Bündnis.
1. März: Tod Leopolds II. Sein Sohn Franz II. wird Kaiser des Reiches.
20. April: Frankreich erklärt Österreich den Krieg.
8. August: Abreise Goethes ins Feld (Kampagne in Frankreich).
10. August: Erstürmung der Pariser Tuilerien.
13. August: König Ludwig XVI. von Frankreich und seine Familie werden im Temple gefangengesetzt.
2. – 6. September: Massaker in den französischen Gefängnissen (»Septembermorde«).
20. September: Kanonade von Valmy. Rückzug der preußischen Truppen. Das Revolutionsheer besetzt Speyer, Worms, Mainz und (vom 21. Oktober – 2. Dezember) Frankfurt am Main.
25. September: In Frankreich wird das Königtum durch den Nationalkonvent abgeschafft. Das Jahr I der Französischen Republik beginnt.
6. November: Französischer Sieg bei Jemappes. Besetzung der Österreichischen Niederlande (Belgien).
16. Dezember: Goethe kehrt nach Weimar zurück.
C. Chappe konstruiert einen optischen Telegraphen.

1793 – 1797 Johann Gottfried Herder: »Briefe zur Beförderung der Humanität«.

1793	4./23. Januar: Rußland und Preußen verständigen sich über die zweite Teilung Polens.
	21. Januar: Ludwig XVI. von Frankreich hingerichtet. England, Holland, Spanien, Portugal und mehrere italienische Staaten schließen sich daraufhin der antifranzösischen Koalition an.
	31. Januar/1. Februar: Kriegserklärung Frankreichs an England und Holland.
	22. März: Das Reich erklärt Frankreich den Krieg.
	12. Mai – 21. August: Goethe bei der Armee am Rhein. Teilnahme an der Belagerung von Mainz.
	26. Juni: Karl Philipp Moritz gestorben.
	23. Juli: Rückeroberung von Mainz. Abzug der französischen Truppen.
	5. September: Beginn der »Schreckensherrschaft« in Frankreich.
	6. September: Prinz Konstantin (Friedrich Ferdinand Konstantin) von Sachsen-Weimar-Eisenach gestorben.
	16. Oktober: Königin Marie Antoinette von Frankreich hingerichtet.
	26. Dezember: Josias von Stein erliegt einem weiteren Schlaganfall.
	Johann Wolfgang von Goethe: »Reineke Fuchs«.
	Friedrich Hölderlin: »Hymnen«; »Elegien«.
1794	*Charlotte von Stein schreibt die Tragödie »Dido« (1867 herausgegeben von H. Düntzer; 1920 erneut durch A. v. Gleichen-Russwurm veröffentlicht).*
	24. März/5. April: In Frankreich werden Jacques Hébert, Georges Danton und Camille Desmoulins hingerichtet.
	24. März: Aufstand in Warschau.
	18. Mai/26. Juni: Österreichische Niederlagen bei Tourcoing und Fleurus.
	15. Juni: Preußische Einheiten besetzen Krakau.
	27. Juli: Sturz Robespierres in Frankreich.
	28. Juli: Maximilien Robespierre und Antoine de Saint-Just werden hingerichtet.
	6. November: Russische Truppen nehmen Warschau ein. Hungerwinter in Deutschland (1794/95).
	Beginn der Freundschaft zwischen Goethe und Schiller.
	Johann Gottlieb Fichte: »Grundlage der gesamten Wissenschaftslehre«.
1795 – 1799	Regierung des Direktoriums in Frankreich.
1795	3. Januar/24. Oktober: Dritte Teilung Polens zwischen Österreich, Preußen und Rußland.

	5. April: Französisch-preußischer Friede von Basel.
	8. Juni: König Ludwig XVII. von Frankreich im Temple gestorben. Der Graf von Provence nimmt den Titel Ludwig XVIII. an.
	25. November: Der polnische König Stanislaus II. Poniatowski muß abdanken (gestorben 12. Februar 1798).
	Friedrich Schiller: »Briefe über die ästhetische Erziehung des Menschen«; »Über naive und sentimentalische Dichtung« (1795/96).
	Ludwig Tieck: »Geschichte des Herrn William Lovell«, Roman (1795/96).
1796	*Wiederannäherung Goethes an Charlotte von Stein.*
	9. März: Napoleon Bonaparte heiratet Joséphine Beauharnais.
	26. März: Beginn des französischen Italien-Feldzugs.
	10. Mai/5. August/8. September/15. – 17. September: Napoleon siegt bei Lodi, Castiglione, Bassano und Arcole über die österreichischen Truppen.
	17. November: Katharina II., die Große, gestorben. Paul I. wird Zar von Rußland.
	Johann Wolfgang von Goethe: »Wilhelm Meisters Lehrjahre«.
	Jean Paul: »Quintus Fixlein«; »Siebenkäs« (1796/97).
1797 – 1799	Kongreß von Rastatt.
1797 – 1799	Friedrich Hölderlin: »Hyperion oder der Eremit in Griechenland«, Roman.
1797	10. Januar: Annette von Droste-Hülshoff geboren.
	14./15. Januar: Sieg Napoleons bei Rivoli.
	31. Januar: Franz Schubert geboren.
	Februar: Kapitulation von Mantua.
	18. April: Vorfriede von Leoben.
	30. Juli – 20. November: Dritte Schweizer Reise Goethes.
	17. Oktober: Friede von Campoformio zwischen Frankreich und Österreich. Belgien (Österreichische Niederlande), die Lombardei und das linke Rheinufer gehen an Frankreich; Österreich erhält Venetien. Ende des Ersten Koalitionskrieges.
	16. November: Friedrich Wilhelm II. von Preußen gestorben. Sein Sohn Friedrich Wilhelm III. wird preußischer König.
	13. Dezember: Heinrich Heine in Düsseldorf geboren.
	Immanuel Kant: »Metaphysik der Sitten«.
	Friedrich Wilhelm Schelling: »Ideen zu einer Philosophie der Natur«.

	Johann Wolfgang von Goethe: »Hermann und Dorothea«.
1798/99	Ägypten-Feldzug Napoleons.
1798	*20. Mai: Karl von Stein heiratet Amalia von Seebach.*
	4. Juni: Giacomo Casanova in Dux/Böhmen gestorben.
	1. August: Admiral Horatio Nelson siegt bei Abukir über die französische Flotte.
	Joseph Haydn: »Die Schöpfung«.
	Ludwig Tieck: »Franz Sternbalds Wanderungen«, Roman.
1799 – 1804	Forschungsreise Alexander von Humboldts nach Mittel- und Südamerika.
1799 – 1802	Zweiter Koalitionskrieg gegen Frankreich.
1799	*Charlotte von Stein schreibt das Lustspiel »Neues Freiheitssystem oder Verschwörung gegen die Liebe« (ungedruckt).*
	Reise nach Schlesien zu Fritz von Stein.
	Syrien-Feldzug Napoleons.
	24. Februar: Tod Georg Christoph Lichtenbergs.
	1. März: Charlotte von Steins erster Enkel geboren.
	12. März: Beginn des Zweiten Koalitionskrieges.
	20. Mai: Honoré Balzac geboren.
	9. Oktober: Napoleon kehrt nach Frankreich zurück.
	9. November: Staatsstreich Napoleon Bonapartes.
	3. Dezember: Schiller zieht von Jena nach Weimar.
	4. Dezember: Napoleon wird Erster Konsul auf zehn Jahre.
	Friedrich Schleiermacher: »Über die Religion. Reden an die Gebildeten unter ihren Verächtern«.
	Friedrich Hölderlin: »Gedichte«.
	Friedrich Schiller: »Wallenstein« (1798/99).
	Friedrich Schlegel: »Lucinde«, Roman.
1800	5. Mai: Napoleon beginnt seinen zweiten Italien-Feldzug.
	14. Juni: Schlacht bei Marengo. Sieg Napoleons über die Österreicher.
	3. Dezember: Niederlage der österreichischen Truppen bei Hohenlinden.
	Novalis: »Hymnen an die Nacht«.
	Friedrich Schiller: »Maria Stuart«.
1801	9. Februar: Friede von Lunéville zwischen Frankreich und Österreich. Bestätigung des Abkommens von Campoformio (1797). Frankreich behält das linke Rheinufer.
	23. März: Zar Paul I. ermordet. Alexander I. folgt auf den russischen Thron.

	25. März: Novalis (Friedrich von Hardenberg) gestorben.
	2. April: Seeschlacht von Kopenhagen. Sieg des britischen Admirals Horatio Nelson über die dänische Flotte.
	Carl Friedrich Gauß erstellt die Grundlagen der modernen Zahlentheorie.
	Friedrich Schiller: »Die Jungfrau von Orleans«.
1802	26. Februar: Victor Hugo geboren.
	25./27. März: Friede von Amiens zwischen England und Frankreich. Ende des Zweiten Koalitionskrieges.
	2. August: Napoleon wird Konsul auf Lebenszeit.
	23. August: Corona Schröter gestorben.
	Schiller wird in den Adelsstand erhoben.
	Clemens Brentano: »Godwi«, Roman.
	Novalis: »Heinrich von Ofterdingen«; »Fragmente« (posthum).
1803 – 1814	Seekrieg zwischen England und Frankreich.
1803	*»Die zwei Emilien«, Drama Charlotte von Steins (anonym; 1923 durch J. Petersen veröffentlicht).*
	Schwester Luise von Imhoff gestorben.
	25. Februar: Der »Reichsdeputationshauptschluß« zu Regensburg bringt das Ende des alten römisch-deutschen Reiches. Säkularisation und Mediatisierung. Gebietsneuordnung in Deutschland.
	14. März: Friedrich Gottlieb Klopstock gestorben.
	3. Mai: Die USA kaufen einen Teil Louisianas von Frankreich.
	Oktober: Französisch-spanischer Freundschaftsvertrag.
	18. Dezember: Johann Gottfried Herder in Weimar gestorben.
	Jean Paul: »Titan«, Roman (1800/03).
	Friedrich von Schiller: »Die Braut von Messina«.
1804	*Heirat Fritz von Steins.*
	Jahresanfang: Madame de Staël in Weimar.
	12. Februar: Immanuel Kant in Königsberg gestorben.
	18. Mai: Napoleon ernennt sich zum »Kaiser der Franzosen«.
	8. September: Eduard Mörike geboren.
	6. November: Geheimabkommen zwischen Österreich und Rußland.
	2. Dezember: Kaiserkrönung Napoleons.
	Ludwig van Beethoven: 3. Sinfonie (»Eroica«).
	Friedrich Wilhelm Schelling: »Philosophie und Religion«.
	Friedrich von Schiller: »Wilhelm Tell«.

1805	Dritter Krieg der Koalition England-Österreich-Rußland gegen Frankreich. 11. April: Englisch-russische Allianz; Österreich tritt am 9. August bei. 9. Mai: Friedrich von Schiller in Weimar gestorben. 8. September: Österreichische Truppen marschieren in Bayern ein. Beginn des Dritten Koalitionskrieges. 21. Oktober: Admiral Horatio Nelson siegt bei Trafalgar über die französisch-spanischen Seestreitkräfte und fällt im Gefecht. 23. Oktober: Adalbert Stifter geboren. 3. November: Allianz von Potsdam. Preußisch-russisches Freundschaftsbündnis. 13. November: Französische Truppen ziehen in Wien ein. 2. Dezember: »Dreikaiserschlacht« bei Austerlitz. Sieg Napoleons über die russischen und österreichischen Heere. 15. Dezember: Vertrag von Schönbrunn. Schutzbündnis zwischen Preußen und Frankreich. 26. Dezember: Friede von Preßburg zwischen Österreich und Frankreich. Gebietsverluste für Österreich. Italien bleibt als Königreich unter französischer Herrschaft. Bayern und Württemberg werden Königreiche. Ludwig van Beethoven: »Lenore« (»Fidelio«). Jean Paul: »Flegeljahre«, Roman (1804/05).
1806–1808	Achim von Arnim/Clemens Brentano: »Des Knaben Wunderhorn«.
1806/07	Vierter Koalitionskrieg gegen Frankreich.
1806	15. Februar: »Pariser Traktat«. Vertrag zwischen Frankreich und Preußen. 1./24. Juli: Preußisch-russisches Bündnis. 12./16. Juli: »Rheinbund-Akte«. Sechzehn deutsche Reichsstände schließen sich unter dem Protektorat Frankreichs zum Rheinbund zusammen und lösen sich vom Reichsverband. 6. August: Franz II., seit 1804 als Franz I. Kaiser von Österreich, dankt als römisch-deutscher Kaiser ab. 9. Oktober: Preußisches Kriegsmanifest. Beginn des Vierten Koalitionskrieges. 10. Oktober: Prinz Louis Ferdinand von Preußen fällt bei Saalfeld. 14. Oktober: Schlacht bei Jena und Auerstedt. Frankreich siegt über die preußischen und russischen Truppen. Französische Einheiten besetzen Weimar.

	Plünderung im Hause Charlotte von Steins.
	15. Oktober: Napoleon in Weimar.
	19. Oktober: Goethe heiratet Christiane Vulpius.
	27. Oktober: Napoleon zieht in Berlin ein.
	7./16. November: Kapitulation Preußens. Waffenstillstand mit Frankreich.
	21. November: Napoleon verfügt die »Kontinentalsperre« (bis 1813 aufrechterhalten).
	Johann Wolfgang von Goethe: »Stella« (2. Fassung).
1807	28. Januar: Friede von Memel zwischen Preußen und England.
	7./8. Februar: Schlacht von Preußisch-Eylau. Knapper französischer Sieg.
	29. April: Beginn der neunwöchigen Schlacht um Kolberg. Gneisenau und Nettelbeck halten die Festung bis zum Waffenstillstand.
	26. Mai: Danzig kapituliert.
	13./14. Juni: Französische Truppen schlagen ein russisches Heer bei Friedland.
	21./25. Juni: Waffenstillstand.
	7./9. Juli: Friede von Tilsit zwischen Frankreich einerseits, Preußen und Rußland andererseits. Bildung des Königreichs Westfalen und des Großherzogtums Warschau. Danzig wird Freie Stadt, Rußland erhält ostpreußische Gebiete.
	25. Juli: Beginn der Heeresreform in Preußen.
	9. Oktober: Erstes preußisches Reformgesetz zur Bauernbefreiung.
	Winter 1807/08: Johann Gottlieb Fichte hält in Berlin seine »Reden an die deutsche Nation«.
	Georg Wilhelm Friedrich Hegel: »Phänomenologie des Geistes«.
	Heinrich von Kleist: »Amphitryon«.
1808 – 1814	Krieg Napoleons gegen Spanien und Portugal.
1808	13. September: Goethes Mutter in Frankfurt gestorben.
	27. September – 14. Oktober: Fürstentag zu Erfurt.
	12. Oktober: Napoleon und Zar Alexander I. schließen auf dem Erfurter Fürstentag einen französisch-russischen Allianzvertrag.
	Jahresende: Charlotte von Stein folgt erstmals einer Einladung Christiane von Goethes.
	Alexander von Humboldt: »Ansichten der Natur«.
	Ludwig van Beethoven: 5. und 6. Sinfonie.
	Friedrich Arnold Brockhaus begründet sein Konversationslexikon.

	Johann Wolfgang von Goethe: »Faust. Erster Teil«.
	Heinrich von Kleist: »Der zerbrochene Krug«; »Das Käthchen von Heilbronn«; »Penthesilea«.
1809	Krieg Österreichs gegen Frankreich (Fünfter Koalitionskrieg).
	3. Februar: Felix Mendelssohn-Bartholdy geboren.
	April – August: Tiroler Aufstand unter Andreas Hofer.
	9. April: Österreichische Truppen marschieren in Bayern ein. Beginn des Fünften Koalitionskrieges.
	18. – 23. April: Französische Siege bei Hausen, Abensberg, Landshut und Eggmühl.
	13. Mai: Napoleon in Wien.
	21./22. Mai: Schlacht von Aspern (Eßling). Niederlage Napoleons.
	31. Mai: Joseph Haydn gestorben.
	Mai – Juli: Frankreich annektiert den Kirchenstaat.
	5./6. Juli: Schlacht bei Wagram. Napoleon besiegt die österreichischen Truppen.
	14. Oktober: Friede von Schönbrunn zwischen Frankreich und Österreich.
	16. Dezember: Napoleon wird von Joséphine Beauharnais geschieden.
	Rußland erobert das schwedische Finnland.
	Friedrich Wilhelm von Schelling: »Philosophische Untersuchungen über das Wesen der menschlichen Freiheit«.
	Johann Wolfgang von Goethe: »Die Wahlverwandtschaften«, Roman (1807 – 09).
1810	20. Februar: Andreas Hofer in Mantua erschossen.
	1. März: Frédéric Chopin geboren.
	2. April: Napoleon heiratet Erzherzogin Marie-Louise von Österreich.
	Mai: Zweite Heirat Fritz von Steins.
	Mai – Oktober: Goethe in Karlsbad, Teplitz und Dresden.
	8. Juni: Robert Schumann geboren.
	19. Juli: Königin Luise von Preußen gestorben.
	Johann Wolfgang von Goethe: »Zur Farbenlehre«.
	Madame de Staël: »De l'Allemagne«.
1811 – 1831	Johann Wolfgang von Goethe: »Dichtung und Wahrheit«.
1811	20. März: Geburt des »Königs von Rom« (ab 1818 Herzog von Reichstadt), Sohn Napoleons und Marie-Louises.
	17. Oktober: Preußisch-russische Militärkonvention von Sankt Petersburg.

	22. Oktober: Franz Liszt geboren.
	21. November: Heinrich von Kleist nimmt sich das Leben.
1812–1815/22	Jacob und Wilhelm Grimm: »Kinder- und Hausmärchen«.
1812	24. Februar: Militärbündnis Frankreich-Preußen.
	14. März: Französisch-österreichische Allianz.
	24. Juni: Napoleons Rußland-Feldzug beginnt.
	14. September: Französische Truppen nehmen Moskau ein.
	15.–20. September: Brand von Moskau.
	Oktober/November: Rückzug der französischen Armee.
	30. Dezember: Der preußische General Yorck schließt einen Waffenstillstand mit Rußland (»Konvention von Tauroggen«).
	Ludwig van Beethoven: 7. und 8. Sinfonie.
1813–1814/15	Deutsche Befreiungskriege.
1813	20. Januar: Christoph Martin Wieland gestorben.
	27./28. Februar: Es wird ein Verteidigungsbündnis zwischen Rußland und Preußen in Breslau und Kalisch geschlossen.
	15./16. März: Preußen erklärt Frankreich den Krieg.
	18. März: Friedrich Hebbel geboren.
	22. Mai: Geburt Richard Wagners.
	14./27. Juni: Vertrag von Reichenbach zwischen England, Österreich und Preußen.
	21. Juni: Sieg Wellingtons bei Vitoria.
	11. August: Österreich erklärt Frankreich den Krieg.
	9. September/3. Oktober: Österreichisch-preußisch-russischer Allianzvertrag von Teplitz.
	8. Oktober: Vertrag von Ried. Baycrn schließt sich der antifranzösischen Koalition an.
	16.–19. Oktober: »Völkerschlacht« von Leipzig. Napoleon unterliegt den Alliierten.
	17. Oktober: Georg Büchner geboren
	31. Oktober/4. November: Auflösung des Rheinbundes.
	Arthur Schopenhauer: »Über die vierfache Wurzel des Satzes vom zureichenden Grunde«.
1814/15	Wiener Kongreß.
1814	29. Januar: Johann Gottlieb Fichte in Berlin gestorben.
	1./9. März: Vertrag von Chaumont. Quadrupelallianz England-Österreich-Preußen-Rußland.
	30./31. März: Paris kapituliert. Einzug der Alliierten.

6./11. April: Napoleon dankt ab und geht nach Elba in die Verbannung. Rückkehr der Bourbonen auf den französischen Thron. Ludwig XVIII. wird König von Frankreich.
30. Mai: Erster Friede von Paris. Frankreichs Territorialbestand nach den Grenzen von 1792 bleibt gewahrt.
18. September/1. November: Eröffnung des Wiener Kongresses.
Hannover wird Königreich. Georg III. von England in Personalunion König von Hannover.
George Stephenson baut die erste Dampflokomotive.
Adalbert von Chamisso: »Peter Schlemihls wundersame Geschichte«, Novelle.

1815 Christiane von Goethe erleidet einen Schlaganfall.
11. Februar: Sachsen-Weimar-Eisenach wird auf Beschluß des Wiener Kongresses Großherzogtum.
1. März: Napoleon landet in Frankreich. Die »Herrschaft der hundert Tage« beginnt.
25./27. März: England, Österreich, Preußen und Rußland verbünden sich gegen Napoleon.
1. April: Otto von Bismarck geboren.
8. Juni: Bundesakte. Gründung des Deutschen Bundes.
9. Juni: Mit der Wiener Kongreßakte wird das Gleichgewicht der fünf großen europäischen Mächte wiederhergestellt. Neugestaltung Europas.
18. Juni: Schlacht von Waterloo. Blücher und Wellington siegen über Napoleon.
22. Juni/28. Juli: Napoleon dankt zum zweiten Mal ab. Verbannung nach Sankt Helena.
7./8. Juli: Zweite Einnahme von Paris durch die Alliierten. Ludwig XVIII. kehrt zurück.
26. September: »Heilige Allianz« zwischen Zar Alexander I., Kaiser Franz I. von Österreich und König Friedrich Wilhelm III. von Preußen.
Teilung Polens (»Kongreß-Polen«).
20. November: Zweiter Friede von Paris zwischen Frankreich und den Alliierten.
Erneuerung der Quadrupelallianz England-Österreich-Preußen-Rußland.
Joseph von Eichendorff: »Ahnung und Gegenwart«, Roman.

1816–1818 Jacob und Wilhelm Grimm: »Deutsche Sagen«.

1816/17 Mißernten. Hungersnot im westlichen Europa und in Amerika.

1816 6. Juni: Christiane von Goethe, geb. Vulpius, gestorben.

5. November: Eröffnung der deutschen Bundesversammlung in Frankfurt am Main.
Großherzog Karl August gibt Sachsen-Weimar eine Verfassung.
E. T. A. Hoffmann: »Die Elixiere des Teufels«, Roman (1815/16).

1817 14. Juli: Madame de Staël gestorben.
14. September: Theodor Storm geboren.
18. Oktober: Wartburgfest der deutschen Burschenschaften.
Karl Freiherr von Drais erfindet eine Laufmaschine.
Georg Wilhelm Friedrich Hegel: »Enzyklopädie der philosophischen Wissenschaften«.
E. T. A. Hoffmann: »Nachtstücke«, Erzählungen.
Johann Wolfgang von Goethe: »Italienische Reise« (1816/17).

1818 5. Mai: Karl Marx geboren.
29. September – 21. November: Kongreß von Aachen.
18. Oktober: Gründung der »Allgemeinen deutschen Burschenschaft« in Jena.
Arthur Schopenhauer: »Die Welt als Wille und Vorstellung«.
Franz Grillparzer: »Sappho«, Tragödie.

1819 *Sophie von Schardt gestorben.*
23. März: Der Student Karl Ludwig Sand ermordet in Mannheim August von Kotzebue.
19. Juli: Gottfried Keller geboren.
1. August: »Teplitzer Punktation«. Grundlage des Restaurationssystems in Deutschland.
20. September: »Karlsbader Beschlüsse«: Zensur, Überwachung der Universitäten, Verbot der Burschenschaften. Turnvater Friedrich Ludwig Jahn wird verhaftet, Ernst Moritz Arndt von seinem Lehrstuhl suspendiert.
30. Dezember: Theodor Fontane geboren.
Erste Fahrt eines Raddampfers über den Atlantik.
Frankreich schafft den Sklavenhandel ab.
Joseph von Eichendorff: »Das Marmorbild«, Novelle.
Johann Wolfgang von Goethe: »West-östlicher Divan«.

1820/21 Revolution in Spanien, Portugal, Sardinien-Piemont und Neapel-Sizilien.

1820 29. Januar: Georg III. von England gestorben. Sein Sohn Georg IV. wird englischer König.
15. Mai: »Wiener Schlußakte« (am 8. Juni von der Bundesversammlung in Frankfurt als Grundgesetz des Deutschen Bundes bestätigt).

20. Oktober – 20. Dezember: Europäischer Kongreß in Troppau.

1821 – 1829 Griechischer Unabhängigkeitskrieg.

1821 26. Januar – 12. Mai: Europäischer Kongreß in Laibach.
5. Mai: Napoleon auf Sankt Helena gestorben.
11. November: Feodor M. Dostojewski geboren.
12. Dezember: Geburt Gustave Flauberts.
Carl Maria von Weber: »Der Freischütz«.
Heinrich von Kleist: »Prinz Friedrich von Homburg« (posthum).

1822 6. Januar: Heinrich Schliemann geboren.
E. T. A. Hoffmann: »Lebensansichten des Katers Murr« (1820/22).
26. Juni: Hoffmann in Berlin gestorben.
20. Oktober – 14. Dezember: Europäischer Kongreß in Verona.
Franz Schubert: 8. Sinfonie (»Die Unvollendete«).

1823 2. Dezember: Verkündung der »Monroe-Doktrin« (Nichteinmischung europäischer Staaten in Angelegenheiten der USA).
Französische Intervention in Spanien.
Ludwig van Beethoven: 9. Sinfonie; »Missa solemnis« (1822/23).

1824 4. September: Anton Bruckner geboren.
16. September: Ludwig XVIII. von Frankreich gestorben. Sein Bruder Karl X. wird französischer König.
Joseph Niepce erfindet die Photographie (»Asphaltverfahren«).

1825 14. November: Jean Paul gestorben.
1. Dezember: Zar Alexander I. gestorben. Sein Bruder Nikolaus I. wird Nachfolger auf dem russischen Thron.
26. Dezember: Dekabristenaufstand in Sankt Petersburg.
In England fährt die erste Eisenbahn auf der Strecke Stockton – Darlington.
Franz Grillparzer: »König Ottokars Glück und Ende«, Tragödie.

1826 – 1831 Heinrich Heine: »Reisebilder«.

1826 5. Juni: Tod Carl Maria von Webers in London.
Spätherbst: Schwächezustände. Charlotte von Stein wird bettlägerig.
Joseph von Eichendorff: »Aus dem Leben eines Taugenichts«, Novelle.

1827 – 1830 Goethes Werke (Vollständige Ausgabe letzter Hand in 40 Bänden) erscheinen bei Cotta.

1827 *5. Januar: Charlotte von Stein gestorben.*
17. Februar: Tod Johann Heinrich Pestalozzis.
26. März: Ludwig van Beethoven in Wien gestorben.
6. Juli: »Londoner Vertrag«. England, Frankreich und Rußland befürworten die Autonomie Griechenlands innerhalb des türkischen Machtbereichs.
20. Oktober: Englisch-französisch-russischer Seesieg von Navarino über die türkische Flotte.
Heinrich Heine: »Buch der Lieder«.

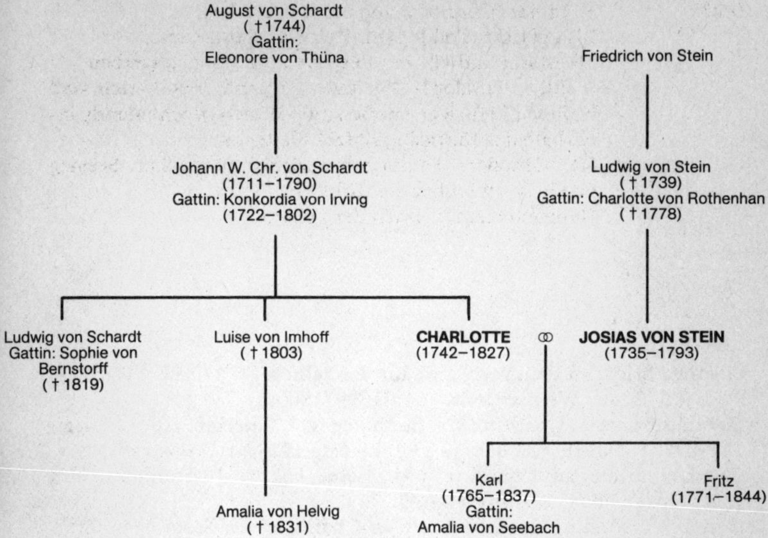
August von Schardt
(† 1744)
Gattin:
Eleonore von Thüna
Friedrich von Stein
Johann W. Chr. von Schardt
(1711–1790)
Gattin: Konkordia von Irving
(1722–1802)
Ludwig von Stein
(† 1739)
Gattin: Charlotte von Rothenhan
(† 1778)
Ludwig von Schardt
Gattin: Sophie von Bernstorff
(† 1819)
Luise von Imhoff
(† 1803)
CHARLOTTE
(1742–1827)
⚭
JOSIAS VON STEIN
(1735–1793)
Karl
(1765–1837)
Gattin:
Amalia von Seebach
Fritz
(1771–1844)
Amalia von Helvig
(† 1831)

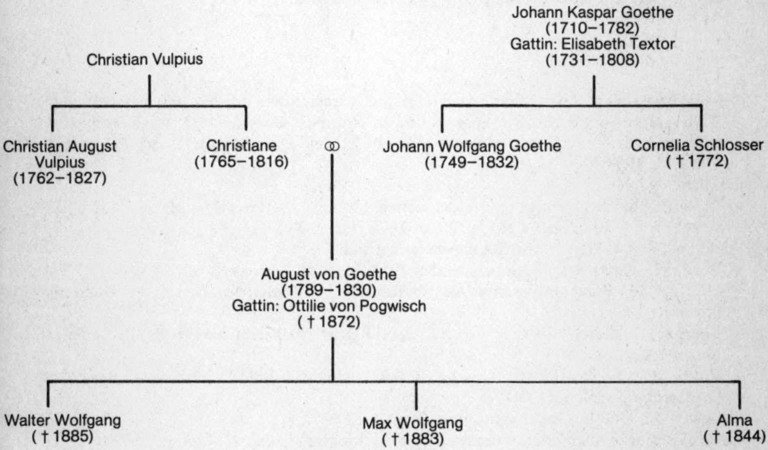
Johann Kaspar Goethe
(1710–1782)
Gattin: Elisabeth Textor
(1731–1808)
Christian Vulpius
Christian August Vulpius
(1762–1827)
Christiane
(1765–1816)
⚭
Johann Wolfgang Goethe
(1749–1832)
Cornelia Schlosser
(† 1772)
August von Goethe
(1789–1830)
Gattin: Ottilie von Pogwisch
(† 1872)
Walter Wolfgang
(† 1885)
Max Wolfgang
(† 1883)
Alma
(† 1844)

Auswahlbibliographie

Goethes Briefe an Frau von Stein aus den Jahren 1776–1826. Hg. v. A. Schöll. 3 Bde. Weimar 1848–51, ³1899/1900.

Goethes Briefe an Charlotte von Stein. Hg. v. J. Petersen. 3 Bde. Leipzig 1907/08. Neuausg. 2 Bde. (4 Tle). Leipzig 1923.

Goethes Briefe an Charlotte von Stein. Hg. v. J. Fränkel. 1908. Neuausg. 3 Bde. Berlin 1960–62.

Geliebte Freundin. Goethes Briefe an Charlotte von Stein nach Großkochberg. Hg. v. L. Papendorf. (= Schriften des Stadtmuseums Jena. 5). Jena 1967, Neuaufl. 1975. Weitere Ausg. (= Heyne Ex libris. 45). München 1979.

Gedichte Goethes an Frau von Stein. Faks. Hg. v. J. Wahle. (= Schriften der Goethe-Gesellschaft. 37). Weimar 1924.

Zeitschriftenartikel über Charlotte von Stein verzeichnen die jährlich erscheinende
- Bibliographie der deutschen Sprach- und Literaturwissenschaft. Hg. v. H.W. Eppelsheimer (Bde. 1–8), C. Köttelwesch (Bde. 9–21) und B. Koßmann (ab Bd. 22). Frankfurt a.M. 1957 ff.

und das
- Bibliographische Handbuch der deutschen Literaturwissenschaft. Hg. v. C. Köttelwesch. Bd. 1. Frankfurt a.M. 1973, Sp. 1694 f. u. 1743 f.

Mit dem Thema »Frauen um Goethe« befassen sich:
- Bode, W., Goethes Liebesleben. Berlin 1914. Nachdr. Bern 1970.
- Düntzer, H., Frauenbilder aus Goethes Jugendzeit. Studien zum Leben des Dichters. Stuttgart 1852.
- Bäumer, G. (Hg.), Goethes Freundinnen. Briefe zu ihrer Charakteristik. Leipzig/Berlin ²1919.
- Kühn, P., Die Frauen um Goethe. 2 Bde. Leipzig 1911/12. Volksausg. Bearb. v. G. Biermann. Salzburg 1949.
- Lewes, L., Goethes Frauengestalten. Stuttgart 1894.

Generelle Werke über Goethe nennt die Heyne-Biographie Nr. 97:
- Brion, M., Johann Wolfgang von Goethe. Dichterfürst und Universalgelehrter. München 1982 (Bibliographie S. 492 ff.).

Bode, W., Charlotte von Stein. Berlin 1910, [6]1927.
Buchow-Homeyer, C., Charlotte von Stein. Berlin 1927.
Buisonjé, J.C. de, Charlotte von Stein und Christiane Vulpius in Goethes Lyrik. Diss. Utrecht 1923.
Calvert, G.H., Charlotte von Stein. Boston/New York 1881.
Düntzer, H., Charlotte von Stein, Goethes Freundin. Ein Lebensbild. 2 Bde. Stuttgart 1874.
Düntzer, H., Charlotte von Stein und Corona Schröter. Eine Verteidigung. Stuttgart 1876.
Fränkel, J., Einleitung zu »Goethes Briefen an Charlotte von Stein«. Berlin 1959.
Haberland, H. / Pehnt, W., Frauen der Goethezeit in Briefen, Dokumenten und Bildern von der Gottschedin bis zu Bettina von Arnim. Eine Anthologie. Stuttgart 1960.
Hoefer, E., Goethe und Charlotte von Stein. Stuttgart 1878.
Hof, W., Wo sich der Weg im Kreise schließt. Goethe und Charlotte von Stein. Stuttgart 1957. Gekürzte u. überarb. Neuausg. Frankfurt a. M. 1979.
Kühnlenz, F., Weimarer Porträts. Männer und Frauen um Goethe und Schiller. Rudolstadt 1970.
Martin, B., Goethe und Charlotte von Stein. Gnade und Tragik ihrer Freundschaft. Kassel 1949.
Maurina, Z., Gestalten und Schicksale. Memmingen [2]1956, Neuausg. 1973.
Muncker, F., Charlotte von Stein. In: Allgemeine Deutsche Biographie. Bd. 35. Leipzig 1893, S. 602ff.
Naeff, T., Charlotte von Stein. Een episode. Amsterdam 1949.
Petersen, J., Goethe und Charlotte von Stein. In: J. P., Aus der Goethezeit. Leipzig 1932, S. 19 ff.
Redslob, E., Charlotte von Stein. Ein Lebensbild aus der Goethezeit. (= Reclams Universalbibliothek. 7595/96). Leipzig 1943.
Seillière, E., Charlotte von Stein und ihr antiromantischer Einfluß auf Goethe. Ins Deutsche übertr. v. L. Jacobs. Berlin 1914.
Susman, M., Deutung einer großen Liebe. Goethe und Charlotte von Stein. Zürich/Stuttgart 1951.
Taxis-Bordogna, O. v., Frauen von Weimar. München 1948.
Voss, L., Goethes unsterbliche Freundin. Charlotte von Stein. Leipzig 1921, [2]1935, Neuausg. 1948.

Personenregister